勿使前辈之遗珍失于我手

勿使国术之精神止于我身

余江 编著

北京科学技术出版社

图书在版编目（CIP）数据

卢式心意拳传习录 / 余江著 . — 北京 : 北京科学技术出版社，2019.3
（拳道薪传丛书）
ISBN 978-7-5304-9726-5

Ⅰ . ①卢… Ⅱ . ①余… Ⅲ . ①心意拳—研究 Ⅳ . ① G852.14

中国版本图书馆 CIP 数据核字（2018）第 124631 号

卢式心意拳传习录

作　　者：余　江
策划编辑：王跃平
责任编辑：苑博洋
责任校对：贾　荣
责任印制：张　良
封面设计：古涧文化
版式设计：胡志华
出 版 人：曾庆宇
出版发行：北京科学技术出版社
社　　址：北京西直门南大街 16 号
邮政编码：100035
电话传真：0086-10-66135495（总编室）
0086-10-66113227（发行部）　0086-10-66161952（发行部传真）
电子信箱：bjkj@bjkjpress.com
网　　址：www.bkydw.cn
经　　销：新华书店
印　　刷：保定市中画美凯印刷有限公司
开　　本：710mm × 1000mm　1/16
字　　数：380 千字
印　　张：27.5
插　　页：8
版　　次：2019 年 3 月第 1 版
印　　次：2019 年 3 月第 1 次印刷
ISBN 978-7-5304-9726-5 / G·2785

定　　价：118.00 元

序[1]

我和余江先生只见过两次面，称不上非常了解，但仅是那两次见面，他已经给我留下了深刻的印象：酷爱武术、痴迷心意拳、尊师重道、心地善良、头脑灵活……他在讨论武术特别是心意拳相关话题时，一定会毫不留情面地坚持自己的原则——一个可敬又可爱的传统武术人。我今天愿意为他的这本书作序，最直接的原因就是这个。

说实话，我在没有看到书稿之前，就答应为余江先生的这本书作序了，因为我相信这个人。然而这毕竟不是一种理性的行为方式，因为我并不知道这本书到底写了些什么，以及是如何写的。所以当我收到他的书稿时，兴奋与恐惧的心情交织在一起——一方面非常迫切地想知道余江先生对卢式心意拳的理解与解读，另一方面又特别担心看到的是一堆乱七八糟的

---

① 本序作者为清华大学体育部教授、博士生导师乔凤杰。

"高谈阔论"。所幸，我的不理性收获了理性的结果——余江先生的这本书是值得一读的。

在我看来，余江先生的这本书在以下方面值得肯定：其一，这真的是一本传习录，余江先生把他所学过、见过、听到、听说、思考过和正在思考的与卢式心意拳有关的知识，全部分门别类、实实在在地写了出来。这样的著作，无论是对卢式心意拳的传习者，还是对中国武术的研究者，都是很有用的。其二，余江先生说"学习卢式心意拳，就等于学习中国文化"，可谓是立意高远、颇有见地，因为在我看来，只有明白了中国武术的文化特性，知晓了中国武术对中国文化的承载意义，才是真正看懂了中国武术，才是理解了中国武术的"跨越时空、超越国度"的价值与魅力。其三，余江先生认为学拳练拳的主要目的应该是服务于生活，而不是很多人一直高喊的见义勇为、防身自卫，更不是那些"拳虫"们整天炫耀的成名成家、打遍天下无敌手。在我看来，无论是武术的工具价值还是其文化符号价值，都只有在服务于生活时才真正具有意义。从余江先生的文字中可以感受到，他对这一目的的确认是经过很多年的思考与反思后所得出的结论，而不是人云亦云的附庸。

我对余江先生这本书的评述，基本上还在外围的范畴，从某种意义上讲是不太负责任的。因此，我也不想再多说了，因为毕竟我对卢式心意拳的了解还是远远不够的。我希望余江先生的这本书能够引起大家的关注，希望余江先生对卢式心意拳的研究与解读能为读者提供深入和清晰的引导。

自序

师爷卢嵩高说："咱这门拳是古上留下来的宝贝，拳（术）不复杂，但易学难练、更难精，拳艺非常深奥，你们要去捞，越捞越深，要勤学苦练，学到老，练到老，是一辈子的学问。"

师父王书文说："练心意拳，过去的老师们多是靠拳吃饭，所以实战的多，现在主要提倡健身，身体好是第一位的，所以要多从养生这儿研究。"他还常说："学拳和教拳都要有武德，出去乱出手和乱惹事的不能教，谁家都有老婆、孩子、大人，你把人家打伤，人家一家人如何生活。"

师叔张兆元说："心意六合拳乃内家拳之鼻祖，考其沿革依循，远溯至宋、元、明、清四代。首创于岳飞，集成于明末姬龙凤，乃定名为心意六合拳。"

师娘郝雅琴说："小余赶上了好时候，可以开武馆，可以收徒弟。你师父年轻时，学个拳得偷偷摸摸，教个拳也得私下里，找个没人的地方，不理解的邻居们会问，‘都解放了，还学拳打人呀。’”

唉，世人多不知道学习卢式心意拳，就等于学习中国文化。

孔子说，“衣食足而后知礼仪”。有钱了就得先解决温饱问题，而后是盖个大房子、追求美食，到最后就会自然而然地迷上文化艺术，因为艺术本身是源于生活、高于生活，是精神的追求与满足，武术如此、绘画如此，宗教如此……学卢式心意拳也如此。

卢式心意拳的现实状况

一穷二白惯性下的中国武术文化已经被边缘化了近半个世纪，在市场经济的大环境中又被漠视至今。拿传统武术中的卢式心意拳来说，现在的局面是力量薄弱，人才凋零，且乱象丛生。我感觉有几点偏差之处，暂列如下。

1. 不系统。多数师长只是教授拳术，不知道武意和武艺，不知道武术进步的阶梯。多数老师只会根据个人的打拳经验做些解释，看似指点了武术，但因缺乏系统引导，不能让爱好者得到更多的受用，从而失去了继续深入的动力。

2. 教学没有阶梯化，没有整体性的安排，想到哪教到哪，老师迷糊，学生也迷惘，即使爱好者学习的信心坚定，学到一定程度便无法提高。

3. 无缘得遇师长，仅凭个人感觉学习，摸索实践，多是不得理、不得法，最后往往因迷失方向而退却。心意拳传承了近千年，卢式心意拳也传承了百余年，其博大精深，不是自学就能会了。

4. 更有甚者稍得一招半式，稍有一知半解，便狂妄自大，好为人师，自误又误人，反而成为了发展武术的障碍。

因此，多数卢式心意拳的习练者都不得要领、偏执一端、落入玄谈或是流于自说自话的境况，除了以上的偏差外，在武术文化方面的认识也是问题重重，误会多多，如常把武术表演、武术商演、武术比赛当成武术的全部，反而失去了武术的初心和文化性。

可喜的是虽然凋零、日用而不知，但血脉通流不断，有识之士都在进行反思，针对当下卢式心意拳传承过程中存在的问题，提出了有效的解决方案。究其根源，根本在于体系性的缺失，没有一套有可操作性的体系作为保障，基于此，门里有志同仁开始做流传整理、文化整理和技术整理，抓住了流传明确、体系完整、进步明确这三个根本，想是很多问题就会自然而然地迎刃而解了。

学习卢式心意拳的现实意义

在现实生活中，如果一看无功名，二看无利禄，三看不能用来羽化成仙，四看不能成为一场秀，不能人前显贵，那学习卢式心意拳还有没有现实意义？当然有，因为一是学会关心自己，二是学会健全自己，三是学会完善自己。

首先，关心自己的生命和生活，即活着与更好地活着。现代人学习武术，不是让你成为一名打手和杀手，也不是为了让你成为一个职业运动员或商业选手，而是为了保护和保全自己，生死时刻与危机时刻有备无患。危机时刻就是你死我活，我们不仅要活着，还要更好地活着。学习武术的益处一方面可以加快我们身体对环境的适应性。我们现在的身体是六千万年进化的结果，最大的改变就是直立行走，直立可以使我们站得高、看得远、想得多，行走可以使我们双手完全自由，但代价是走路不稳了，承受体重的脊骨负重大，身体损伤多，内脏下垂，有了痔疮，也易肥胖、骨质疏松、身体疼痛……人更痛苦了。传统武术一直在应对着这些变化，并不断地积累大量经验，卢式心意拳更有其独特之处。另一方面，从心智角度，打拳可以使你更加快速地学会整体地看待问题，使你拥有把不同事物归入到一个完整的系统中的能力，认清它们之间的关系与关联，获得对客观事物的深度理解。因为打拳就是一个逐渐整体如一的过程，明三节，齐四稍，束身而上，整身而去。练身体就像穿珠子，“节节贯穿”是方法，“体整如铸”是效果，“中节不明，浑身是空”是警告，“眼观六路，耳听八方”是一个立体的认识客观存在的方法，最后的“束一”是大成。

其次，树立独立的人格，拥有独立应对一切困难的能力。武术以人为本，以我为出发点，相信自己会做得最好。“危机时刻战胜对手，平日里能更好地活着”是卢式心意拳的初心，是拳的原点，活着即是得道，能更好地活着即是有道德，顺天应时。在卢式心意拳的胜负训练中就是要成就强者，赢得胜利；是在训练一个人的判断选择过程、决定过程和执行过程；是一个设置预案、演习预案和执行预案的过程。在这个训练过程中可以使你养成遇事不犹豫，做事不鲁莽；胜不骄，败不悔，最终成就一个强者。

世间人多认为“人生苦短”“人间正道是沧桑”，这是把有限的生命融入到纷繁琐事中去，是很难快乐的；但若把有限的生命融入到博大的文化中去，人生一定会有很多快乐。因为文化是人类生活与生存的智慧结晶。学习中国武术就是走在一条学习中国文化的道路上，它有三个阶段，一是学武术，苦中作乐；二是学武意，自由快乐；三是学武艺，升华快乐。学习一门“源于生活，高于生活”的艺术，感受其中的文化，你的生命就会长时间地润泽在幸福与快乐之中。

最后，需要明白学习卢式心意拳不是让你回到传统中去，而是通过实际技能的学习让你拥有解决当下问题的力量和方法，在无法预料的现实生活中能够每每做出有益的选择，使生活更幸福，生命更快乐。

不管过去，还是现在、将来，学习武术都是学习中国文化的一条道路，是修炼中国文化素养的一条途径，武术教你如何勇敢地面对困难，教你如何来为人处世，教你如何去立世应命，教你如何成为有中国文化精神的人，教你如何实现梦想——能文能武一条龙，培养中国人威武不屈的民族性格与气质。学习中国武术永远是中国人生存文化的一部分，学习武术的内核就是培养一批有民族文化精神的传承人，一大群能文能武的中国人。

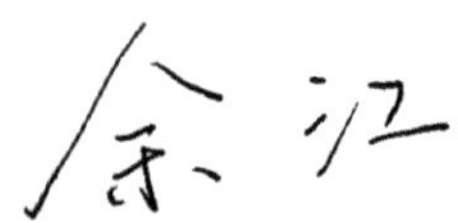

目录

概述

卢式　指卢式心意拳的开山鼻祖、一代宗师卢嵩高老师开创的一派武术。

心意　对应的是身心快乐这个概念。身是活着，心是更好地活着。“心”就是用脑子想，是说心中的向往，是说人的认知意向——一个极高明的假设和主观认定。“意”就是用身体去寻找心中的向往。“心是猿猴意是马”，内里传达心的认定，外里寻找符合“心”的三界之像。在人与鸡合的过程中找到了欺斗之勇，在人与鹞合的过程中找到了侧展之能，在人与鹰合的过程中学到了捉拿之功，在人与马合的过程中学会了奔腾之功，在人与虎合的过程中学会了扑食之功，在意想龙的身上找到了惊灵之意……心意现显于身。

六合　是说规矩，举一身之相形似方。体似立方，六合言身，以六合的四面八方为方法，束身构拳成器，方之内力撑上下、前后、左右。头欲顶，尾欲沉；肩欲前，背欲后；胯欲左右，对撑对拔稳如山，

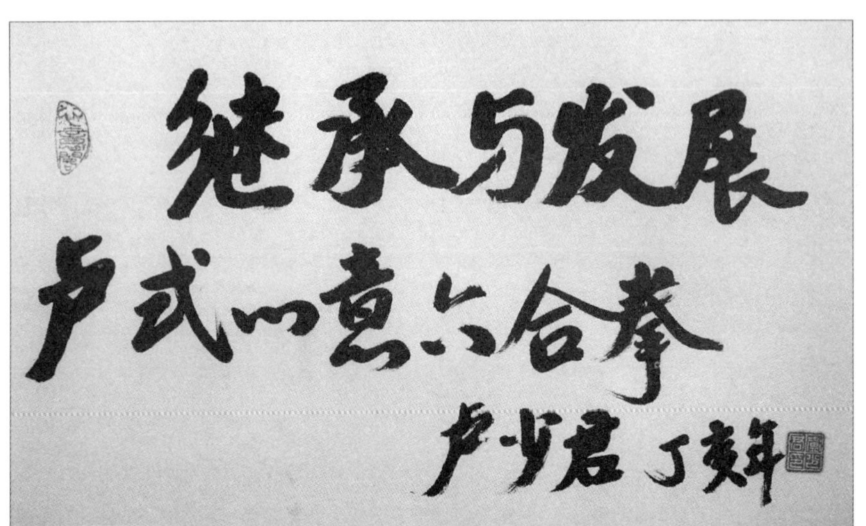

是心意门人的大智慧。

拳 一半是方法与窍门的技术，一半是常胜与长生的文化。

从 20 世纪 80 年代武术挖掘整理工作的成果可知，我国武术有 129 个自成体系的拳种。一方水土养一方人，一方文化成就一方武术。武术是用来解决问题的，一个拳种解决一个问题或者说针对解决某一类方面问题，从这个角度看，129 个拳种也是够庞大的了。

卢式心意拳源于河南心意六合拳，成于一代宗师卢嵩高老师对传统武术开创性的继承与发展，在不断的实践交流中，拥有鲜明特点和独特风格的卢式心意六合拳在 20 世纪二三十年代逐渐形成，并广为流传至今。卢师开创了中国武术一派之先河，是现今上海武术中最具代表性的传统技艺。在普陀区形成，在上海市发展壮大，是深受沪上百姓喜爱的武术，是上海市非物质文化遗产项目中武术文化的优秀代表。

卢嵩高老师于 20 世纪初来到上海，一生多在沪从事武术的传授与发展，一直住在普陀区的樱花里白玉坊。在 1927—1937 年期间，卢师在上海武术界被称为拳王，心意六合拳被称为“卢嵩高（的）心意六合拳”。新中国成立后，卢师是普陀区的政协委员，心意六合拳被广泛称为“上海十大形”或十大形，这是以拳的内容来说，它象形取意 10 种动物“鸡、鹞、燕、鹰、虎、马、熊、蛇、猴、龙”。20 世纪 80 年代后，外地武术家开始称其“上海心意六合拳”“上海派心意拳”或“海派心意拳”，这是一个地域概念，因为这是一门在沪形成、发展、壮大，具有上海文化内涵和精神气质，深受国内武术界认可的上海本土传统武术拳种，曾经在一段时间里，心意拳成了上海武术的代名词。2005 年 10 月 1 日，由卢师之子卢少君老师，卢师亲传弟子中的长师兄王书文、张兆元、白恒祥等几位老师共同商定将此拳名称恢复到 20 世纪三四十年代的称谓，定名为“卢式心意拳”或“卢式心意六合拳”，并成立了“卢式心意拳研究会”，卢少君老师为掌门，王书文老师为第一任会长，张兆元、白恒祥老师为副会长，余江老师为秘书长，蔡伯澄、吴秋亭、余江、薛鸿恩、李传香老师为总教练。2010 年，几位前辈老师均已过世；2011 年，研究会决定今后不再设掌门一职，改选蔡伯澄老师为第二任会长，余江老师任常务副会长兼秘书长，增选钱仁銶、孙双喜、谭全胜、王周年几位老师为副会长，吴秋亭老师为副秘书长。

自非物质文化遗产项目普查以来，卢式心意拳就受到普陀区和上海市文化管理部门的关注与重视，2013 年在普陀区申请非物质文化遗产项目成功后，2015 年又在上海市申请非物质文化遗产项目成功。

卢式心意拳以“实用、长寿、易上手”为特色，是一门讲常胜、求长生的学问，具有很高的文化价值、实用价值和健身价值。实用是因为它是千百年来军事用拳的延续。拳谱曰：相传心意拳是南宋抗金名将岳飞所创，用以训练将士，杀敌报国，故又称岳武穆王拳。山拳是冲锋时战斗技术的延续，向前，向左，向右，唯独没有向后，也没有游场一说，它所要解决的问题场景是在二马一错镫的瞬间，刹那间接触，三步之内一个冲锋，一个照面，哐啷一声响，瞬间决出胜负。它所有技术上的要求都要服务于这一宗旨。

“心意勇高”，勇敢是培养出来的。“一勇、二胆、三武术”，在卢式心意拳一二三的排位体系中，勇敢排在第一位，功夫排在最末位。我们常说岳飞勇冠三军，说赵子龙一身是胆，而不单说他们武功盖世，武艺高强。首先培养的就是勇气，它教你如何勇于面对未知、面对困难。没有勇气，你就是学得十成武术，关键时刻你用不出一成。没有胆量，危急来临时刻你迈不开步，学了也白学。人在生活中亦是如此，勇敢比懦弱好，弱不能成事，还常被人欺侮。

从拳术的特点方面讲，卢式心意拳是二人对抗的技术，不是一门表演的武术。卢师在世时常和弟子们讲："咱这一门是枯枝梅，有花没叶子，实用才是硬道理。"学拳的过程是不断演练预案的过程，如何面对不同的对手？如何站位？如何判断对手的特点？从哪里下手？敢于胜利和如何得胜……勇敢是有惯性的。从武德方面讲，理直才能气壮，得理才能不饶人。强词夺理，终究不会有真正的勇敢。打拳的目的就是要养成勇敢之心，为爱国、为感恩、为正气、为大义、为诚信……出手才能做到理直气壮，得理不饶人。

胆量是历练出来的，没有人天生就胆大，都是后天养成的，多经历惊心动魄的事就能历练出来。天生胆大是心中没有规矩，是无知者无畏。后天养成的是胆大心细，是艺高人胆大。心中有正气，身有正能量，又有武术在手，还有什么可畏惧的？所以说武术是磨炼出来的。

"至老不衰"是 1985 年上海武术协会在出版的《上海市武术挖掘整理专辑》一书中对卢师的评价，也是对这一门拳的评价。卢师在 20 世纪 50 年代以七十多岁的高龄连生 4 子，令上海武术界瞠目。养兵千日，用兵一时，更好地活着是习武人士的追求目标，长寿更是千百年来人们的追求，与其他拳种相比，心意拳界名家名师中长寿之人比比皆是，这是一个极其突出的现象。心意拳中养生的方法也是极高明地融入于日常生活之中，在建拳之时就有了根据人体的更新周期来打拳的理论——先训练肌肉、筋骨、血气，后训练静养、气养和养功养道的训练体系。一年皮肉，三年筋骨，六年血气，十年养功养道，老法叫"易肌，易筋，易骨，易髓"。易就是更换、改良，重新塑造出一个人来，俗称脱胎换骨。系统性地训练一个人的肌肉、筋骨、气血，静养灵根，气养精神。长肌肉又分头、肩、肘、手、胯、膝等；抻筋拔骨又分抻四肢的筋，拔中轴的骨；气血的晃满又分三摇与二晃；静养又分坐、卧、行等。气养又分吸实与鼓实，又分顺劲与颠倒劲……这是一个系统工程。改变一个人，重塑一个人在拳中是一件很简单的事，而且方法也很简单，端正自己的身体，卫生自己的内府，充盈自己的气血，积习成性，积性升气，仅此而已。现在是过去的真实反映，检验成果的标准就是显现于四稍，拳谱中说“想要好，稍中求”。现在社会刀枪入库，马放南山，人们追求更美好的生活，而长生与长寿、至老不衰则是心意拳门人们不断追求的长生文化。

从拳理上分析中国武术，大致上有三类，一是民间用拳，讲究留艺留成，不要伤人，如镖局、看家护院用拳；二是官府用拳，讲究思前想后，如何在不伤人的前提下捉到人；三是军事用拳，讲究留艺不留成，宁在一思前，莫在一思后。

心意拳的拳理特点是，勇往直前，勇不后退，宁要不是莫要停。前有三条路向左、向右或向前，没有后退，也没有游场技术，有进无退。在接触的瞬间定输赢，出胜负。可以成排成列地冲锋，也可以一窝蜂似地冲锋。在实战的过程中不擒、不拿、不摔，打打打，一势三招，留艺不留成。心意拳中没有擒拿与摔跤的技术，因为它是冲锋时的战斗技术，其中心任务是在乱军丛中，多面临敌的情况下如何取得胜利，抓住敌人，如果限制了自己的双手，就无法面临第二三名对手。同时也没有倒地的缠斗，也没有摔法，因为冲锋时是不可以倒地的，若是倒地，恐怕就再也没有机会站起来。

心意拳的拳术特点是，在日常训练上要做到拳打千遍方为会，万遍为熟，千万遍为精，万万遍为神。熟能生巧，精准与精确，万万遍之后才会有了自然而然的出神入化。手不离腮、肘不离肋是基本手法，是强调手肘在攻防时的位置，建拳伊始就写入拳谱，强调了千百年。手是两扇门，手脚齐到方为真，是基本的身法，强调手脚的配合，因为手脚长在身上，手到脚不到犯拿法，脚到手不到犯摔法。三尖照三尖齐是技术底线，强调交锋时的身法，利于进攻往来，同时还强调对应关系，尖对尖，保持注意力，用最外的尖对敌三尖。打拳不能是你打我一拳我踢你一脚，你砍我一刀我刺你一枪，比的是谁不犯错误，比的是谁不露破绽，比的是讲关系。三尖照了就不会把身体的重要部位露给对手，三尖齐了就不会有前俯后仰之嫌。设预案打陷阱是技术思想，打拳拼的不是意气、冲动，而是精心准备，是设计的智慧。心意拳有八个大杂拳七十二小手，每一小手都是一个预案，或叫陷阱，打拳就是演习预案，获得执行预案的能力，学拳就是学习设置陷阱的思想和方法。井井有条是常胜的方法，我们常说："一力降十会，一招鲜吃遍天""气不打力，力不打功"等等。但常胜比的不全是反应灵活，技术过硬，身体过硬，最为核心的是关系的紧密。只有关系紧密了，对应的明了，才会有时间差的出现，才会有空间位置差的出现，才会有慢半拍差半步的机会给你。如何才能做到呢？六合中找，时时刻刻与对手条理对应成井井有条，随机应变就有机会。

沪上百姓爱称它为十大形，是因为它象形取意十种动物：马、燕、熊、猴、鹰、鸡、鹞、虎、蛇、龙，似十种人体：高、矮、胖、瘦、甲、由、申、目、干、虚。根据不同的人，不同的人体形态，选择不同的动作来传授学习，共有八个大杂拳七十二小手，一共分六个阶段来练习进步——肌肉、筋骨、血气、静养、气养和养功养道，每一阶段又有诸多针对性的训练方法与窍门。

学习卢式心意拳有两个入口——鹰熊竞志，以鹰式为实用入门，以熊式为养生入口。鹰式要求势险节短，追求短疾、快利，狠毒，简单实用，力求越短越好，形求越快越好，心求越狠毒越好。熊式追求四平八稳，厚重与撑拔，越养生越好。

有关卢式心意拳，已经出版的书籍有《卢式心意拳入门》《卢式心意拳开拳》，杂志上也发表过很多相关文章。

传承基地现在有：余江老师的"十大形功夫馆"、吴秋亭老师的"吴秋亭文化工作室"、蔡伯澄老师的"卢式心意拳研习馆"、谭全胜老师的"合肥市卢式心意拳传承基地"、孙双喜与万孝先老师的"李尊思老师心意拳传承基地"、王周老师的"南京市十大形功夫馆"。

开派宗师卢嵩高

卢师生平

卢嵩高老师一生只做一件事——研习武术，一生守法忠义，守德明理，人格高尚，人生清白，宁守清贫，不事汉奸，具有很强的民族气节；一生从事传统武术的传授、民族文化的传播，桃李芬芳满天下。

卢师，河南周口人，生于 1875 年 10 月 26 日，归真于 1961 年 10 月 1 日，回族。自幼习武，十多岁时就拜心意门第七代武术大师袁凤仪老师为师学习武术，在明师的指点下，26 岁时已武艺超群，被河南周口得胜镖局聘为镖师。

旧中国世道黑暗，中原地区战乱频繁，广大人民群众生活在水深火热之中。卢老师经人介绍从河南辗转来到上海，短暂地在面粉商人陈公馆（荣家）当过保镖，后来替荣家管理过仓库。也就是在这一时期，因缘际会结识了心意门第六代弟子中年龄最小的丁仁老师（河南桑坡村人，回民，在沪从事皮货生意，当时住在五马路）。丁老师经人介绍知道卢老师在上海传授心意门功夫，经过多日的观察后才找到卢师，卢师也早就听说过这位小师爷，对其十分敬重。看过卢老师的功夫后，丁老师说："我现在可以将担子卸给你了。"在以后半年多的时间里，卢师秘密地跟着丁仁老师学习心意六合拳。

卢师是卢式心意六合拳的创始人。

在不断地实践、学习、交流中，拥有鲜明特点、独特风格的卢式心意六合拳在 20 世纪二三十年代逐渐形成并广为流传。卢师一生多在上海从事武术的研习与传授，开创了中国武术一派之先河，成就了一代宗师的崇高地位。

1958 年卢嵩高拳照，杨肇基拍摄，余江提供

历史评价

《普陀区志》

《普陀区志》（第三十四卷）中有记载：“20 世纪 20 年代梅芳里王占坤的查拳、卢嵩高的心意六合拳，在上海滩上均有一定影响，有的在武术擂台赛上获第一，有的在武术表演中名列前茅。”

1985 年，上海武术协会出版的《上海市武术挖掘整理专辑》一书中对卢师的历史评价是：“专攻此艺凡数十载，至老不衰，造诣精湛，广授学生，卓然成为一代名家。”

1997 年出版的《上海民族志》下卷人物篇中对卢师的记载有：“卢嵩高（1875—1961），回族。河南周口人。自幼习武，清光绪十七年（1891 年）拜袁凤仪学心意六合拳。后任周口镇得胜镖局镖师。光绪二十六年辗转到安徽蚌埠与师弟宋国宾共理蚌埠

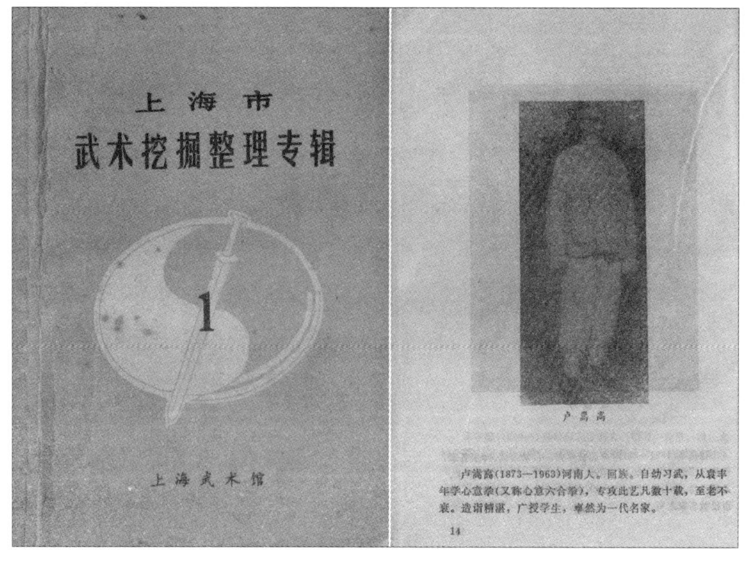

卢嵩高(1873—1963)河南人。回族。自幼习武，从袁丰年学心意拳(又称心意六合拳)，专攻此艺凡数十载，至老不衰。造诣精湛，广授学生，卓然为一代名家。

14

《上海市武术挖掘整理专辑》

镖局。光绪二十九年后至沪定居，以授拳为业。其高徒有穆清澜、马义芳、李尊贤、解兴邦、马惠龙、铁国正、于化龙、李尊思、王守贤、张兆元、孙兆甫等。卢嵩高不仅拳艺高强，名彻武林，且肯热心传授，广植新苗，其徒众每晨练拳时，辄亲临指导。其技艺以出手敏捷见长，对手常手足未施展即败北。卢嵩高在沪击败不少名家巨手，刮地风腿及单把龙形裹凤为其擅长之技。他传艺还打破历来只传回族的习俗，为心意六合拳传授汉族的第一人。”

《上海民族志》

陈俊彦老师出版的《武林沧桑五十年》中对卢师的评价是：

“从精武体育会到上海市武术队，使我有幸接触和观摩到很多当时的武术名家和他们的表演，比较全面地理解和认识武术这一个文化现象的方方面面。当时一场表演往往有几十个不同门派的老师逐一登场，各显身手，正是百花齐放，丰富多彩。特别是王子平、佟忠义、卢嵩高等几位堪称一代大名家，关于他们的传奇性经历或许是武侠小说家去发掘、演绎的材料，有的也已经正式出版了各自的传记。我不过拾其接触到的略述一二，以供参考。

……

“卢嵩高老先生：回族。当时已年过八旬，清瘦而硬朗的身影，朴素的衣着，时时透出一股坚韧、真朴的风骨。

《武林沧桑五十年》

“我知道和认识卢老先生，同样是在武术表演会上。他上场表演的心意拳，动作极其清纯活泼，变化莫测。当时我对心意拳完全外行而又阅历不多，只觉得他的表演很随意，很自在，并不是什么重拳硬脚，一拳砸个洞的勇武。虽然时常耳闻什么是化劲，但化劲究竟怎么去理解、去运用，还是在十年以后才逐步能领悟到东西。我觉得心意拳目前在国外受到的众多关注，实在是武术发展的必然结果。武术如果失去一个“武”字，那就只有华丽的外壳，心意拳对中国武术概念的发展和探索，是值得我们去深思和研究的极好课题。”

弟子回忆——一代宗师卢嵩高先辈[1]

我的师父卢嵩高老师是河南周口人，回族，从小习武，十多岁时就拜心意门第七代武术大师袁凤仪为师，聪明、勇敢、好学、苦练，在明师的指点下，卢老师 26 岁时已是武艺超群，被河南周口得胜镖局聘为镖师。押镖去过河北、山东、四川等地。

旧中国世道黑暗，中原地区战乱频繁，广大人民群众生活在水深火热之中。卢老师经人介绍从河南辗转来到上海，先是在陈公馆当过保镖，后来替陈家管理过仓库。也就是在这一时期，有几位在上海工作的河南籍回民老乡慕名前来拜师学艺。于是有李尊贤、马孝海、马义芳、庞世品、穆清澜、孙少甫、许广恩、陈信义等卢老师的第一批徒弟。心意门第六代弟子中年龄最小的丁仁老师（河南桑坡人，回民，在沪从

① 本文作者王书文。发表于《精武》杂志 2003 年第 2 期。

事皮货生意，当时住在五马路）经人介绍知道卢老师在上海传授心意门功夫，经过多日的观察后才找到卢老师，卢老师也早就听说过这位小师爷，知道丁仁老师是买壮图师爷的小师弟，对其十分敬重。看过卢老师的功夫后，丁老师说："我现在可以将担子卸给你了。"在以后半年多的时间里，卢老师每天都到五马路回民教堂的楼上秘密跟着丁仁老师学习心意六合拳。（因为辈分不对，怕引起误会，遵丁仁老师愿，只讲是得一个姓白的老师再传。这件事的真相是卢老师在晚年才分别讲给我和杨肇基师弟。早期的师兄们只知道是得白老师再传，现在丁老师和卢老师都已过世，我觉得我有义务把这件事讲清楚，还原历史真相。）

随着不断地学习完善，卢老师技艺突飞猛进，功夫更上一层，成为心意门第八代弟子中的佼佼者。卢老师起初在上海传拳的时候称"心意门"，在 20 世纪 30 年代中期才改称"心意六合拳"。第一批徒弟套路传的是"二把半"，改称为心意六合拳后才改教"四把捶"。卢老师是上海心意六合拳的开山鼻祖，一代武术大师。

聘请卢嵩高做安保工作的福新面粉厂，至今旧址仍存

旧社会回汉之间有着很深的隔阂，相互间交流很少，卢老师当时也不肯外传，门户守得很严，只传了少数几位回民弟子。我们有位师兄叫解兴邦，是地下共产党员，在英租界巡捕房当教练，学过几句回语，冒充回民拜卢老师为师学习心意六合拳。后来有师兄弟揭发他不是回民，卢老师就问他。解师兄就如实回答："老师，我不是回民，是汉

族，你看我这个汉族徒弟对你怎么样？”卢老师说：“你这个汉族徒弟对我很好。”解师兄接着说：“我们汉族人对待老师特别的尊敬，像我这样的还是一般性的。”自此卢老师才肯收授汉族弟子，相信汉族弟子。

我是1938年拜卢老师为师的，那年我20岁，最初我在上海是跟着王效荣老师学习武术。王效荣老师和卢老师同在人民公园教拳，又是同乡，王老师常请卢老师来指点我们，因此知道卢老师的武艺超群，功夫厉害。1938年初，我和师弟王佩、李仪华三人决心要学心意六合拳，直接找到卢老师家拜师，卢老师不肯收，后经人引见，再经过一年多的考察，才同意我们三人递帖磕头拜师。所以在卢老师的汉民徒弟中我算是顶早的了。

旧社会时和新中国成立初期学习武术的人很多，跟着卢老师学习心意六合拳的也很多。单位组织十几人或几十人，然后请卢老师来传授，卢老师称之为“社会徒弟”；在公园里报名学习心意六合拳的，卢老师称之为“马路徒弟”；过去是学别的拳种或同门师兄弟的徒弟，或亲友路过上海，跟着卢老师学过一段时间心意六合拳的，卢老师称之为“过路徒弟”。这些弟子统称门外弟子。唯有给老师递过帖子拜过师、长时间跟随老师、深得老师信任的，卢老师称之为“入室弟子”，也就是我们常说的门里徒弟。在卢老师众多的入室弟子中，首推大师兄李尊贤的功夫最好，卢老师早年常带大师兄一道出外表演，也常拿大师兄的事例来鼓励我们，常常对我们说：“你们大师兄一个单把，把新买来的皮鞋底都给打断，功夫有多大！”汉族弟子中数解师兄跟随卢老师的时间最长，功夫最大，20世纪70年代，上海人掀起了学习心意六合拳的高潮，许多人也是在这一时期认识并开始学习心意六合拳，这都与解师兄的辛勤传授分不开，这时的上海人才普遍把“心意六合拳”称作“十大形”。

日伪时期，有一位四川来的拳师在上海的斜桥设擂，许下重金，几日下来无人能敌，这时有位河南来的老师，姓李，回族，上擂台比武，两人打几十个回合，不分上下，最后四川擂主被李老师一腿打下擂台，自此李老师在上海武术界扬了名。后听人说卢老师功夫很厉害，有“拳王”之称，李老师很不服气，一日傍晚，找到卢老师教拳的地方，推门进来，看见卢老师正坐在客堂间的椅子上看我们练拳，便讲：“卢嵩高，听说你的心意门很厉害，我看看怎么个厉害法？”卢老师马上站起来讲：“你站好。”一个过步溅蹿便来到一丈开外的李老师身前，接着一个挑领。只见李老师从门里摔在门外，摔出一丈来远，爬起来，满面通红，一声不响地转身走了。没过多久就离开了上海，去了四川。

日本投降后，上海又来了许多美国兵，很是张狂。一日，我和卢老师在复兴公园锻炼完后出来，经过淮海路，就见到两个美国海军士兵边走边挥动着拳头，像是在练习拳击，吓得行人纷纷避让。卢老师看后非常生气，对我说：“书文，你从旁边走，看我怎么教训这两个家伙。”只见卢老师还保持原样，双手插在黑长衫的袖筒里慢腾腾迎面上去，挤到二人中间，胯部一个灵动，只见两个美国兵一个倒在左边，一个倒在右边。估计连他们也不知道是怎么回事，还以为是两个人自己相撞的。要不是老师事先提醒让我注意，我也很难发现。两个美国兵倒在地上，看着这个干瘦的老头，头也不回地从他们中间走过。路上行人都纷纷侧目，不明白两个美国兵怎

卢嵩高（中）、海灯法师（左）、杨基峨（右）合影，蔡伯澄提供

么会趴在地上。

新中国成立后，上海市的各行各业十分兴旺，练习武术的人也很多，武术协会也经常组织一些武术老师在体育馆中进行武术表演。有一次，卢老师在跑马厅表演了一趟四把拳，深深地吸引了台下的海灯大师，他不认识卢老师，第二天便托人引荐，带着佛家的四色礼品登门拜访。卢老师也曾带着我去看望过海灯大师，当时海灯大师住在虹口区的一间阁楼里，房中没有床，休息的时候是打坐。他在上海期间主要传授梅花桩、长拳和器械套路，表演时常展示二指禅的功夫，在上海有着很大的影响。此后海灯大师经常到卢老师家一边喝茶，一边讨教心意六合拳功夫。有一日，卢老师一时高兴，便想试试海灯大师的功夫，一个“猴竖蹲”站在海灯大师的身前笑着说：“海灯大师，伸伸手。”海灯大师笑而不答，一动不动。过去有名的拳师轻易不会与人动手，怕万一有个闪失传扬出去。卢老师则不然，一生好武，喜欢与人交手，以至于有位在上海市很有名的推手老师在介绍卢老师的时候说：“这位老师是专门练打人的。”

卢嵩高墓

二十余年来我一直跟随卢老师学艺，对待卢老师就像对待自己的父亲一样。卢老师也很喜欢我，公园里练完后，经常到我家或带我到山东会馆空房间单独教我，说到兴奋处，连比带打。卢老师晚年常对我说：“书文，你要好好努力下把劲，趁我现在还能教，等我‘无常了’（河南回民方言‘死了’的意思），我还能带到棺材里不成？这门拳是古上留下来

卢嵩高最后一张照片，余江提供

的宝贝，花钱买不到的，你要坚持传下去，不能失传，也不能乱传，我以后只是图落个名。拳不复杂，但易学、难练、更难精，拳艺非常的深奥，你要去捞，越捞越深，要勤学苦练，学到老，练到老。”

卢老师于 1961 年因病去世（在当时的纺织医院过世），终年 87 岁。在老师生命中的最后几年，因遇到全国性自然灾害，生活很是困难，只有我们几个入室弟子还经常到卢老师家，坚持锻炼，节俭一点粮食，给老师送去，尽一份孝心。

时至今日，我仍念念不忘老师对我的教诲，卢老师习武时的一招一式，就像电影一样深深刻在我的脑海里，历历在目，难以忘却。多年来我一直闭门勤修，日就月将，更感它的珍贵，不敢有一丝的懈怠。

王书文

卢师轶闻[①]

且说清光绪十七年（1891 年），河南周口心意六合拳名师袁凤仪收得徒弟，姓卢名嵩高，年十七，动作迅捷，出手勇猛，学艺刻苦卖力，甚喜。此前袁还收有高徒尚学礼、杨殿卿及宋国宾等。袁在镇上开设得胜镖局，聘卢嵩高为镖师。一日，有一批货请卢护驾送至某地，途经河北沧州，不料被盗匪劫走，卢岂甘罢休，独自一人上山见寨主。寨主大惊，被卢之勇气和坦荡光明所震动，遂下令将货全数奉还。

之后，袁对卢喜爱倍之，尽心授艺。一日，袁之旧友，号称“神枪王义”者，拜望袁，道：“据说兄长新收高徒，功夫甚好，试看能不能架住我一杆枪。”袁遂示卢陪其演练。但见卢执一根长木杆，说笑之间随步到演武场。王义喊声“来哉！”卢持杆儿驾而不击，数回合后，卢亦嗷嗷喊时，忽见那木杆顶端在王义鼻尖半寸处戛然停住也。王义收枪大叹了得，喜将一双勾皮靴赠予卢，作奖励。

卢随袁学艺九年，后鉴于镖局不景气，去武汉师叔铁冠臣处闯荡半年，返回周口遂做起饼馒生意，生活艰苦。

不日，卢闲暇坐困，忽念一处可为投奔，独念道：“何不去蚌埠找师弟宋国宾呐。”原来，宋往昔曾到过周口，求拜袁师。袁见其诚恳之至，收为徒弟。宋于蚌埠开设镖局，卢亦欲助一臂之力。

那日卢至蚌埠，宋师兄不由大喜。宋在蚌埠当地被称为“安徽宋门”。近时与另一派湖北邦“湖门”，为争抢码头装运活计，常相争斗，宋国宾力薄受欺。卢来以后，形势逆转，几回夜间争斗，卢左挡右架独自击退七八者，湖门人惊叹道：宋门有能人耶？！卢在蚌埠一待三年。

不觉时光荏苒。至清末民初，卢辗转来沪，居于小沙渡（今新会路一带），开饼铺。后在屋前空地盖棚搭架，避风挡雨，于回民间教授武艺，聊收薄礼，维持生计。

---

① 本文选自《回族武术在上海》一书，作者马万家。

之后，经友人介绍，卢住在安徽邦茶叶老板陈麻皮家担当看家保镖，数日后有陌生人送信来函，未待启，转身即去。陈拆信阅，不由恐慌失色，但见信函末尾写道：限次日将大洋××，送至×处，倘若未送，咎由自取。

卢嵩高（右）与宋国宾（左）老师，蔡伯澄提供

此分明为敲诈勒索。陈询问卢保镖意下如何，卢道，不送，待看如何我。陈赞许接纳其言。数日后，岂料送信者又至，依旧是交递后转身而去，信函内容与前次相仿。陈麻皮自忖：送将如何？不送又将如何？卢谋划道："送去，但要逮贼人归案。"陈转忧为喜，连连称是。

翌日，卢嵩高赶至约定交钱路口，窥见一武士扮相男子等候多时，接头后，卢将钱袋递过去，那汉子接钱藏腋拔腿即去，行之半路，只觉后背有手掌拍右肩膀，遂转回首往后抡手一拳。那拍其肩膀者正是卢嵩高也，卢一手架开，一手朝那人胸口撸过去，那汉子疾躲，被撸到脸孔，当即倒下地去。卢一个箭步赶前将其提起，扭送到警察局，人证俱全。

有一日，有一来访客人谒见陈麻皮。陈将来者迎入客厅。来人脸色铁青，坐定，霎那间，左右手突掏出两把盒子枪，"啪啪"，甩放桌上，嚷道："要钱，还是要命……"陈家一女佣，惶然奔告卢。卢嵩高随将围腰兜上，端上茶点盆儿，躬入客厅，搁放盘时，顺势疾将一盒子枪抄起，将另一把枪朝一旁一撸，接着朝客者连座椅带人推搡开去。那人连椅带人摔出一丈多远，躺在地上连呼："大爷饶命，家有七旬老母……"

此后，陈麻皮家未再生此类事。日久，卢与陈之亲属账房先生发生龃龉。账房仗势欲另请武师替代卢，卢道："用谁，不妨比试再论。"陈

卢嵩高全家合照，蔡伯澄提供

卢嵩高与其子卢少君，蔡伯澄提供

不允。卢于是回家继续又教练武术。其间数十年，收高徒有穆清澜、马义芳、李尊贤、解兴邦、马惠龙、铁国正、于化龙、李尊思、王守贤、张兆元、孙兆甫等。卢习武精到，造诣独深。形成自身特点，尤以刮地风腿及单把龙形裹凤为擅长，且出手敏捷，令对手常手足未施展即遭败北，在沪期间卢击败诸多名家巨手，蜚声武林。

某日，有一年轻回民前来求艺，卢收纳后见其颇有礼貌，甚为喜爱。不久后察其形迹，发觉原是汉民。卢不胜惊诧，怒其假冒……其间，演绎了一段跌宕的故事，最后，卢感念师徒情感心犀相通，为传扬心意六合拳之广大，决意授徒以心近者为亲，不分回汉，广植新苗，故成为打破单传回族之旧习第一人，此徒弟后为卢之第一爱徒，乃为武术名家解兴邦也。

卢在沪成家，有三子一女。据次子卢少君回忆道，父亲常年习武未济家况贫困，且常聘礼回河南看望乡亲父老，返途却身着单衫、裤衩而归，甚究情义。1956 年曾任某区政协委员。1961 年因公益之事，外出中暑，不久归真，享年 86 岁。卢之次子少君，曾任静安区体协武术教练。至改革开放后，海外不少国际友人闻仰卢嵩高大名，络绎拜访寻踪……

卢师亲传弟子名录（截止于 2017 年 10 月不完全收录）

李尊贤	李虎臣	马义芳	贾祝山	王守贤
马学广	穆清澜	庞士俊	马孝海	解兴邦
潘　三	王书文	陈信义	王兰田	杨肇基
马锡昌	李仪华	陈红妹	唐招娣	张兆元
汪伯盛	陈维芝	杨友宣	许广恩	赵文章
潘金章	王仲山	沙明琪	刘备庆	吴正荣
罗时望	罗时茂	黄一松	解观亭	凌少南
陈忠诚	欧　阳	王树根	朱久裕	凌汉卿
凌汉兴	焦焕荣	纪兴国	贾治国	赵文亭

宣鹏程　陆安光　刘金武　王木林　周永福

白恒祥　丁长福　等

家里人子弟师于卢师者：

卢少君　陶子鸿　王效荣　李尊思　孙少甫

白云飞　于化龙　侯长信　等

以拳友身份得艺于卢师者：

徐文忠　郝占如

新近录入的卢师弟子：

刘贵新

新近录入的家里人子弟师于卢师者：

苏训魁　倪德生

在周口河西清真寺接受卢师授艺的子弟：

郭希圣　苏传文　李子君　马贵龙　马孝山

马仁增　刘恒亮　李道福　刘忠元　石耀祖

袁文斌　苏传林　刘志甫　马建其　李子芳

第一篇

文化传习

因人而异、因材施教是卢式心意拳的传承方法，把人分为十种类型，分别以十种动物对应……

卢式心意拳的文化基因

中国文化的基因

心意拳	一气	二仪	三节四稍	五行六合	七星八正
易传	太极	两仪	四象	八卦	六十四卦
墨经	端	直	方	厚	儇
道德经	道	生一	生二	生三	生万物

几何学	点	线	面	体	超立方体
空间学	零维	一维	二维	三维	多维

学习中国文化，有不同的道路，殊途同归，都是正道。

误会武术

“武”字，有二种解释，一是止戈为武，二是拿起兵器去战斗，都有积极的意义。从字形上看，从一从戈从止。从一，或为一个人，或为一个人的向往，或为一个人从这走到那，或为一件武器，因为戈是武器。止，古代同趾，就是脚趾，武字的本意是说打斗时的技术要领是要把脚跟站稳，站好了，身形就能稳定，思想才能安定。顺着下来的意思就是一个人拿着武器去打仗，战斗时下盘要稳定，这样才能取胜。

“术”是有针对性解决问题的方法技术。繁体的“術”字，一是从行从术，行，甲骨文中指城邑中的道路，走在路上是有方法技术；二是从“十”、从“八”、从“丶”，十八般武艺一点通，是有手段方式。

武术是拿起武器去战斗的方法技术，技击是武术的内核。《中国武术教程》说：“武术源于古代狩猎和战争，是搏击技术与经验的总结。”《后迹》中说“民物相攫而为武”。

“武”的字形演变

“术”的字形演变

中国武术是中国先民们在与自然和社会的斗争过程中发展出来的一种生存能力，反过来中国武术的发展也深受自然与社会的影响。可以说它是“起于易、成于兵、附于医、扬于艺”，上下五千年不曾中断过，以一种极其稳定的形式流传下来。

全世界不只是我们有武术，任何一个民族都有以技击为核心的武术，大同小异，同质异趣的向往，目的都是为了胜利，行为都是为了获得更大利益，争取到更多的好处。

武以术为法，术不同于法，术为投机取巧的窍门，以千方百计地达到目标；术也不同于道，不求过程只要结果；术为事半功倍的法门，法门和窍门都是需要学习才能得来，所以才有成语叫“不学无术”。

术是方法技术，如果一个人没有拥有解决问题的方法、手段，亦不会拥有面对困难的勇气、胆量和能量，老话讲这叫“艺高人胆大”。所以自古以来在我们的武学体系中就没有武法、武道这么个说法，书法讲法，日本有武道一说。我们辅以武术有武侠、武德、武功、武备、武意、武艺，等等。

学习武术不以技击为核心的都不是真正的武术，没有法门和窍门的都是没有悟到精髓。时下的武术界里乱象纷杂，所谓的“大师”也很多，人们对武术界里的人与事不清楚的地方有很多，误会也很多，主要误会有三：一是把体育武术当作武术，二是把商演比赛当作武术，三是把修仙礼佛、导引健身的操演当作武术。

误会一：体育武术以表演为本，好看，观赏性为主要。把表演的武术当武术不是今天才有的事，最远可以追溯到原始人类的武舞，是一个很古老的行当，在武术界被称为：跑江湖的，或打把式卖艺的，在民国以前地位不高，不成气候，不入武术的主流，老一辈武术家们称这类武之术，叫玩意。

时过境迁，随着中西方文化的交流，西方体育概念的输入和兴起，催化了表演类武术（或叫竞技武术，或叫体院武术）的逐渐兴盛，尔后一叶独大，武术开始没落或转入民间，一方兴一方没，三十年河东三十年河西。

“体育”是一个外来词，它最早见于20世纪初的清末，当时我国有大批留学生东渡去日本求学，他们将“体育”一词引进中国。“体育”这个词最早见于1904年，在湖北幼稚园开办章程中有关对幼儿进行全面教育时提到，“保全身体之健旺，体育发达基地。”在1905年《湖南蒙养院教课说略》上也提到，“体育武术，体操发达其表，乐歌发达其里。”在中国，最早创办的体育团体是1906年上海的“沪西士商体育会”。辛亥革命以后，“体育”一词就逐渐应用开来，在武术界影响最为深远是“精武体操会”，后改为“精武体育总会”。

新中国成立后在政府的主导下，武术顺理成章地划入了体育部门，标签定义为：传统体育。“发展体育运动，增强人民体质”，当下的武术

1919 年精武体育会合影

成了中国最为普及的体育运动，也是全世界参与人数最多的体育运动，时下里最为流行的、最有面子的武术事就是千人武术表演、万人武术表演。中国武术协会主办的全国武术锦标赛是最为专业的表演赛，表演的难度系数是越来越大，要求是越来越高。然而热心于中国武术的爱好者们却不再热衷于寻找这类表演武术，而是往山沟沟里跑，找真武术。

误会二：商业比赛以商业为本，以赚钱、创造商机为主要目的，把商业比赛当武术是近些年的事，技术要求是根据主办方的意愿加以规范，打这类比赛其实就是打规则，谁制订规则谁是赢家，这类所谓的武术是被改造过的武术，或叫二刈子武术，意思是不一门心思地搞技击。

如国外的：MMA（mixed martial arts）中文称呼是综合格斗、K-1、终极格斗大赛（UFC）……这些多是一种集观赏性、娱乐性、竞技性于一体的运动项目，自称为国际武术搏击比赛的主要项目，也自称具有当今世界武坛各类先进武术比赛的主流理念。国内的武林大会、武林风、

CKF 中国武术争霸赛、昆仑决……相比中外的宣传我们要谦虚得多，说的更多的是为中华健儿提供了一个展示自己的平台和机会，为弘扬中华武术发掘民间武技提供了契机，是中国传统武术文化和现代电视艺术的完美结合，原汁原味的中国武术。不像武术，不管环境好也罢，不好也罢，千年不绝，经得起时间的考验，因为它是中国文化的一部分，流淌在中国人的血脉之中。

误会三：把修仙礼佛的当武术。修仙礼佛与武术各有不同使命与诉求，各有相应的修炼方法与途径。也不能简单地把僧道分为练外家与内家拳，武术应是以技击为核心的。当下佛道界的修炼与进益也已经是非常严肃专业的课题，如果非得将流派众多的佛道修炼体系与武术技击混为一谈，难免贻笑大方。

传统武术能不能打？是另一话题，现代人有这样的疑惑，一是因为现在的武术很边缘化，少有正确的宣传与报道；二是大众没有时间去了解武术或练习武术。一方水土养一方人，成一方文化与一方武术，每一个流传有序的拳种，都是那一方人的保护神，如果技击性差，早就被历史淘汰了，如何能流传至今。在中国，一般老百姓见习武之人常问的一句话就是——你能打几个人？

以技击为核心是全世界武术的本质，但这些技击之术要想成为武术，还须要注入一方文化，文化的差别形成了武术的千差万别，这就是中国武术博大精深的源泉。强龙不压地头蛇，是在说武术的差异性，不要想着学会一种武术就可以包打天下。从整体意义上讲，中国武术根植于中国文化之中，蕴涵着中国文化的哲学精神，体现着中国文化的审美。

武术是官话，民国时叫国术，民间常叫打拳的、蹦锤的、拼刀的、扎枪的……

中国武术是中国人生存文化的一部分，勇于竞争，敢于面对；勇于亮剑，敢于胜利；不畏强暴，敢于牺牲……这种武术思想，千百年来在中国人的心中不曾中断过，我们的文化并不全是君君臣臣、父父子子的守成文化和修仙礼佛的宗教文化，也有开疆破土的武术文化。创新，不

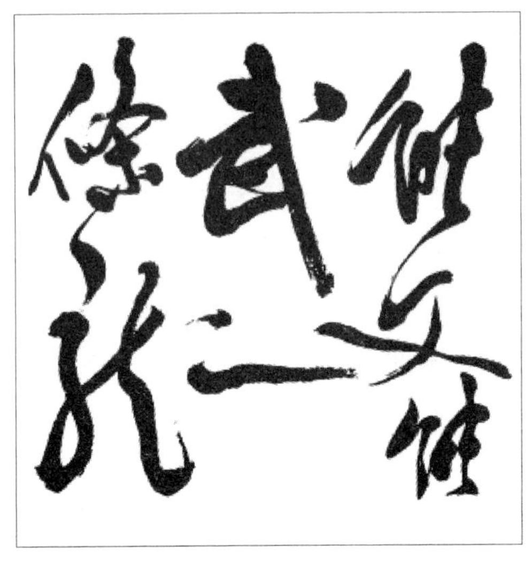

能文能武一条龙

墨守成规是武术文化的精神。不管过去、现在，或是将来，学习武术是学习中国文化的一条道路，是修炼中国文化的一条途径。武术教你如何勇敢地面对困难，教你如何为人处世，教你如何待人接物，教你如何立世应命，教化中国人如何实现梦想——能文能武一条龙，培养中国人威武不能屈的民族性格与气质，培养一个人“爱国、感恩、正气、大义、诚信”。在外国人的眼中，如今的中国武术是中国文化的大符号。

因材施教——十形应象说

学习卢式心意拳要以人为本，首先是相信人与人的不同，人过一百各式各样：一是相信每一个都不同于他人，每一个人都有自己独特的个性与体形；二是确信人人都能练好身体打好拳，都能成为一个勇敢的人，一位强者和一位智慧者。

拳以人为本，因人而异、因材施教是卢式心意拳的传承方法。老一辈教拳都极其尊重这一条规定，胖子和瘦子一般不会放到一块儿来学拳，对胖子说的，瘦子听进去了有可能是害了他。为啥？就是因胖子和瘦子的体态不同，猴子和大象的本领不相同，慢慢地就有了法不过六耳的神秘，都以为自己学的是不传之秘。

为师父最难的两点是阅众生相和有针对性地给予，因人而异地给予不同的知识道理和在不同的拐角处、岔路口给予不同的东西。误人子弟，一是不懂装懂，二是不识相，三是给错东西。

有些师傅在传承过程中，会信誓旦旦地说我这儿只教规律性的东西，只教共性、科学、有用的东西，不教花里胡哨。其实是一个扯，心意拳的技术共性是力量、速度、距离、硬度、变化、敏感等，只有共性就成不了心意拳，打的都一样了就不是心意拳，而是心意操，看我们心意拳史的哪一位老师不是特点鲜明、个性突出？历史经验告诉我们，只有主张个性才能传承武术，恰恰是主张了创新、有个性的师父们成就了一个拳种，才捍卫了传统，否则这传统早没了。

学本领就两点，补拙和扬长，打基础要补拙，成事在扬长，抓住自己喜欢的一形或一个动作死抠，放大喜欢，成就自己，最后是以优势定胜负。

卢式心意拳是以每个人身体形态上的不同为标准，把人分为十种类型，“高、矮、胖、瘦、甲、由、目、申、干、虚”。分别以十种动物对应：鸡、鹞、燕、鹰、虎、马、熊、蛇、猴、龙。一形体态的人对应一种动物，从大数据得来的经验告诉我们，这一形体态的人是学习模仿这一种动物武艺的最佳选择。

由鸡。由字形的人，是肩窄屁股大的车轴汉子（图 1-1，左部为卢嵩高拳照）。鸡有欺斗之勇，主要模仿昂首挺胸，一副我老大你们老二的样子。主要学习斗鸡时的闪进闪出，斗志昂扬，不赢不罢休。鸡形：溜鸡腿、踩鸡步摇闪把、韧劲、搓把、寒鸡寻食、鸡甩食等。

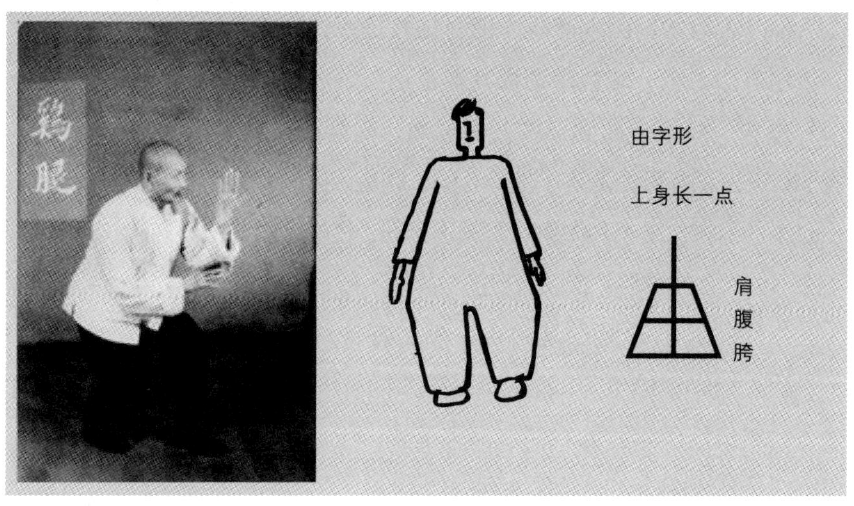

图 1-1

甲鹰。甲字形的人，是肩宽屁股窄的倒三角汉子（图 1–2）。鹰有捉拿之功，主要模仿鹰击长空时的迅疾暴烈，势若闪电，主要学习老鹰的劈打捉拿，如塌天的雷石，直落的滚木。鹰形：鹰捉把、叠步大劈、鹰打膀……

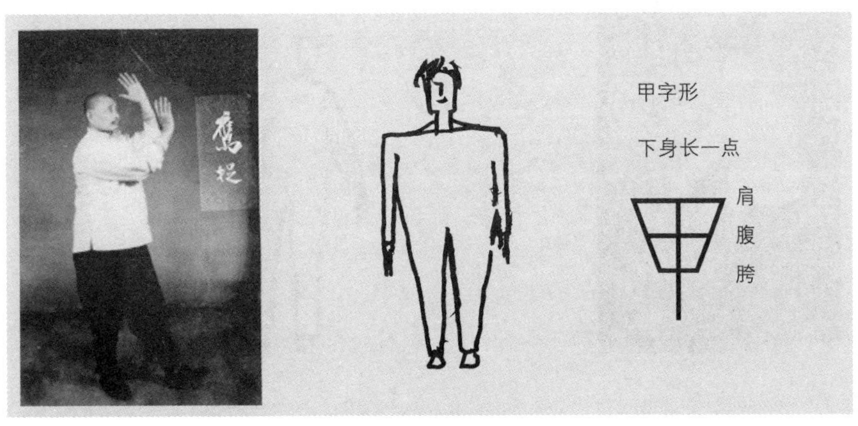

图 1–2

目虎。目字形的人，是身体呈长条形的门板汉子（图 1–3）。虎有扑食之功，主要模仿老虎的纵横往来，丈二、八尺一步到位，主要学习老虎的起落纵横。虎形：虎扑把、虎抱头、撅劲、以头梭碑、虎涧跳、虎蹲山、虎抖毛……

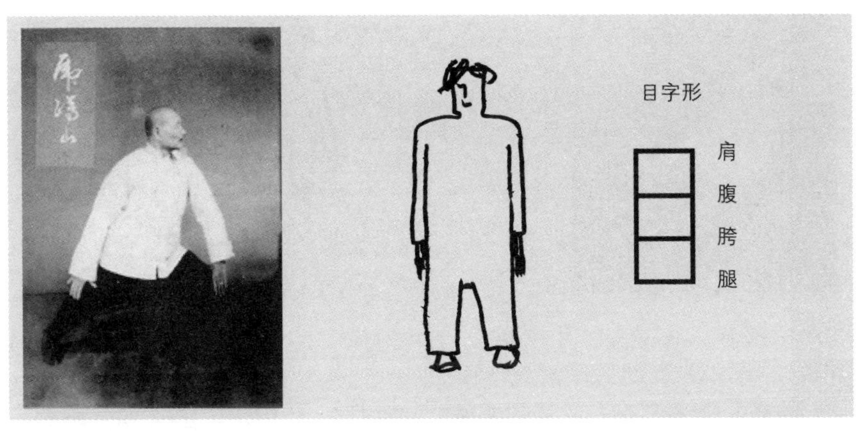

图 1–3

高马。高字形的人，是人高马大的高个汉子（图 1-4）。马有奔腾之功，主要模仿马的汹涌奔腾，莫有敢挡，主要学习马的骤然崩直，横冲直撞。马形：夜马奔槽、夜马闯槽、马溅步 、穿拳……

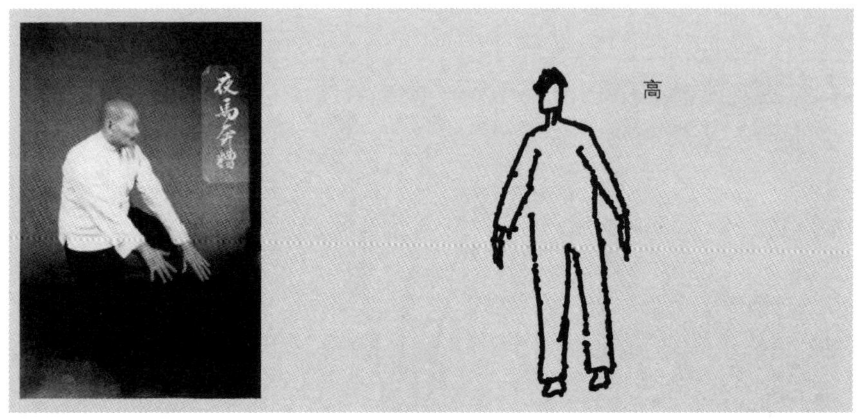

图 1-4

矮燕。矮字形的人，是矮短敏捷的敦壮汉子（图 1-5）。燕有抄水之妙，主要模仿燕子的惊起惊落，轻灵迅捷，主要学习燕子低进高起，顺势而为。燕形：燕子抄水、燕子钻天……

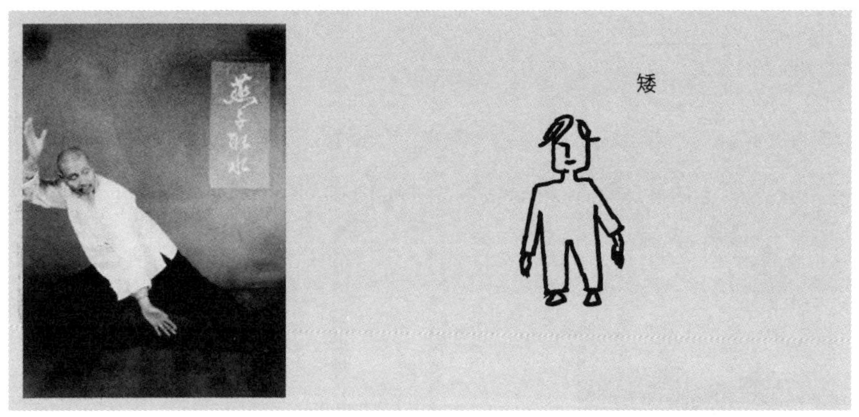

图 1-5

胖熊。胖字形的人，是膀大腰圆的圆壮汉子（图 1-6）。熊有掀鼎之力，主要模仿熊的外坚而内壮，力大无比。主要学习熊的重脚重拳，挨三拳还一拳都划得来。熊形：怀抱顽石十字把、单把、十字裹横、熊出洞……

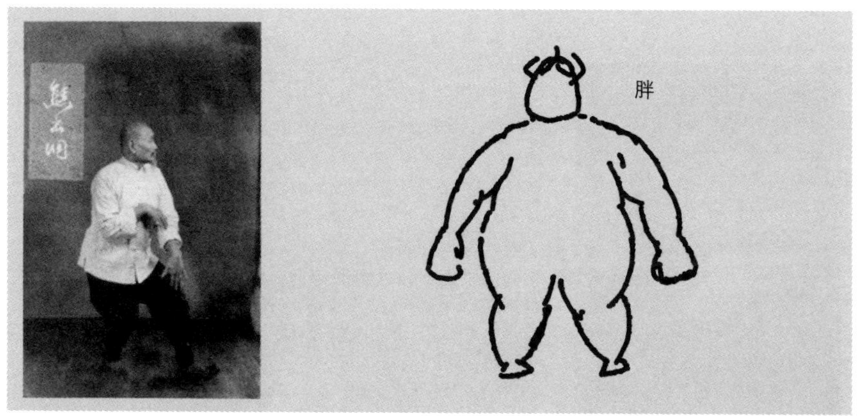

图 1–6

瘦猴。瘦字形的人，是瘦小灵活的小条形汉子（图 1–7）。猴有纵身之灵，主要模仿猴子争斗时的闪展腾挪，惊灵躲闪，主要学习猴子的无常变化，如影随形。猴形：猴竖蹲、猴形小裹、猴掏心、猴挂印、猴纵身……

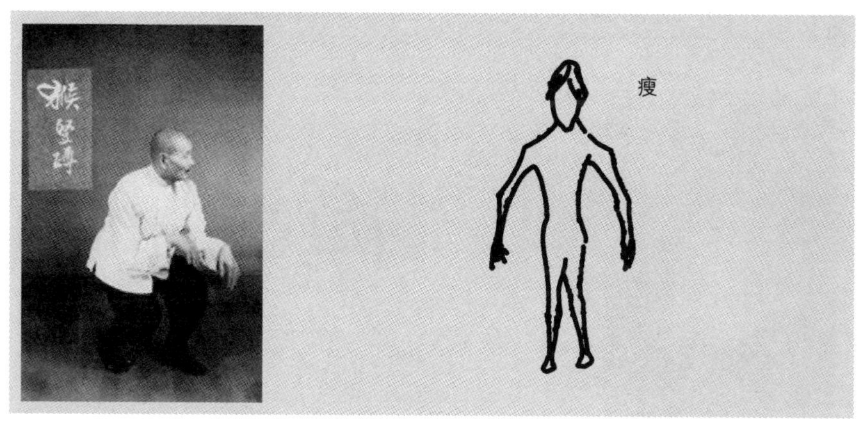

图 1–7

干蛇。干字形的人，是下半身力量好于上半身的瘦干长汉子（图 1–8）。蛇有拨草之能，主要模仿蛇的盘绕分拨，出奇一咬，主要学习蛇的冷常突击，一击而胜。蛇形：蛇拨草、蛇吐信、蛇分草、左右明拨……

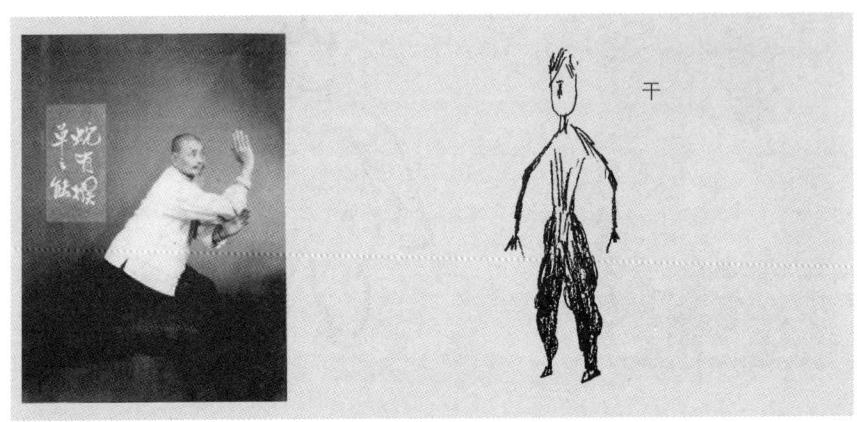

图 1-8

虚龙。虚字形的人，是上半身力量好于下半身的虚大汉子（图 1-9）。龙有搜骨之法，主要模仿意想龙的拧转翻腾，惊灵抖颤，主要学习龙行的一波三折，无时不在晃动，如大海的汹涌颠簸。龙形：龙调膀、大龙形（肘）、龙形过峰、小龙形（小踏）、双踏（踮把）……

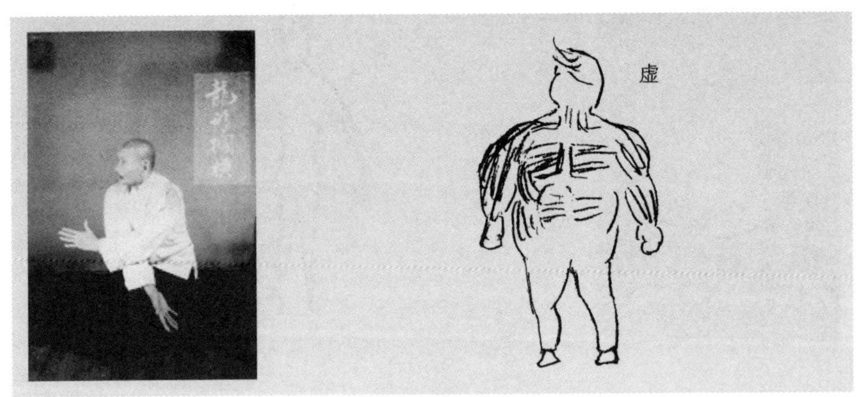

图 1-9

申鹞。申字形的人，是两头尖屁股大的菱形汉子（图 1-10）。鹞有侧展之能，主要模仿鹞子在丛林中的起落钻翻，灵活穿梭，主要学习鹞子的以少敌多，顾左打右。鹞形：鹞子入林、鹞子侧翅、鹞子翻身、双捋、云遮月把……

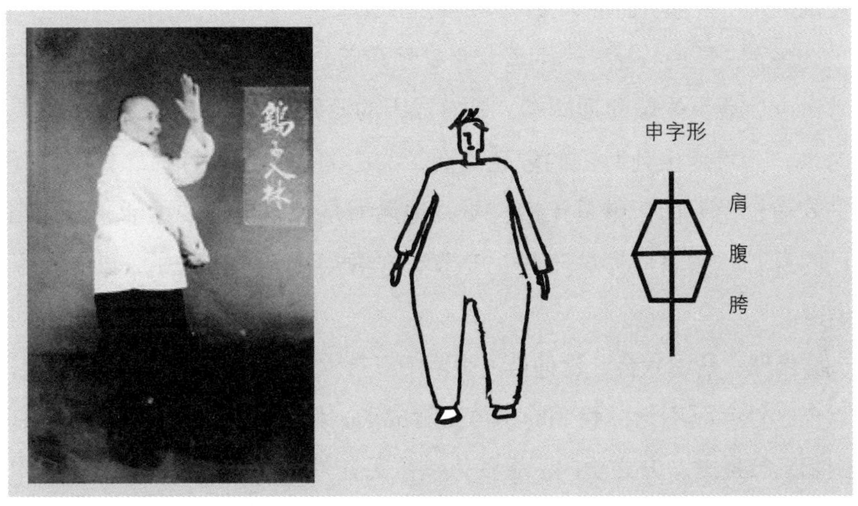

图 1–10

心意拳为什么会定位在十大形，不是八、九形或十二形呢？这是因为文化方面上的因素，说一个成语大伙就会理解，十全十美，“十”是中国人文化心理中最美满的词，十大天干，意思是最会给您带来幸福的美好之地。

十大形的学习要以一形为本，逐步学习、融会贯通。

实践出真知，借用一些老概念来说事，如真人、真元、真理、真形、真行等等。

啥是文化道理？一群人的生存与生活智慧，有思想、方法方式、标准等等。文化道理不是为道理而道理，而是为了生活、生存用，文化要落到实地，道理要落到实处，才为真文化道理。讲文化道理是为了成就一个人、成就一门拳，所以要落在人的身上，落在武术中。文化道理最怕的是耍嘴皮子、玩虚的、不着地。卢式心意拳门里有许多的真人，是真会，真有道理，明白拳中的真元，知道拳中的真理，并言行一致。

真人：能实践卢式心意拳文化道理的人，言行一致。以卢师为核心，以李尊贤、解兴邦、王书文、卢少君等老师为代表。河南老话讲：光想，不说不练，不是把式；光说，不想不练，是假把式；光练，不想不说，是傻把式；会想、会说、会练才是真把式。

真元：是说心意——活着与更好地活着，活着对应生命，更好地活着对应生活，依照此理构拳，是拳成因的原始积累，“生”是件不容易的事。活着是生死时刻的你死我活，关心的是自己的性命，能活着即是有道，逆天而行就是无道。更好地活着是关心自己的生活，爱护自己的身心，顺时应命，守时、守节、守规矩，天人合一了，即是有了道德。

真理：是说六合，延伸点说是阴阳五行六合，拳依据六合构建成器，六合之外存而不论。我们的身体正看成形，侧看成体，上下左右前后，阴阳五行贯之。方之里内三合使人魂不丢，外三合使人形不散，是一个存身、立世、应命的方法。

真形：是说拳。见其形，取其意，动其心，形神兼备后，一心一意一形，后才是无心无意无形，能在一思前，莫在一思后，回到初心得到真形。拳谱曰：岂知悟得婴儿顽，打法天下是真形。人大了，有杂念，有了牵扯，就得绕一圈才能回来，孤独求艺才能得来。

真行：拳打得理直气壮、问心无愧才是真行，方才有了勇敢之心。为了爱国、感恩、正气、大义、公平、良心出手时，才是理直气壮，问心无愧，英勇无畏，是真行，无知者无畏是假真行。

在众多的中华文化形式中，推荐您从学习中国书法和中国内家拳武术入手，来学习中国的文化，因为在世界文化之林中它们是中国文化所独有，是实践中国文化中真元、真理、真知的最佳途径，也是成就您为真人、得到真形的最佳方法，真会了，是会心的微笑，爱惜得不得了。

内家拳法——两仪阴阳说

武术的核心是技击，纯技击术不能成为武术，只有把技击本能融入到本民族的文化之中才能发展成为武术。武术是文化的一部分，文化是一群人的生存智慧，有思想、有方法方式、有标准……如爱国、正气、大义、感恩、诚信、勇敢……

中国武术在世界武术之林中有自己独特的思想及形式，因为中国的文化立于阴阳，成于五行六合。说中国武术不同于其他民族的武术，得从阴阳说起。

先来认识阴阳，文化传承的目的是教化，文化传承的形式是教学，教学要有教学大纲、教学计划、教学方式……“教学”，教什么？学什么？看这两个字的不同写法，甲骨的、金文的、隶书的、繁体的，最初的文字显示文化的初心，文字的演变越来越会使我们忘掉最初的用心。

一群的爻，围着一个小孩，就是一个“教”。

"教"的字形演变

一个小孩，用两只手在玩爻，就是"学"。

"学"的字形演变

再来看"觉悟"的"觉"，两只手在玩"爻"，若能玩到明白了"爻"的道理，一个人就觉悟了。

"觉"的字形演变

再来看"爽"，不知道为什么这个字没简化。人，大人，最高兴的事就是学爻与玩爻，并玩双爻，什么是双爻，二个六合，八八六十四，懂得了的人，心中就是一字"爽"。

"爽"的字形演变

细看这些字中都有"爻"字，讲"爻"就教学的初心、责任，传道、授业、解惑以"爻"为核心。那"爻"是什么？爻有刚爻、柔爻之分，柔爻为阴，古作"会"，意为：旋转团聚的雾气。刚爻为阳，古作"昜"，意为"膨胀发散的气体"，也就是阴阳。

“爻”的字形演变

玩爻辩易，孔子说朝闻夕死都觉得是一件爽快的事，因为爻是中国文化的根本。但想要弄明白了爻，要先定位自己，河南人有句口头语叫“中”，有其深刻的含义，中是那里？顶天立地以人为中，日出为东，日落为西，背北朝南是以我为中，这个中心坐标是中国人的立场定位。

心中有了中才能有了我，心里有了中这个概念后，也就看明白了阴阳关系，人在阴阳当中，我在阴阳当中，拳亦在阴阳当中，拳谱曰：“阴阳二式在其间”。“一阴一阳谓之道”，有一层意思是一切事物一时会受困于阳，一时会受困于阴。如单位里有院长与书记，部队里有司令与政委，部门里有张经理与王经理……做好本职工作，阴阳只能选择其一。分清楚阴阳的目的是为了在做人做事时更加有效率，花一半的力气得到全部的好，不愿花八分、九分的力气，去谋求八九分的功劳，这是人之常情……只有分清了阴阳，做人做事才能做到事半功倍。

明白爻是什么？也就明白了什么是中国武术的外家拳、内家拳。

当下，关于内家拳与外家拳，有几种人云亦云的说法：一是关起门对自己家人传授的拳叫内家拳，对外姓人或外面的人传的拳叫外家拳；二是道家中的人练的拳是内家拳，佛家人练的拳是外家拳；三是外练筋骨皮的是外家拳，内练一口气，练导引术、气功类的是内家拳等。多是误会。

心意拳的理论体系和训练体系是中国武术中最早建构的内家拳体系，它的经典著作在中国武学文化中起着主导性的作用，诸多武术门派的产生、发展都受其影响而得益匪浅。如太极、形意……卢式心意拳是心意拳的重要传承者之一，学习卢式心意拳就是一个由外入内，内外兼修，侧重于内的过程，实践过一轮的人就能讲明白内家拳与外家拳的不同。

拳谱上说心意拳成拳道理是鹰熊竞志，门里叫“鹰熊二仪阴阳说”，拳中二仪实为讲阴阳，如讲攻防守、虚实含野等。阴阳是两个点，几何学上讲二点之间是一条线，二点之间的线性关系分出了阴阳，同时也分出了中国武术中的内家拳与外家拳，二点之间关系是收缩了？还是膨胀？（图 1–11）

因为这二点之间的关系不同，所以外家拳与内家拳在运动理念与运动方式上都不同，体现在：阴为旋转团聚，一个字越来越“紧”，越来越“收缩”。阳为膨胀发散，一个字越来越“挺”，越来越“长（zhǎng）长（cháng）”，因为阴阳特性上的这些不同造就了中国武术有内家拳与外家拳之分，这种不同主要表现在对武术的理念上、身体的使用上和运动方式上。外家拳是收缩发力，内家拳是伸拔发力。用的身体部位不同，外家拳多练习使用身体的阴面，内家拳多练习使用身体的阳面。外家拳，收缩发力，在两点之间内里的运动关系，其性像一把开合的剪刀，运动在两点之间的这根线内，永远逃不出这两个点间的最大值，外家拳常说的是看后打前，意思是意想照着后面打去，才可以打穿打透。

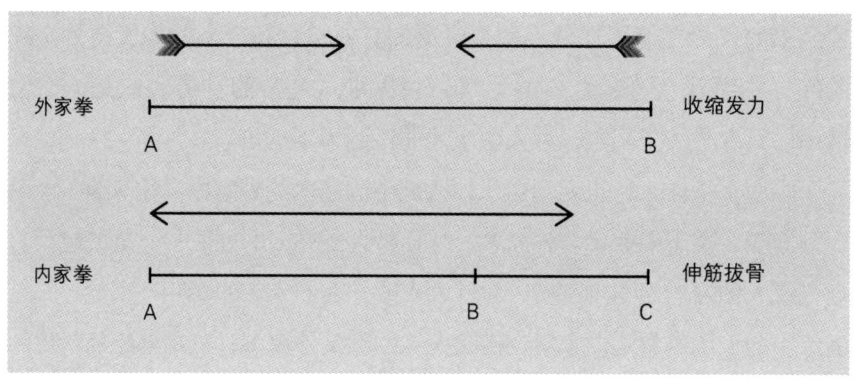

图 1–11

内家拳，伸拔发力，在两点之间外撑外拔的运动关系，其性像是压缩好的弹簧，运动在两点之间的这根线外，多出这两个点，像现在的气动工具（图 1–12），靠的是中节的合力。心意拳多讲三节、四稍，因为三节、四稍是内家拳的理论概念，三节中的稍节就像是现在手持破碎锤中的钢尖，无坚不摧；中节就像是破碎锤中的气锤，中节发力，拳谱上说中节不明浑身是空；根节就像是破碎锤的手柄，起支撑作用，拳谱中说“消息全凭后腿蹬”（图 1–13）。内

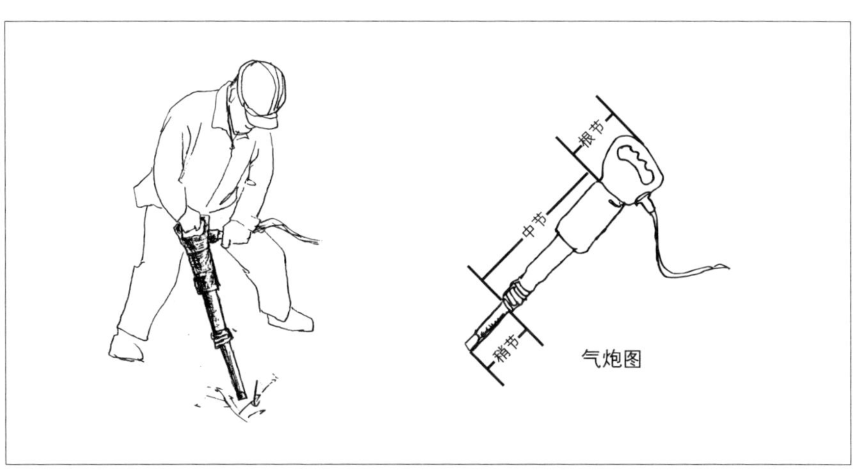

图 1–12　气动工具

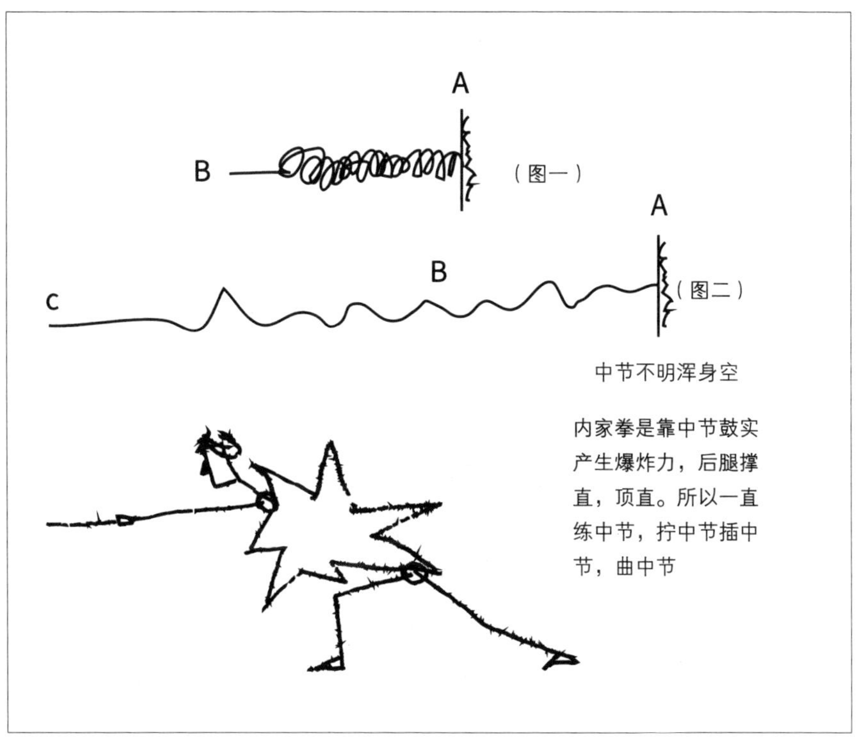

图 1–13

家拳常说的是看前打后，意思是看着前面直接把稍节打进去，就可以打穿打透。所以内家拳要练习“寸劲、抖擞劲、惊劲、灵劲”，可以粘实发力。

为什么会有内家拳的产生，猜想一是对生命体的觉悟，二是对射箭的觉悟，三是文化发展的成熟。

一阴一阳为之道，就身体来说是说我们的身体一段时间为阴控制，一段时间为阳控制，是一个规律。那我们身体素质是如何增强的。又是如何衰败的呢？武术又是如何上身的？凭消息。先说什么是消息。消是消失、减少；息是增长、增多，十二消息，合于一天的十二个时辰，一年的十二月，人的十二经络等等。图 1-14 里表现的是“阴消阳息”四个字，图中 1 至 3 是我们的前半生，讲我们的身体在前半生时，虽然为阴所控制，但身体却在往盛的方面趋势发展，身体呈吸收状态，长大、长长、长满，变得富有强壮，这一时段叫阴控阳息。图中 5 至 7 点是我们的后半生，我们的身体在后半生，虽然为阳所控制，但身体却在往衰毁的趋势方面发展，身体呈发散状态，变小、变短、弯曲，越来越衰，这一时段叫阳控阴消。

图中 4 点就是我们全盛身体的样子，对男人来说是 24~32 岁的样子，对女人来说是 21~28 岁的样子。拳怕少壮，二十来岁小伙，是外家拳运动方式的顶峰，无论肌肉的力量、筋骨的壮实、血气的鼓荡，二十多岁是全盛时期，战无不胜，攻无不克，不知道累是个啥。但岁月不饶人，人过 40

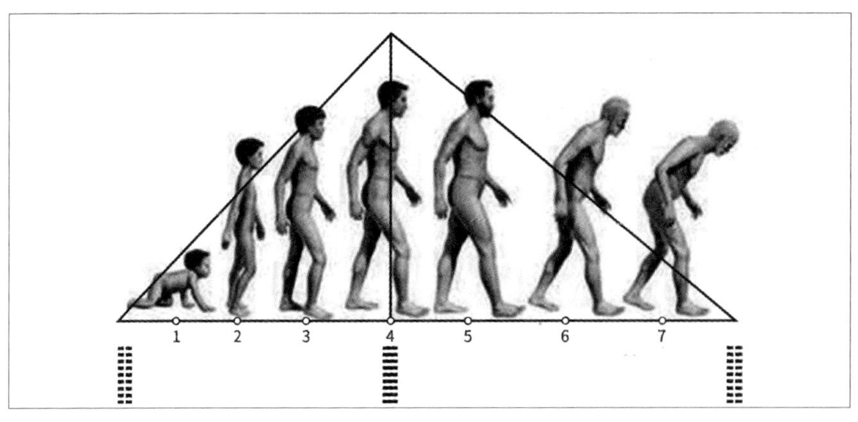

图 1-14

岁就力不从心了，人过七十古来稀，老了一身的伤痛，就只会哼哼了。

每个人都想长寿，长寿的道理在增强你的全盛之体和延长你的全盛之体，让衰老这根线下落得慢一些。方法一是选择内家拳，就是选择要阳息。如何做到阳息？人体中有诸多的开关，如人的五官九窍，转过来就是阴消，转过去就阳息。每一个企事业单位都有收发室，每一个人的身体也是一收发室，阳息时是收得多出得少，阴消时是出得多收得少。人生活在自然之中，心中要有阴阳之分，要明白人与自然的关系，人若是舍得多就老得快，得的多就老得慢。

方法二是日消夜息，也就是休息，通过休整使身体得到增长。养生健身的秘密是“锻炼、休息、在兴奋点时再锻炼”。师父的能力就体现在这一点上，若是在疲劳点上再锻炼，身体会越练越差。若是过了兴奋点，身体又回到了原点上再锻炼，只是练技术，而不是长身体。（图 1–15）

中国早在旧石器时代晚期就发明了弓箭，弓箭一直是人们狩猎和军队打仗的重要武器。（图 1–16）

据《太平御览》三百四十七卷记载，夏朝已经有了教授射箭的专职教员，同时还有了习射机构——“序”。夏之大学称“序”。《孟子》云：“序者，射也。”商朝沿袭了夏朝的习射制度并有所发展，亦有专人从事习射的管理工作。《礼记·王制》云：“耆老皆朝于庠，元日，习射上功。”说

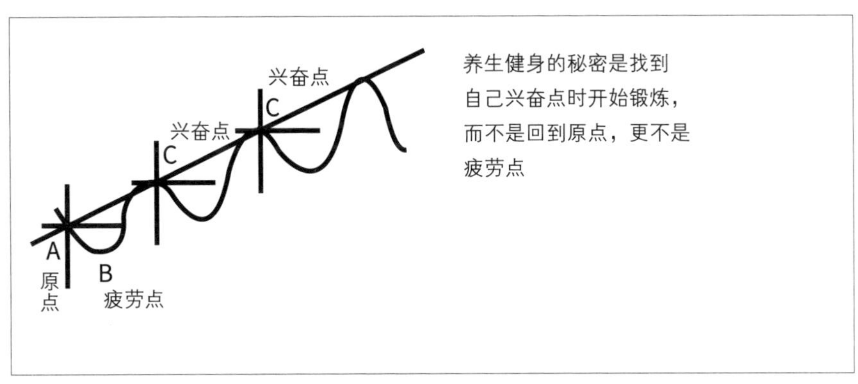

图 1–15

图 1-16

明当时学校习射是教育的主要内容之一。

对弓的认识，对箭的理解，再升华到对身体的认识，对射艺的深刻感受，有可能升华成对中国阴阳文化的深刻感受，逐步形成了中国武术中的内家拳理论，如伸筋拔骨这四个字和射艺关系，如身体负五张弓理论，是整个身体联结如一，束身如箭的最佳实践。

五张弓的提法是一个形象的说法，是以身体结构为基础分段整体、逐步组合束一的方法（图 1-17）。外面有一说法是：四肢为四张弓，身体为一张弓，为五张弓。我们门里的讲法是：稍节为一张弓，中节为一张弓，根节为一张弓，熊膀为一张弓，最后一张弓有两种说法，一为整身是一张弓，二为双眼睛一张弓，我比较认同眼睛为一张弓，因为前四张弓之间结构交错，借位交叉，又相互支撑，已经是一个完善的身体架构，成了一张弓。五张弓的架构搭建不是一次成形，是一个逐个成形束一，逐步拼搭的过程。多是从稍节这张弓开始，接着是根节这张弓，而后是熊膀这张弓，再后是中节这张弓，最后是眼睛这张弓，出不出手全看眼睛这张弓，明眼人看到这张弓的心劲就知道是该闪了还是该出手。（图 1-18）

为什么在中国武术发展到一定时间后才出现内家拳提法，而不是一开始就有？因为外家拳的运动方式及对身体的使用，是人的动物性的先天本能，最容易理解和掌握；而内家拳的运动方式及对身体的使用不是本能，而是对我们自身有了更深层次认知后的后天觉悟，标志着中国文化发展到一定程度时获得的成果。历史上，心意拳中没有主动提出过内

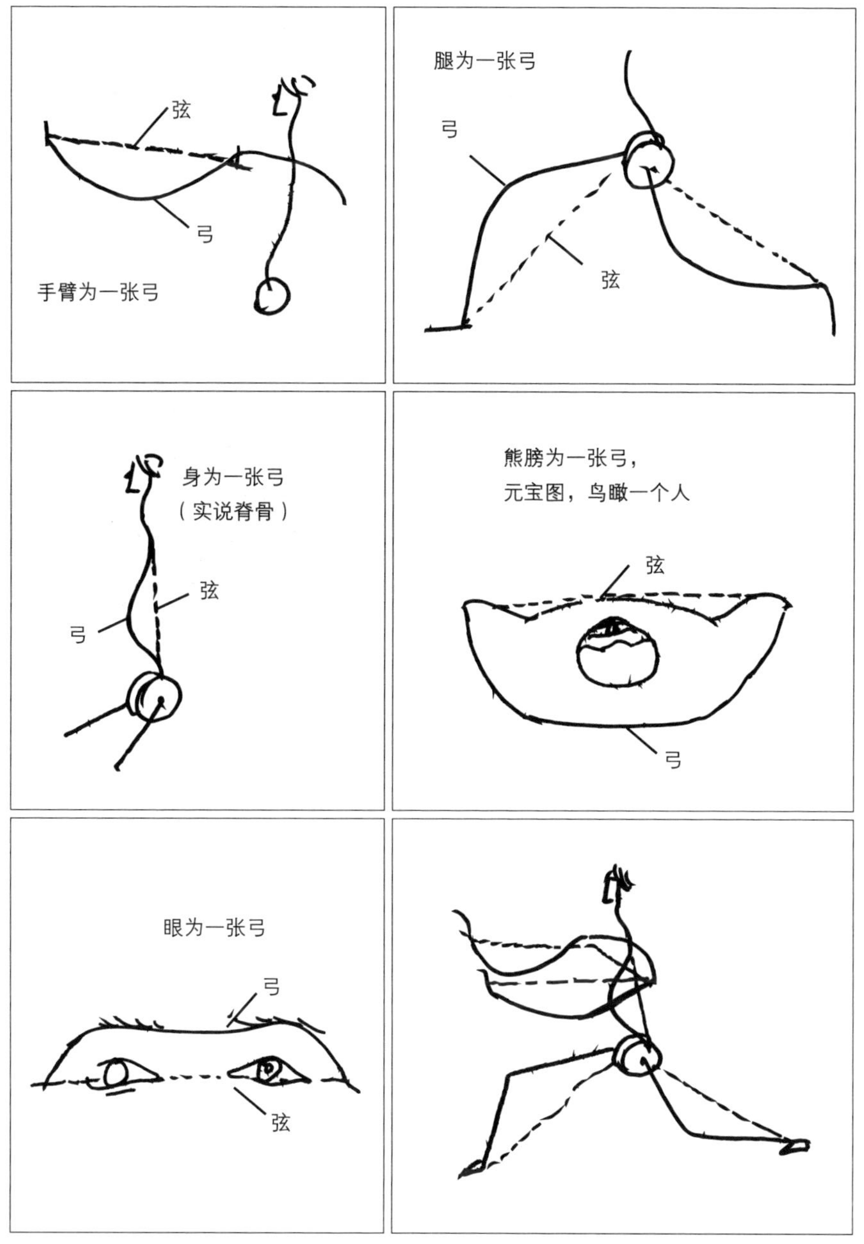

图 1-17

外家的分类法，但心意拳理论体系的出现是内家拳系成型的标志，中国武术中的内家拳体系在世界武术之林中，唯中国文化所独有。

卢式心意拳的诸多前辈们中有许多是带艺投师，因为卢式心意拳是一个由外入内，由外拳家逐步走到内家拳的过程。总的来说，在这个过程中先学过外家拳的，由外入内方便一点，如果先学过其他的内家拳，由内回到外，再入内，可能更难一点。

图 1–18

三返九转——三才三体九节说

中国人喜好讲：事不过三。如人生有三节：生、老、死；工作也有三节：准备、开始、结束；大千世界也有三节：天、地、人。为什么讲事不过三呢？想来是三、六、九数着方便，而“三三六、转转九”就是拳中术数的口诀。

全身来说分为手膊为稍节，头身为中节，腿膝为根节。三节之中又分为三节，稍三节、中三节、根三节，所以共九节，也叫“转转九”。头为稍节，胸为中节，腰腹为根节，是中三节。手为稍节，肘为中节，肩为根节，是稍三节。足为稍节，膝为中节，胯为根节，是根三节。（图 1–19）

分三节是便于我们分段深入学习和逐步完善，为了能更加认真、全面、仔细地认识该事物，找到它们之间的关系，关键的目的是为建立整体，要有整体的把握和有全局观念。提升自己把事物的一个个局部、个体迅速地融入到一个整体中去、一个关系链中去的能力。打拳健身是在学习一个串连的方法，像是在串珠子，我们身体中的每一节就像是一颗珠子，逐步学会节节贯穿，逐步使身体做到整体如一。转转九的任务之一：一个开拔关节的方法。训练时多是依次从三节中的稍开始，再而是中节、根节，外用撑、拔、拧、拉、扯、转……内里多用一个“撬”字，杠杆原理，如在后面（关节阴面）支一个东西，这个东西可有可无，靠自身的重量撬开这个关节。如圆肩，就是如在腋下夹一个东西，意想如蛋、棒，靠手臂自身的重量沉肩垂肘来撬开肩关节。如圆裆，就是如在两腿间夹一个东西，意想如蛋、棒，目的是为了撑开肱骨（图 1-20、图 1-21）。

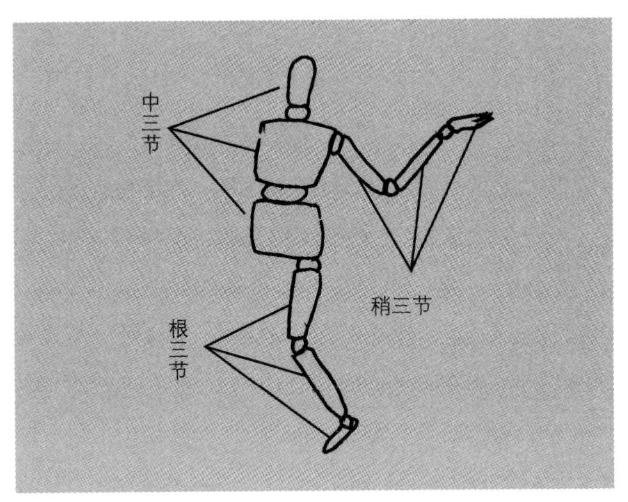

图 1-19

转转九的任务之二：九节合而为一叫束一，想要束一必须理解九节中的九窍。在练功时运动哪节，以意想窍，九节即可连之。

中节三窍：眉冲为上丹田是上节窍，膻中为中丹田是中节窍，气海为下丹田是根节窍。稍节三窍：肩井穴是根节窍，曲池穴为中节窍，劳宫穴为稍节窍。根节三窍：环跳穴为根节窍，阳陵泉穴为中节窍，涌泉穴为稍节窍。这九窍之中，中节（躯干）三窍为主窍 ，是身法的三窍。就是上丹田主手法，中丹田主身法，下丹田主步法，一并相连贯（图

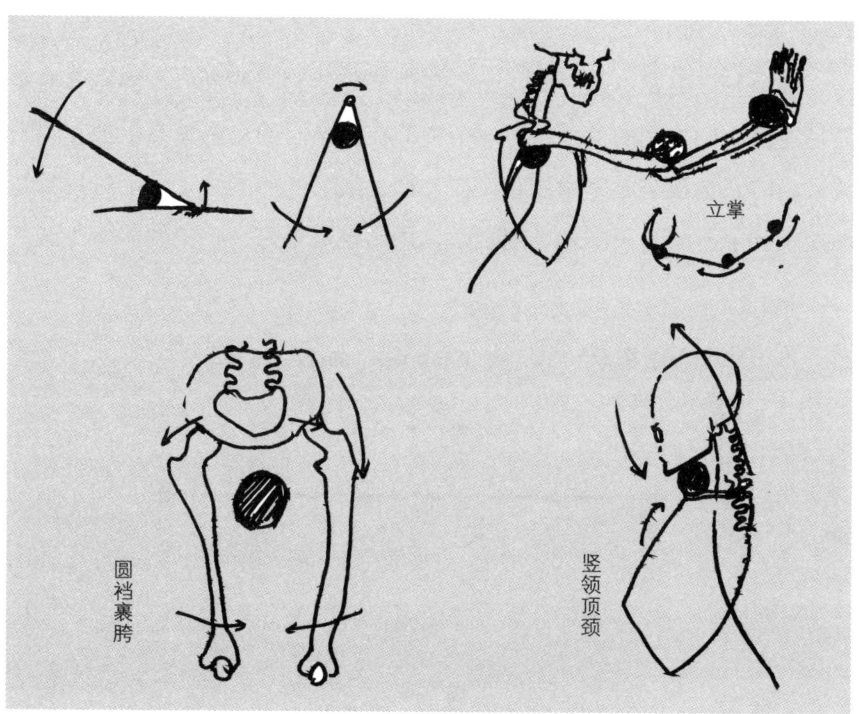

图 1-20

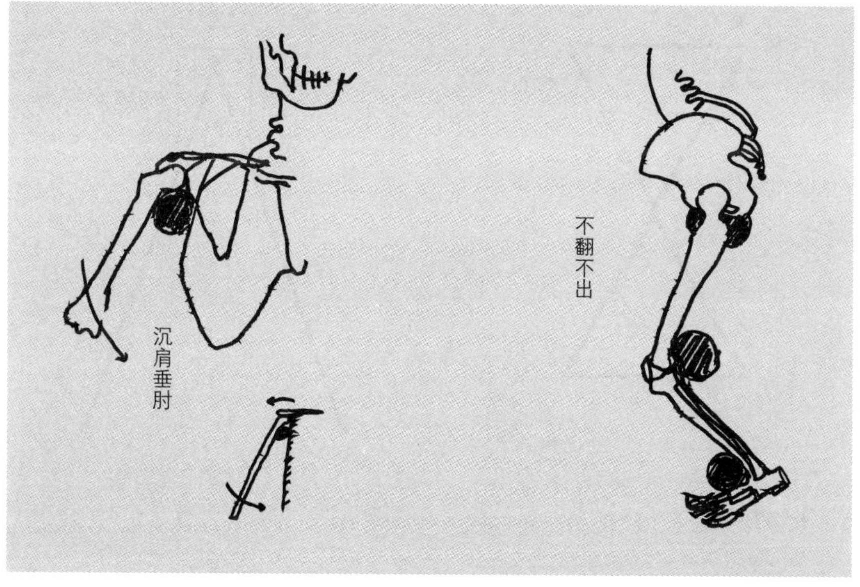

图 1-21

1-22、图 1-23）。

拳中三节主要不是讲节，而是在讲节与节之间的关节，讲关节的实质是在讲它们之间的关系，每一个关节在打拳时的动态关系中都有阴阳关系，内家拳法与外家拳法它们在外形上最大的不同之处在于对关节处的使用要求不同，用阳就是内家拳，用阴就是外家拳，主要体现在这九

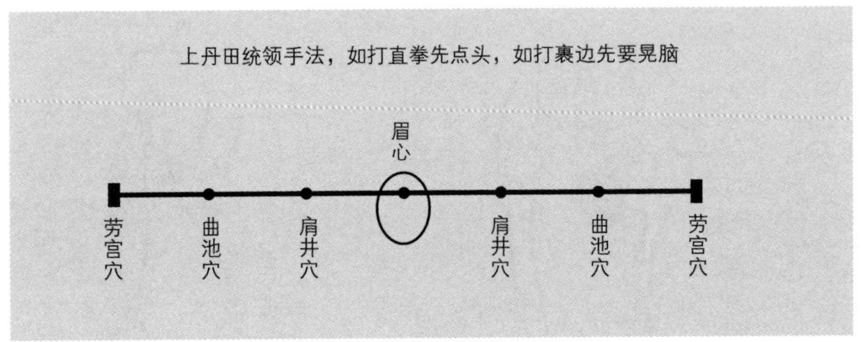

图 1-22

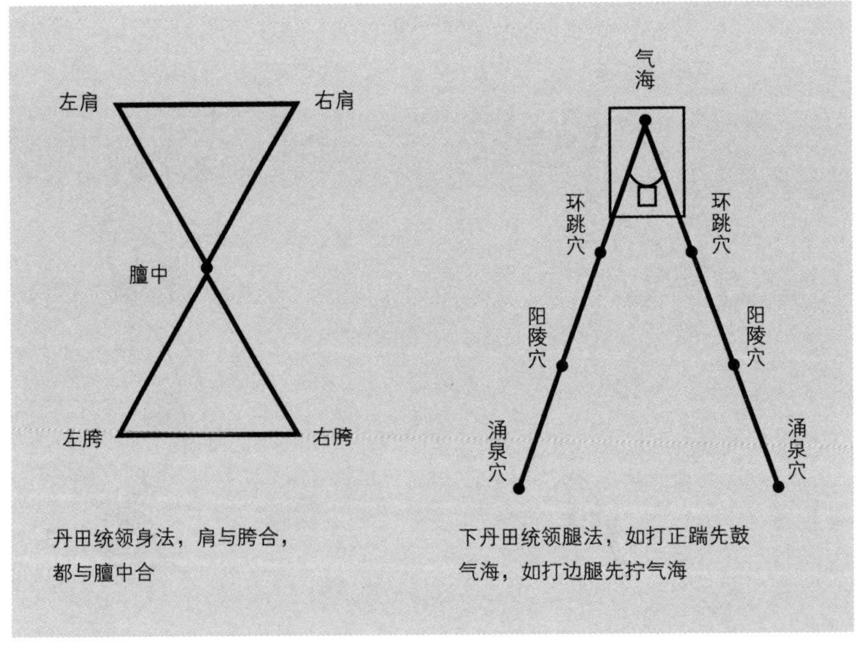

图 1-23

处关节的阴阳关系：腕、肘、肩，颈、胸、腹，胯、膝、踝。

分辨阴阳关系的标准：①主要以阴阳的道理为标准来分辨转转九的阴阳关系；②也可以用阴阳的外形符号为辅助来分辨关节处的阴阳关系，直的就阳，折的就阴；通的就阳，不通的就是阴。在阴阳的标准符号出现前，先人们用的都是外形象形符号，如图清华简（图 1–24）。

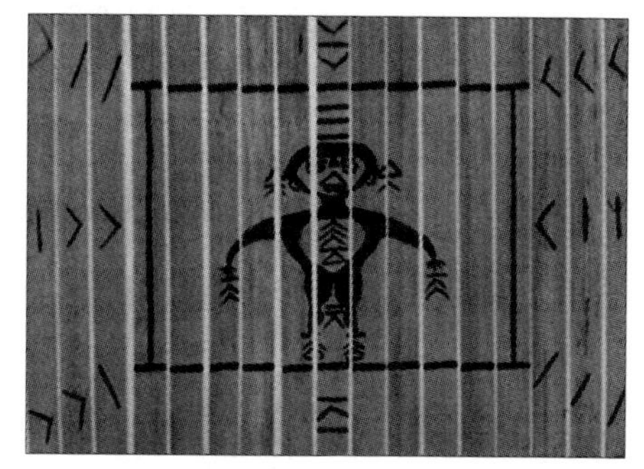

图 1–24　清华简

稍节的骨结构包括上臂骨、前臂骨和手骨三个部分。稍节的根节是上臂骨，有一根肱骨和肩关节组成，在三节的理论里是把肱骨作为一整体看，不做进一步分析，但肩关节是可以分出阴阳关系来，肩关节主要是由肱骨的肱骨头和肩胛骨的关节盂构成。稍节的中节是前臂骨和肘关节，是由尺骨和桡骨构成，尺骨位于内侧，桡骨位于外侧。在三节的理论里是把前臂骨作为一整体看待，不做进一步分析，但肘关节是可以分出阴阳关系来。稍节的稍节是手骨和腕关节，手的骨结构可由腕骨、掌骨和指骨组成。腕骨又分为上下两列，上列由舟骨、月骨、三角骨、豌豆骨构成，下列由大多角骨、小多角骨、头状骨、钩骨构成，十分复杂，在三节的理论里是把手骨作为一整体看待，不做进一步分析，但腕关节是可以分出阴阳关系来（图 1–25）。

根节的骨结构包括大腿骨、小腿骨、髌骨、足骨四个部分。根节的根节是股骨和胯关节，股骨是人体中最长的骨头，在三节理论里是把股骨作为一整体看待，不做进一步分析，但胯关节是可以分出阴阳关系来。根节的中节是小腿骨和膝关节，小腿是由胫骨、腓骨、髌骨和膝关节构成。在三节的理论里是把小腿骨作为一整体看待，不做进一步分析，但膝关节是可以分出阴阳关系来。膝关节较为复杂，由股骨下端的内侧髁、外侧髁、髌骨、髁间窝和胫骨上端内侧髁、外侧髁及髌骨构成。根节的

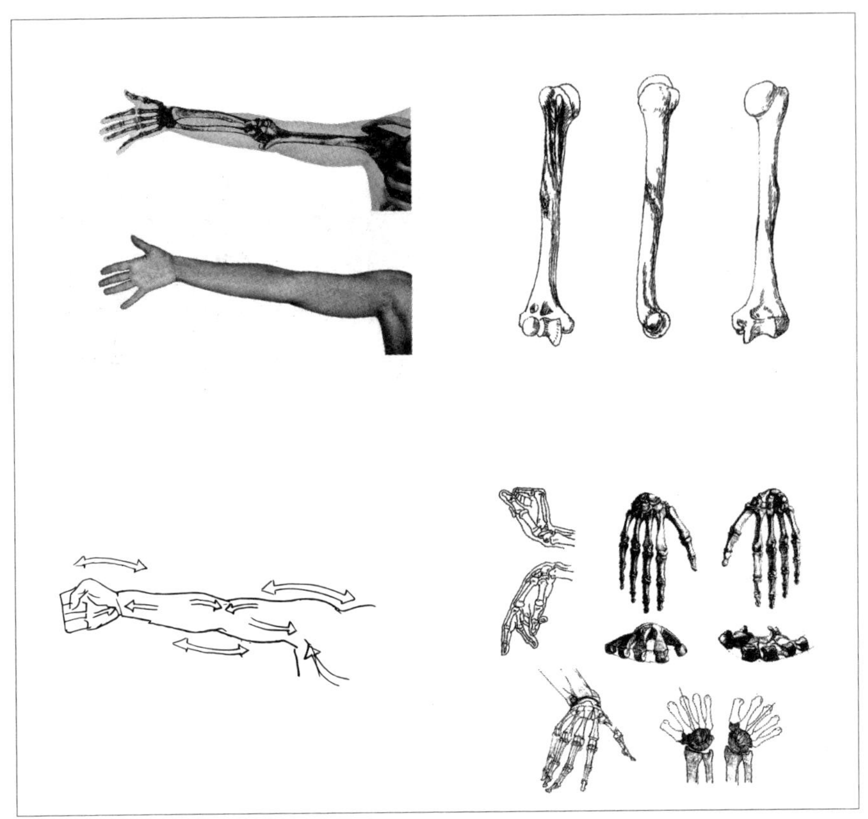

图 1–25

稍节是足骨和踝关节，足骨结构也是十分的复杂，大体上由跗骨、跖骨、趾骨三部分组成，在三节的理论里是把足骨作为一整体看待，不做进一步分析，但踝关节是可以分出阴阳关系来（图 1–26）。

中节的骨结构包括头颅、胸腔和盆腔三大部分和脊柱骨。中节的稍节是头颅和颈部，人体头部的骨骼总称叫“颅”，颅是由 23 块大小不等，形状不同的颅骨组成，在三节的理论里是把颅作为一整体看待，不做进一步分析，但颈部是可以分出阴阳关系来。颈部的骨结构由七块椎骨、舌骨和喉软骨结构组成，中节的中节是胸腔，由胸廓和上肢带构成。胸廓在人体的躯干中，由脊骨的胸椎、胸骨和十二对肋骨和锁骨及肩胛骨组成，胸廓是一个上窄下阔、截面为圆的一个整体稳定的结构，但三节

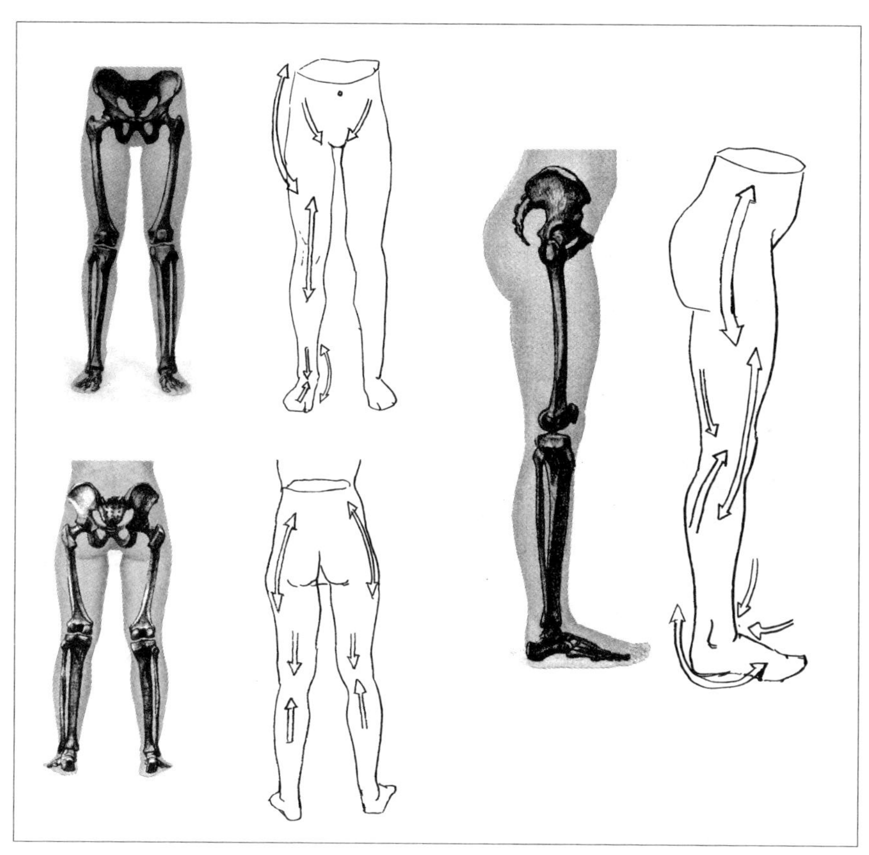

图 1–26

的理论里是把胸廓作为一整体看待，不做进一步分析，但上肢带是可以分出阴阳关系来。上肢带的骨骼是由锁骨和肩胛骨成对构成，锁骨位于胸廓的前上方，一根呈“∫”状的骨；肩胛骨位于胸廓的后侧上面，是一倒三角的扁骨。锁骨分为一体二端，外端为锁骨肩峰，锁骨肩峰与肩胛骨肩峰构成极其灵活的肩关节。中节的根节由盆腔和腰腹构成，俗称“腰胯”。盆腔是由左右两块髋骨同脊柱的骶骼相连构成的一个稳固、不易活动、外形如盆的骨结构，16 岁后就长成了一个极其稳定的整体，但三节的理论是把盆腔作为一整体看待，不做进一步分析，但腰腹是可以分出阴阳关系来。腰腹的骨结构是只有五块椎骨构成的腰椎，但极其灵活。

中节的三节都是建立在人体的脊柱上，脊柱是人体的支柱，头是长在脊柱顶上方的，脊柱是由三十多块椎骨组成，基中又可分为颈椎、胸椎、腰椎、骶椎和尾椎五个部分，骶椎和尾椎与髋骨构成一整体，称为“骨盆”，拳里多叫胯——腰和大腿之间的部分（图 1-27~ 图 1-29）。

对学习卢式心意拳来说，是从外家拳入手至内家拳入门，是一个从“九阴真经”到“九阳神功”的进步过程，在拳架上的束一和身体上的整体是一个九节逐步整体的过程，从转转九开始到九九归一结束（图

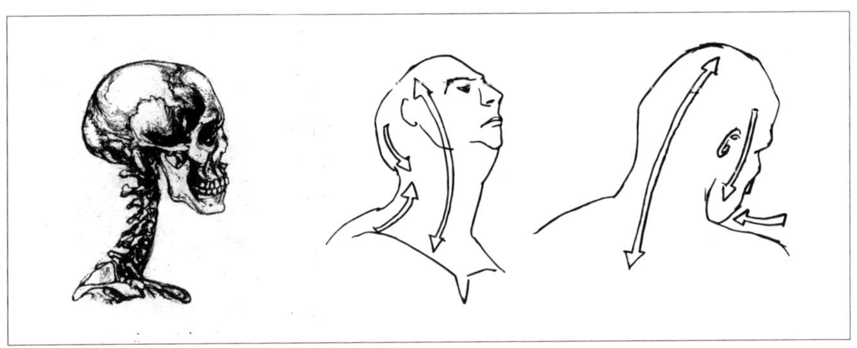

图 1-27

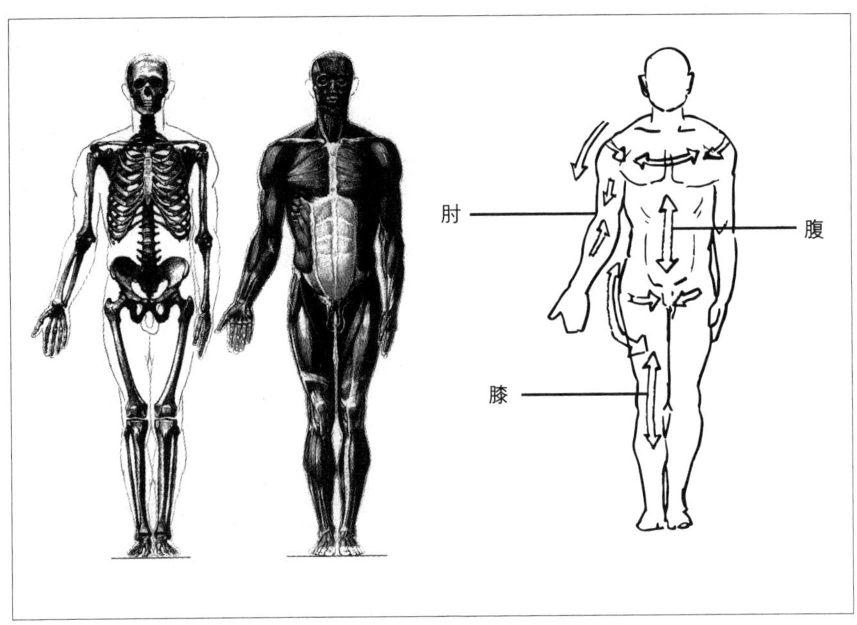

图 1-28

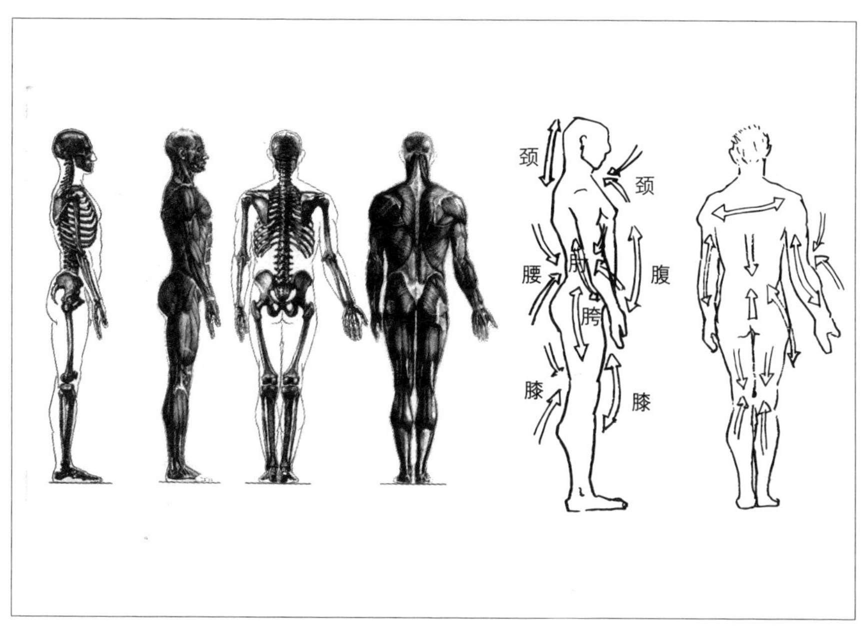

图 1–29

1–30）。在我们的拳谱里，有许多歌诀，如虚领顶劲、沉肩垂肘、含胸拔背、尾闾中正、裹胯圆裆……这些口诀其实都是内家拳的歌诀，练习“九阳神功”用的，对练习外家拳的朋友们无任何指导意义。

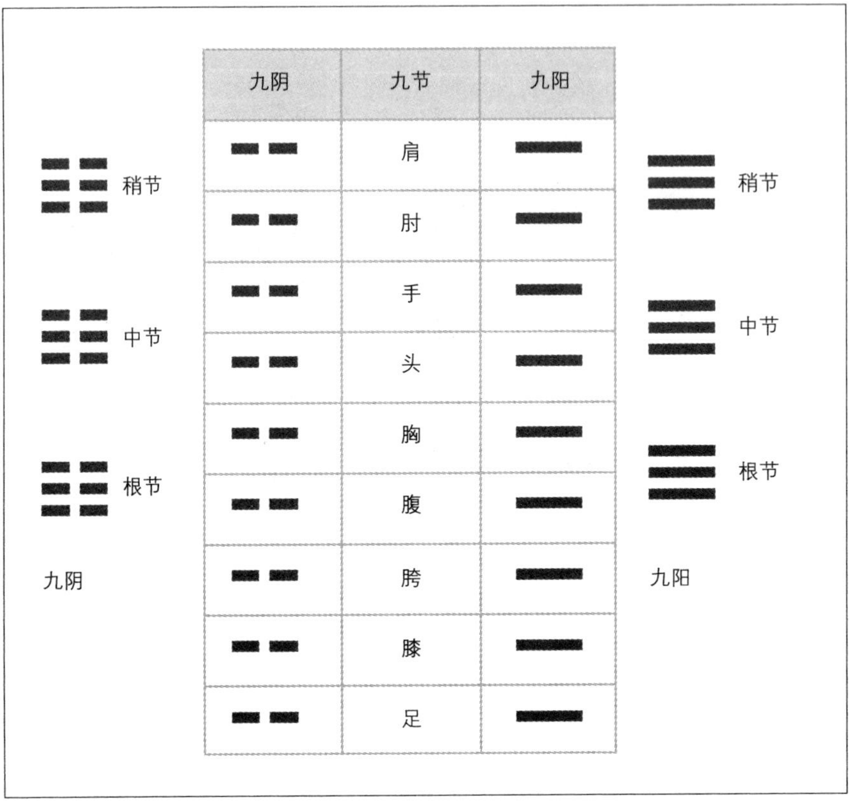

☷ 稍节

☷ 中节

☷ 根节

九阴

九阴	九节	九阳
⚋	肩	⚊
⚋	肘	⚊
⚋	手	⚊
⚋	头	⚊
⚋	胸	⚊
⚋	腹	⚊
⚋	胯	⚊
⚋	膝	⚊
⚋	足	⚊

☰ 稍节

☰ 中节

☰ 根节

九阳

图 1–30

进步阶梯——四象四稍说

整体来说，卢式心意拳并不全是用来技击的——养兵千日，用兵一时。活着，危急时刻你死我活，是用兵一时；更好地活着才是武术的意义，是养兵千日。武术就是时间、汗水和智慧的积累，日就月将就会使一个人的身心发生日新月异的变化。日新：是指我们身体与心智的进步；身体能量消息积累到一定程度，由量变到质变，叫月异。每一次质变可以讲是身体的一次变通，是身体新的起点与方向，传承意义上叫“易”，意思是更换了，变化了，替代了，在武术上会有新的领悟与觉悟。西方科学也证实了人体是一个庞大而复杂的循环系统，其中的运作是周而复始，循环往复。除了整个人体的大循环，还有组成人体各个部件各自的“小循环”，简单来说，就是人体各个器官大都有自己更换状态的周期。肝的更新周期是5个月，肺的更新周期是2到3周，心脏的更新周期是20年，皮肤的更新周期是28天，指甲的更新周期是 6 到 10 个月，头发的更新周期是 3 到 6 年，骨骼的更新周期是 5~10 年，所以心意拳的历史上有天资的勤者多是 6 年出师，正常者十年磨一剑，多和身体的更新周期有关系。学习卢式心意拳，可以使我们的身体与心智从一个程序升级到另一程序，从一个版本更新到另一版本，每一次程序的升级，版本的更新，都可以多活些年头和得到更深层次的快乐。拳中有六个版本，供你来学习、修炼、追求（图 1-31）。

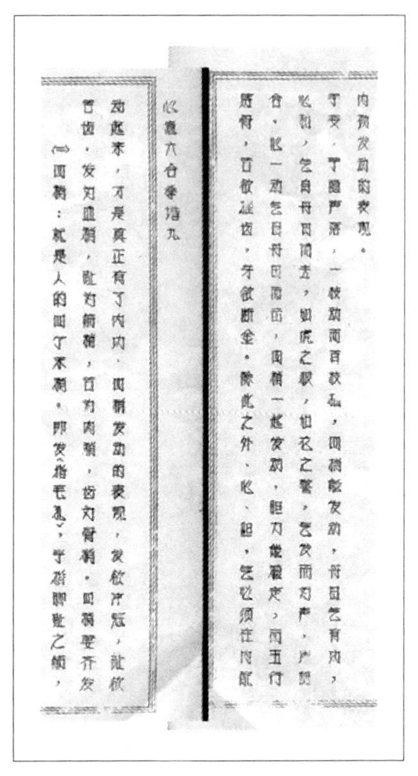
内劲发动的表现。
于变，于随声落，一枝动而百枝摇，四梢能发动，骨肉皆有内，
心动，气自丹田而去，如虎之狠，如龙之警，气发而为声，声随
合，心一动气自丹田而出，四梢一起发动，胆力能稳定，而五行
质符，舌欲摧齿，牙欲断金，除此之外，心、胆，气也须在内部

心意六合拳谱九

动起来，才是真正有了内内，四梢发动的表现，发欲冲冠，舌欲
摧齿，发为血梢，甲为筋梢，舌为肉梢，齿为骨梢，四梢要齐发
(一)四梢：就是人的四个末梢，即发(指毛孔)，手指脚趾之顶，

图 1-31　心意拳谱

凭什么说拳中有六个版本？凭心意拳的四稍理论和养心理论。拳中的四稍理论是一个从内部和局部入手认识事物的方法，有点像现在的材料学科，研究事物本身的材料组成。四稍理论中的四是指人体中的肉、筋、骨、血，心意拳的前辈们认为这四种材料构成了身体系统。四稍中的稍是末端的意思，拳谱上说：“舌为肉稍，舌欲摧齿；牙为骨稍，牙欲断金；甲为筋稍，甲欲透骨；发为血稍，发欲冲冠”，是说打拳一定要练习到末端，并且要锻炼到四稍齐为最好。齐是指一个物体束一、成器。四稍齐是说人体浑圆一体的状态，上下束一，一个整体。沾着稍节亦如动中节、根节，沾着根节亦如动中节、稍节，一枝动百枝摇。拳谱曰：“四稍齐，则可变其常态，能使人生畏惧焉。”心意拳的养心理论为：“静养灵根气养神，养功养道见天真，丹田养就长命宝，万两黄金不予人。”灵根指心的思想系统，神是指心的感应系统，功道是指心的认知系统。

学习打拳要循序渐进，按部就班，从四稍开始到见天真结束，一轮一轮地循环，周而复始。

细说这六个版本：

一是皮肉，在这一状态中的人还是凡夫肉胎中的人，思的是技术，练的是本能。肉稍中肉指人体中的各种各样的肉，如肌肉、内脏、皮肉、大脑等，老辈们讲拿刀划见红的都归肉。肉的功能在心意拳中是主管身体的击打能力与抗打能力的养成、运动轨迹的养成和能量的储备。肌肉是我们人体最大的材料，它的好与坏、健康与否，直接决定着我们的生活质量，生命是否停止主要看皮肉的工作状态，原则上生命逝于肌无力。

舌欲摧齿，肉稍看舌头，舌头的健康、灵活、有力量，代表着一个人的健康、灵活、有力。站在肉稍上看人体其实是一个大的能量库，一个人的冷静，勇气和宁静，来自于充足的身体能量。抑郁、孤僻、内向、自卑，一定程度都不是性格问题，而是身体能量缺乏，不能给心智系统提供能量。大脑的工作，是以心智能量作为基础的，而心智能量，又是以身体能量作为基础。一个人态度不好，有可能不是性格问题，而是身体问题。现在的医学也逐渐发现，人的大脑比身体先死亡，大脑需要的能量也是从身体能量抽取的，如果一个人身体能量缺乏，就会先把提供给大脑等的能量去掉，然后是意识，最后是生命。试想一个人若在一个无氧气的空间里，人会先疯狂，因为大脑控制不了身体，然后开始昏迷，丧失意识。因为有限的能量要先给呼吸和心跳。

肌肉的质量是有遗传性，但力量一定是后天锻炼出来的，肌肉力量的锻炼有自己的特点：①要经常性锻炼与持久性坚持，因为肌肉的力量来得快去得也快，三月一来回；②平衡性锻炼，避免一部分的肌肉过大，反而成为障碍；③内外有别的锻炼，根据肌肉相关性的原理，锻炼了左腿，右腿也会有力；加强了下肢锻炼，上肢也会加强；加强了四肢与腰胯的力量练习，我们的五脏六腑也会加强，变得有力，按照中国人内外有别的阴阳量比关系 3:2，锻炼了形于外，亦锻炼了形于内。

这一阶段锻炼的是一个千锤百炼、熟能生巧的过程，做一个身强力壮且内脏健康有力量的人。

卢式心意拳在肌肉阶段，一是学习拳术的运动轨迹，演习预案，从脑部指挥下的对错练习到肌肉记忆的深层练习，是一个从机械生硬到熟能生巧的过程，拳打千遍为会万遍为熟。二是肌肉的抗击打练习，肉厚实总是能够抗击打。

二是筋骨，在这一状态中的人是钢筋铁骨的人。人呈固体状态，想的是方正，练的是撑拔。韧带、筋腱、各种管道，如血管、气管、脉管等，老辈们讲拿刀划不见血的都归筋。筋的功能在心意拳的理论中主管身体的连接与联系，把身体连结成为一个整体，束身成形，铸身成器。骨：有硬骨、软骨、骨膜。也有前辈把软骨归为筋的，把骨膜归为肉的。

骨的功能在心意拳中主管身体的中正与顶直，直木顶千斤。

甲欲透骨，牙欲断金，筋的工作状态是联结，骨的工作状态是顶正。筋稍看指甲，骨稍看牙齿，看指甲的韧性与牙齿硬度。这是一个长筋、正骨的过程。首先表现在外形上是姿态的端正与拳架的规整上，身如钟鼎，这叫束身成形，从内形上看是铜筋铁骨与骨正筋柔，铸身成器，内外束一，诚似铁板一块，是一个体魄坚实、中正结实的人，像山一样。

进入这一阶段和身体感受，是比上一阶段肌肉时更加孔武有力，肌肉的有力叫健壮，筋骨的有力才叫坚实，皮肉健壮的人不叫结实，因为结实体现在关节的结合部、体内各种筋与管道上，坚实说骨头的密度与结构。筋与骨的相互作用，使一个人的身体结为一体，纠绞为一块，骨头的刚性传导与支撑和筋的韧性联结，相互作用产生暗劲。筋骨之力可以长时间地持续，能不间断地暗示身体，这儿需要改变，那儿需要补强，身体就会自动地改变骨密度乃至骨结构，强化筋的韧性与弹性。

卢式心意拳在筋骨阶段主要是练习身体的撑方，撑方是外家拳进入到内家拳的关口，使身体从肌肉状态逐步练习到筋骨状态，在打拳过程中逐步忘掉肌肉，感受到筋骨的存在，身体的筋骨逐步增强变硬，从肉胎上升到固态，是一个将骨质逐步练成钢筋铁骨、撑方身体、整体束一的过程。

三是血气，在这一状态中的人血气方刚。人呈液体状态，思的惊灵，练的惊炸抖擞。血气不同于气血，血气多说血，老辈们讲体内液体，红的、白的、黄的，都归为血。血的功能在心意拳中主管身体内血气的鼓实与惊起惊落，产生加速度，出惊劲。这种分法不一定符合现代科学的分类法，但对于心意拳的学习锻炼来说是适合的，合乎心意拳的拳理。

血的工作状态是惊起，发欲冲冠，是练习鼓实与荡实的阶段。血稍看毛发，看毛发顺直与光亮则一定是一位精神健康的人，乌黑发亮则一定是一位血气方刚的人，有宝光则一定是一位有武术修养的人，能做竖发冲冠的人必定是一位血气惊灵的人，动作迅捷凶猛。血一如自然中的水，有水则山清水秀，血至则润。若一个人的心肺功能强大，可以保证血气流动到身体的最远处——毛发、唇、面色等。

筋骨可以把身体束一为一块，身体如一碗，习以为常后，则自然而然地会关注血气的旺盛与流动，身体如一碗泓水，流动无形，随圆就方，因碗的转动和位差使身体内的血气瞬间有了同向性、束一性，鼓实与晃荡使力量产生加速度。

卢式心意拳在血气阶段主要练习身体的晃荡与惊灵，晃荡与惊灵使打拳有了节奏感、出了灵动劲，在打拳过程中身体逐步忘掉肌肉、筋骨，只感受到血气的存在，身体从肉胎到固态，又升华液态，使身体变得极其敏感而又极其快捷，四稍惊而起，内劲惊而出，一枝动百枝摇，如洪之泻，龙之惊，火烧身。进入这一阶段打拳时才会有如水之漫延，时而浩渺无形，时而汹涌奔腾，外形上的晃动与惊颤，内心里的惊灵与炸翻。

四是静养，在这一状态中是思前想后。人呈静止状态，想的是形意心意，练的马有奔腾之功，虎有扑食之勇；练的是先有杀敌之心，后有动手之意。静养灵根，静养是止思想念，灵根指我们的思想系统，思是用脑，想是用心，思的是对错与考据，想的是想象与贯通。无思考后入想象，无对错后入欢喜，心与欢喜合后入意界。脑不思为静养，拳不走脑，事不挂脑，拳打万万遍后其意自生，心中生了念想，有了自然而然的消息。

忘记了一切，心无牵挂，身无障碍，体不疼不痒，无前后左右，身如夜色里的一根木桩，心如阳光下的一块石头，身在零动点，心中一片光明、灵光，见机而行，眼到手到，老话讲这叫手眼通天，拳谱上说：宁在一思前，莫在一思后。

打拳到静养时无对错，只有喜欢，外师造化，中得心源，中国的武术多是象形拳，见其形取其意，明其心得其意，无考据之思，少三心二意之乱，精于一意，定于一心，才能止于静养。

卢式心意拳在静养阶段主要练习出心中的形意与心意，形意是有形有意，或叫形神兼备，如马有奔腾之功，不脱马形，在像与不像之间，在似是而非中形而上地得到马有奔腾之功，从而有了形意再从而有了形势。心意是无形存意，或叫大得意，如马有奔腾之功，不求马形的形，只在心意中形而上地得到奔腾之功，从而有了心意再从而有了气势。

五是气养，在这一状态中的人是气定神闲。人呈气体状态，无思无想后生气息，从而有了感觉。气养精神，是气韵生动的阶段，主要看一个人是否神采奕奕，精神饱满。如果你是拳中的行家里手，只看一个人打拳时拳的神采就可以了，拳若有神采，打拳的人也必定有神采。如果你是过来人，看到一个人打拳时的照片就能感受到是否是神采奕奕之人。人若到神采这个份上，一必是异于禽兽的人，是人；二必是异于常人的人，又不是人。因为回到了自我，得到了心意，生长了气息，成为了六合中人，“六合是我底六合，那个是人，我是六合底我，那个又是我”，融入了天地间，化为一气的流行，忘了我，无了我。

打拳时不加思索，出手成拳没有对错，忘了想象，随着形势，就着气势，随形于形势之中，忘怀于气势之里，感受在气韵里。

养勇气于胸，养浩然之气于怀，合纳天地不过是一囊橐，六合于一身，人不过是一皮囊而已。如一个篮球，气足则球灵，气衰则球疲，人气足则外气不入，人气衰则外气深入，生疾。

卢式心意拳在气养阶段主要是练习一气，人衰极时能感觉到人活一口气，静养到极时也能感到一气之流行，息息相关。人如一皮囊，修皮纳气。一气在几何学是叫点，在墨经上叫端，易传上叫太极，拳中叫生死间，用老百姓话讲叫人活一口气。在打拳时静养阶段是训练一个人把身体站在“零动点”上，气养则是训练一个人的身体对“机”的敏感性，机是事物发生的端点，如时机、动机、生机、危机、转机、契机、机会、机遇等。对机的把握没有对错、标准，只有敏感性，“山雨欲来风满楼”“意气缭人”。养气两个方法：一是吃，米生气；二是养，无心生息，息生气。

六是天真，在这一状态中的人是六合中的人。人呈流行状态，生生不息，打拳到了天真这个份上，真道是教外别法，不立文字为好，一落文字，便是形而下，教化俗人有千章百回，怎么说都是有理；但教化一个不是俗人的人，有心意二字就行。这一阶段是无心、无法、无术，没形式，在没心没肺的阶段，是个孤家寡人在孤独求艺，曲高人寡常人不能及。人寡是说修炼是一漫长的过程，红花到老几个成，几人能脱得了法术，成为一个自由的人，纵任无拘的人。

特立独行可以成为一派的大家，于有法到无法，但一任天真烂漫可以自成一家，于无法而成了系统。试想卢师当年独自来到上海，一生一直从事武术的研习与传授，在不断的实践、学习、交流中，拥有自己鲜明特点、独特风格的卢式心意六合拳在20世纪二三十年代逐渐形成并广为流传，开创了中国武术一派之先河，成就了一代宗师的崇高地位。

卢式心意拳在天真阶段主要是练习出风格。风：空气流动的现象；格：划分成的空栏和框子。风格：一个时代、一个民族、一个流派或一个人的文艺作品所表现出的主要思想特点和艺术特点。如艺术风格、民族风格。

学习卢式心意拳，有两个入口供爱好者进入：鹰式与熊式，鹰式多讲实用，熊式多讲长寿，鹰式多讲进攻防守，熊式多讲防守进攻。

鹰式从矬杆之势入门，如沙地立杆、碗口竖蛋，要险中求胜。次第渐进为，肉稍—筋稍—骨稍—血稍—静养—气养—养功养道。肌肉讲轨迹，筋骨讲结构，气血讲发劲，初学者必须经过这三个阶段，熟悉正确的运动轨迹，撑拔出稳固坚实的结构（体整如铸），再震荡气血才能发得出劲，这三个阶段必须循序渐进。肌肉长力量，如果运动轨迹不圆、不规矩、伤筋，筋不强动骨，骨弱则拳架不正，血气鼓实晃荡时则一摇百摇，不塌不伤才是意外。

熊式从夹剪之势入门，如青砖石块，要求四平八稳。次第渐进为，骨稍—筋稍—肉稍—血稍—静养—气养—养功养道。从骨稍开始，先求身体的中正大方，保持两耳的平衡、两肩的平衡、两胯的平衡、两足的平衡，保持身体中节的八根垂直线要垂直，常叫四梁八柱或叫四平八稳。

注意：学生在练习肌肉这一阶段时，老师不要拿筋骨的理论指导他、要求他，在讲静养时也不要提到气养，否则就会引起混乱。

从心智方面来说，亦有几个版本供你升级，快乐也是有等级的，学会的快乐（入形），进步的快乐（武术），领会的快乐（形意），贯通的快乐（心意），孤独的快乐（风格），天真的快乐（自然），与身体的快乐相符、相承、相随。

打拳是个快乐幸福的事，快乐源于你对不快乐的释放。上班是不快乐的事，考勤、签到、打卡……生活在城市也不是件快乐的事，高手云集就得事事小心提防……但打拳可以释放这些不快乐，因为打拳要快速地回到自我，找到自我，天地间以我为中，打拳以我为本，是一个人的进步。快乐源于我日就月将的进步，今日与昨日不同，感觉到了昨日不曾有过的变化、昨日不曾知道的道理，与昨天比、前天比、上周比和与第一印象比，感觉会更踏实、快乐。

幸福源于对身心的感知，因为打拳终究要的是敏感度，要你的筋骨皮比别人敏感，你的气血比别人敏感，你的神经比别人敏感……听风知雨，武术越好的人越敏感，反应也越及时，感受也越是幸福，感觉也越是饥饿，一如背上的痒、心中的痕，愈抓愈痒，愈痒愈抓，因为你查得比过去细，知得比过去微，感得比过去深……心意如钩，意气缭人。

心安定于文化上有归宿，精神上有家园。我们的文化以文武为核心，以教化为目的，以“能文能武”望子成龙为梦想。打拳是中国文化的学习之路，也是中国文化精神的修行之路，武术可以让你走进中国文化精神殿堂，感知汉文化的魅力，感知勇敢中国人的精神世界，使你的心灵家园有所依靠，寻找到一批志同道合的师兄弟们，成为一个身心两不孤独的人。

心安理得，得理源于你对中国文化的深刻认识，得理是一个循序渐进的过程，心得理：匹夫→匠人→高手→艺人→大家；身得理：无用→有用→好用→妙用→大用。法门都写在拳谱上："想要好，稍中求，方知灵山大光明""阴阳二式在其间"。

卢式心意拳的六个阶段

	一	二	三	四	五	六
	肌肉	筋骨	血气	静养	气养	天真
	肉态	固态	液态	静态	气态	原态
	明劲	暗劲	化劲	顺势	运气	风格
	思对错 练本能	长伸筋 正拔骨	惊而起 炸而出	想象意 想念心	人活一气 无气为尸	随波逐流
	凡夫俗子 轨迹预案	伸筋拔骨 铸身成器	血气方刚 惊灵炸翻	得意忘形 不思进取	神采奕奕 生生不息	孤独求艺 体系风格
成就	匹夫	匠人	高手	名师	大师	宗师
阶段	初学	入门	入室	得意	为师父	得艺
师父	教会	教会	教会	带会	跟会	自会
徒弟	学得	练得	要得	舍得	忘得	觉得

生克连环——五行五关说

我们常以“一把手”来形容领导、首长、管理者，用了若指掌、指掌天下、手提天下往、手握乾坤等来形容一把手能力。人人都有一把手，人人也都有做一把手的心，但做不了一把手，不全是没有一把手的命，而是闻道有先后，耽误了。

什么叫一把手？手有手心手背，意为阴阳，阴阳的意思搞关系，就是要理清关系，认清你我，分清楚好与坏、上与下、先与后、左与右等。手有五指，代表着五行，五行是对大千世界万事万物的一种归纳分类方法，所有的人、事、物都可以用五行来分类，并以常见的木、火、土、金、水来命名。以中指为木，食指为火，大拇指为土，小拇指为金，无名指为水（图 1–32）。五根手指有三长二短，代表着阴阳平衡的动态量比关系，意思为凡事要留有余地，余有转机。

五指中唯有大拇指可以灵活自由地与其他四指组合，大拇指在五行中代表着土，中国人构建了以大拇指、以土为中心的黄天厚土文化，中国人爱竖大拇指，亦有高兴的一面。土有承载受纳之意，来者不拒，东南西北，外来文化思想随便来，来得久了，好的留下，成我的。

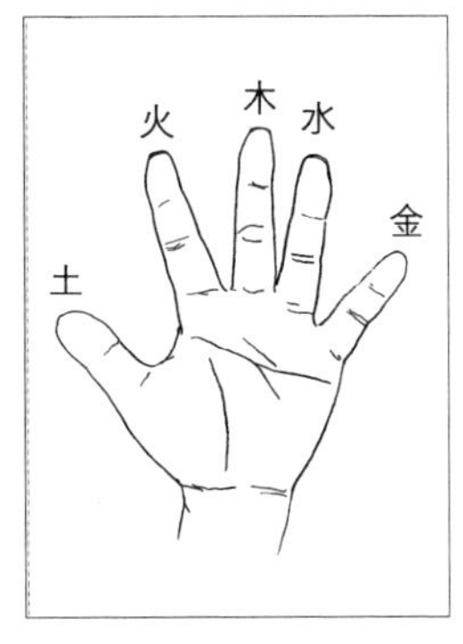

图 1–32

每一个人都可以坐在家里，翻翻手掌，分分我的你的，扳扳手指，想想自己在五行中的位置，谁是我的贵人，能帮我；我是谁的贵人，我要帮谁；谁是我的仇人，哈哈，我是谁的仇人，惹不起还躲不起吗。

惊于先人们的智慧，悠悠五千年中华文明始于对手的认识，一切为了方便，易如反掌。学习卢式心意拳，要知道拳中也有一把手，先要翻翻自己的手心手背，定位自己是什么样的一个人？如主动或是被动，高的矮的，胖的瘦的，适合学习哪一形。再扳扳手指算算自己在拳中五行里的定位，我是一个打得远的人？一个有速度的人？一个有力量的人？一个有硬度的人？或是一个善于变化的人？对照这个表格，定位自己，谁是我的克星？我是谁的克星？谁是我的贵人？我是谁的贵人？

五行中木，适合于人高马大，长而高的人，可横冲直撞，纵横往来。外五行中眼属木，怒目而视，瞪眼起杀心。中指代表木，指法上求直求进取，大拇指与中指合意为进攻，直捣黄龙。出手崩拳，崩开一缺口，长驱直入。内五行中肝属木，眼通肝，肝动急如箭。气发于肝经，动作急促如箭。身法上用扑劲，束身而上，整身而去。心法上求利，什么是利，枪尖为锋，刺直为利，刀刃为锋，砍直为利。击打时求放长击远，五不破中求极远不破，我打得到你，你打不到我。多练马形虎形，马有奔腾之功，虎有扑食之勇，虎涧马溅，远支一丈，近来八尺，一步到位。

五行中火，适合于由字形的人和干实的人，走路无声听风响的人。外五行中舌代表火，顶舌催恨意。食指代表火，指法上求快求上取，大拇指与食指合意为分清敌我，指着鼻子打。拳如炮龙折身，遇敌好似火烧身。出拳如炮响，惊打，要么急疾，要么冷突。内五行中心属火，舌通心，心动如火炎。如心动于心经，表现在肢体为怒气，如火焰之高升而不止息。身法用踩劲，如踩毒物。心法上求快，什么是快？攻守一体为快，枪指鼻尖刀架脖子为快。击打时求速度，五不破求极快不破，速度快，想干啥都行。拳五行中多练鸡形蛇形，鸡有欺斗之能，蛇的拨草之能，闪进闪出，迎门一击，一击必杀人。

五行中土，适合于虚大胖肥的人，拳中的虚指上半身力量好于下半身的人，骑马蹲裆，合手挂打。胖大指膀大腰粗的人，虎背熊腰，饱满滚圆的人，有用不完的劲，使不完的力，你打我三拳我还你一拳都划算的主。外五行中齿代表土，切齿之恨。大拇指代表土，伸拔大拇指有竖项顶直之意，追求身体的中正，大拇指为我，竖大拇夸别人，意思为我好、你好，正人先正己，夸人也先是夸自己。内五行中脾属土，口通脾，脾动大力攻。气发动于脾体，则体力之攻力大，出手横拳势难招，双肩一阴翻一阳。因为有了身体的中正，才能求得身法上的绝劲，打得他绝门绝户，不会闪伤自己。心法上求狠毒，要有野心野劲。击打时求重拳重腿，五不破中求极重不破，一力降十会，力大者不破，谁见谁躲。拳五行中多练熊形龙形，熊有掀鼎之力，龙有擻骨之法，一而再，再而三，没有砍不倒的树，也没有推不翻的墙、放不倒的人。

五行中金，适合于甲字形的人和申字形的人，如细腰乍背倒三角的人和两头尖的车轴汉子。外五行中鼻代表金，闻风而动，气发于肺经，响声似雷鸣。以气催声，稍随声起，声随稍落，打拳要声势浩大。小拇指代表金，分筋先是要撑开大拇指与小拇指，大拇指顶天，小拇指插地，大拇指与小拇指合主后退与下落，鹰捉始于小指。劈拳一如山上滚落下的一顽石，劈头盖脸。内五行中肺属金，鼻通肺，肺动震天响。身法上用束劲，束身而起，滚身而落。心法上求短，接二连三,四五六,七八九，不扒下，不停手。击打时求硬度，五不破中求极硬不破，硬打硬上无遮拦。拳五行中多练习鹰形鹞形，鹰有捉拿之功，硬开硬拿不容情；鹞有侧展之能，把打肘挂肩靠，如影随形。

五行中水，适合于瘦小机灵和矮小灵活的人。外五行中耳代表着水，听风而起，闻风而动，气发肾经，动作之快如疾风暴雨。无名指代表水，伸拔无名指有左旋右转之感。大拇指与无名指合有防守进攻之意。拳打钻翻意，出手如钻斜里去，抬脚走圆圈里落。内五行中肾属水，耳通肾，肾动快如风。身法上用裹劲，裹物不露。心法上求疾变，拳中多打一寸为长，沾实一点。击打时求闪辗变化，五不破中求极变不破，逆来顺受，顺风顺水，随形就势，变化无穷。拳五行中多练习猴形和燕形，猴有纵身之灵，闪辗避让，毛都摸不着；燕有抄水之妙，轻灵善变（图 1-33）。

相生：指这一事物对另一事物有促进、助长和滋生的作用。

相克：指这一事物对另一事物有抑制和制约的作用。

相乘：克与被克双方，克方的力量太强，打破了二者的平衡关系。如特殊情况下的一下把小孩打伤了，因为大人练过心意拳。

相侮：克与被克双方，被克方的力量太强，打破了二者的平衡关系。如特殊情况下的小孩打败大人，因为小孩练过心意拳（图 1-34）。

大千世界的生克平衡是件再正常不过的事情，因为生克平衡了这个世界才相安无事，所以这世界无时无刻不在进行着平衡与再平衡。

武术的长进道理也在生克乘侮这四个字上，首先要在武术五行中找到一己之长和一己之短，可以从自己身体的形状与姿态、性格与向往中寻找，可以从三节四稍中寻找，也可对照五行分类表在内外五行中查询。如一个属木的人，外形上是人高马大，脚长手长，骨长筋固，利于放长击远，性格秉正，做事方正，心直拳直。

武术的进步，一是扬长，二是补拙。扬长就是集中自己的优势，最大限度地发挥自己的优势，靠优势获胜，以己之长攻敌之短。如我在武术五行中属木，人高马大是我的身体优势，所以在打拳时追求放长击远，迎打迎进，直进直出。在五不破中求极远不破，要打得远、准、狠是我的技术特色。打远距离的控制是我的战术，我打得到你，你打不到我。补拙就是在武术五行中找到自己的短处，想方设法来弥补，像木桶盛水的效应一样，一个木桶能盛水多少，不是看最长的那一块板，而是看最短的那一块板，补齐短板才可以整体提高。如在武术五行中我属木，

五行	木	火	土	金	水	
十形	马虎	鸡蛇	熊龙	鹰鹞	猴燕	
十人	高目	由干	胖虚	甲申	瘦	
五官	眼	舌	齿	鼻	耳	外五形
五指	中指	食指	大拇指	小拇指	无名指	
指法	直进	快上	中正	后退	旋转	
拳法	崩拳	炮拳	横拳	劈拳	钻拳	
含义	进攻	指敌	止找	后退	防守	
五脏	肝	心	脾	肺	肾	内五行
经动	急如箭	如火炎	大力攻	震天响	快如风	
雷声	轰	哈	噫	哼	呲	
劲法	扑	踩	绝	束	裹	
心法	利	快	狠毒	短	疾	
目的	极远	极快	极重	极硬	极变	

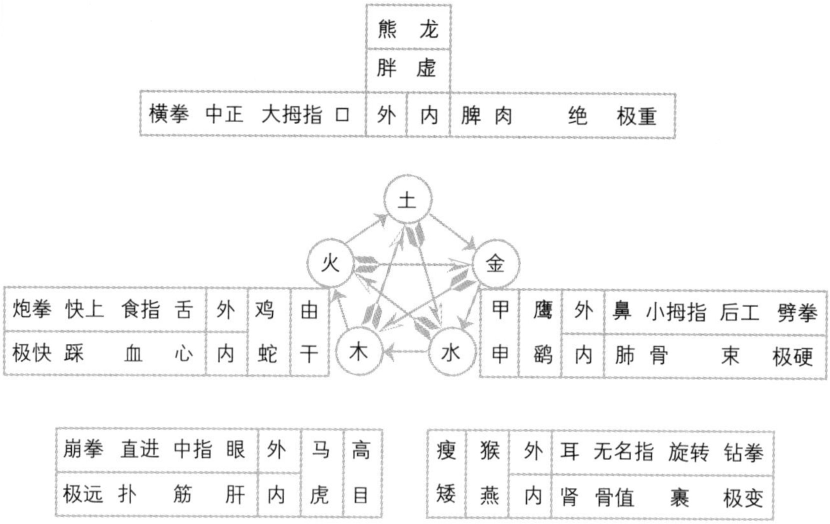

熊 龙
胖 虚
横拳 中正 大拇指 口 外 内 脾 肉 绝 极重

土 火 金 木 水

炮拳 快上 食指 舌 外 鸡 由
极快 踩 血 心 内 蛇 干

甲 鹰 外 鼻 小拇指 后工 劈拳
申 鹞 内 肺 骨 束 极硬

崩拳 直进 中指 眼 外 马 高
极远 扑 筋 肝 内 虎 目

瘦 猴 外 耳 无名指 旋转 钻拳
矮 燕 内 肾 骨值 裹 极变

图 1–33

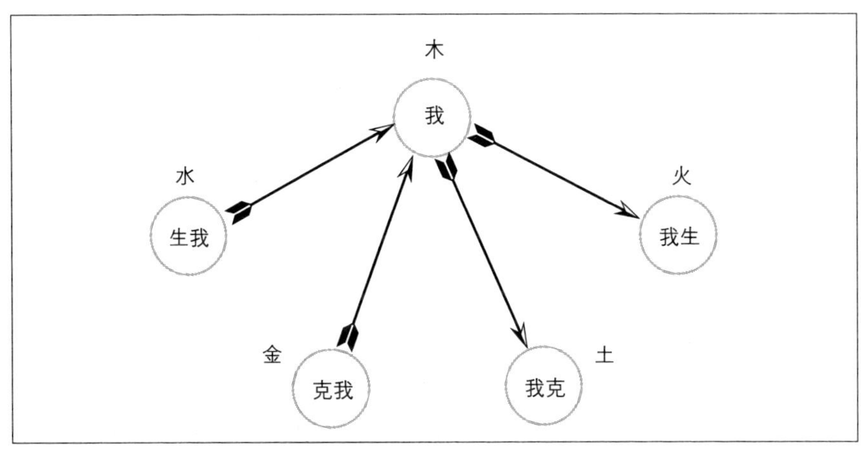

图 1–34

人长高大是我的长处，和个子矮小瘦短的人相比较，一定是缺少灵活性，缺少变化，补拙就是向个子矮小瘦短的人学习技术，弥补灵活性。

在日常的训练中，有意识地加强扬长与补拙是武术进步的方法，打破五行的生克平衡，打破的方法就是相乘或相侮，加速再平衡与平衡的节奏，是武术快速进步的法门。训练中当扬长做到极致处，遇到瓶颈时，就需要进行补拙的训练，所以武术的进步是一段一段的，时而投身无门惶惶然，时而豁然开朗清清凉。

在中国的文化里没有老子天下第一的概念，卢式心意拳也没有，想做老子天下第一的都是脑子有问题。卢式心意拳有一组兵器相传几百年了没有变化过——心意枪、心意二节棍和心意鸡爪剑镰，枪是二节棍的克星，二节棍是鸡爪剑镰的克星，鸡爪剑镰又是枪的克星，没有哪一个兵器最厉害，能做到无敌于天下。十大形中每一形的武术也一样，不要想着学好了拳中一形就可以打遍天下无敌手。以小胜大，以弱胜强是打拳的本分，在我们的五行文化里没有强者，也没有弱小，所以也不要有欺弱小的想法，只有此一时彼一时，在适合的环境中做适合自己的事。

单独的相生相克，如剪刀、石头、布，可以形成一单循环，但不能生成一个共生、共荣、共依的平衡系统，五行制化是一个共生共荣的和谐系统，要学会搭建一个以我为中心、生我、我生、克我、我克的生态体系。寸有所长，尺有所短，不要轻视寸之短，也不要仰视尺之长，要学会在系统中找到出发点，找到自己的根据地。如我在武术五行中是属什么，我天生是一个有力量的人、有速度的人、灵活的人、高大威猛的人，还是一硬桥硬马的人，在五行连环的实践中进步，在系统中成长。(图 1-35)

以木为例。属木的人，人高马大，在外五行求直，内五行求远，打拳时适合练习马形或虎形，出手时多用崩拳开路，身劲上多用扑劲，俗称亲嘴劲。在五行中水生木，水是木的贵人，木生火，木又是火的贵人，木克土，土是木的下家，金克木，金是木的上家。

正本培元：正本就能找到自己的出发地，巩固加强自己根据地，集中一切力量加强自己的优势，就是正本。五行属木的人在武术五行中要以马形或虎形来开拳，以其中的一形作为自己的出发点、为底子，多下功夫多练习，格物极致，千会万熟万万遍为精，要来回滚几趟。要以这一形为本建立起自己的技术特色，就是以后学了其他形的技术，也会在这些技术中找到自己本形的影子，越突出越好。

如虎添翼：木生火，属火的人是由字形和瘦长干实的人，和五行属木的人在身形最为近似。在武术五行中适合练鸡形和蛇形，在外五行求疾，内五行求快。出手如炮，学习鸡的急疾和蛇的冷疾。虎形和马形练的够多时，速度自然不慢，但若要再加强速度时要有意识地练习火行。

勤能补拙：水生木，属水的人矮小瘦短，和属木的人在身形正好互补。在武术五行适合练习猴形和燕形，外五行求灵活，内五行求变化，

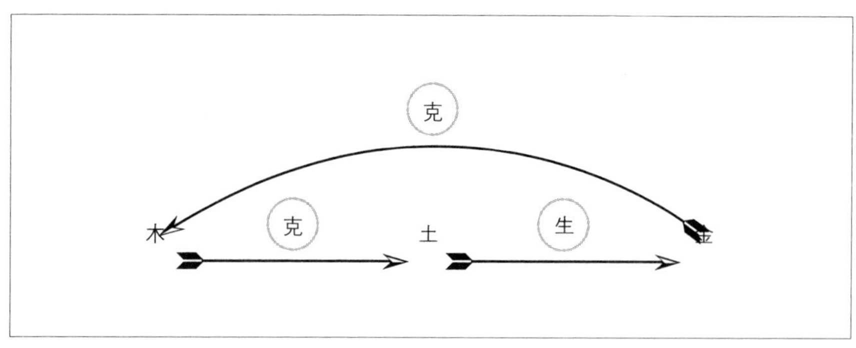

图 1-35

武术五行中水行的技术是属木行人的短板，勤能补拙，高大的人在技术上的不灵活，正好需要补拙加强。

加强相乘：木克土，属土的人虚胖肥大，身笨而拳重脚重。在武术五行中适合熊形和龙形，外五行求中正，内五形求极重，挨三拳能打到一拳都高兴。所以属木的人在对练中，一是要控制好距离，二是要放长击远。发挥自已的优势手长脚长，我打得到你，而你不能打到我。

加强相侮：金克木，属金的人是甲字形和申字形的人，硬桥硬马，硬胳膊硬腿。在武术五形中适合练鹰形与鹞形，外五形求滚翻，内五行求极硬，出手大劈挑领，实战中求半路截杀，截拳、截脚、截关节，出言截面，瞪眼截心，得势不饶人。手长脚长的人如果没有速度的话，会被限制得出不了手，抬不起脚。如何来应对？五行中火克金，所以属木的人在武术五行中要多练习鸡形或蛇形，使自已的技术打得突然又极远，或是又疾又极远，如果技术上能做到这样子，在武术五行上算是有了常胜的资本。

五行生克与反生克

金

金旺得火，方成器皿；金弱遇火，必见销熔。

强金得水，方挫其锋；金弱得水，水多金沉。

金能克木，木多金缺；木弱逢金，必为砍折。

金赖土生，土多金埋；土能生金，金多土变。

火

火旺得水，方成相济；火弱遇水，必为熄灭。

火能生土，土多火晦；强火得土，方止其焰。

火能克金，金多火熄；金弱遇火，必见销熔。

火赖木生，木多火炽；木能生火，火多木焚。

水

水旺得土，方成池沼；水弱逢土，必为淤塞。

水能生木，木多水缩；强水得木，方泄其势。

水能克火，火多水干；火弱遇水，必为熄灭。

水赖金生，金多水浊；金能生水，水多金沉。

土

土旺得木，方能疏通；土弱逢木，必为倾陷。

土能生金，金多土变；强土得金，方制其壅。

土能克水，水多土流；水弱逢土，必为淤塞。

土赖火生，火多土焦；火能生土，土多火晦。

木

木旺得金，方成栋梁；木弱逢金，必为砍折。

强木得火，方化其顽；木能生火，火多木焚。

木能克土，土多木折；土弱逢木，必为倾陷。

木赖水生，水多木漂；水能生木，木多水缩。

五行生克制化宜忌

金赖土生，土多金埋；土赖火生，火多土焦；火赖木生，木多火炽；木赖水生，水多木漂；水赖金生，金多水浊。

金能生水，水多金沉；水能生木，木多水缩；木能生火，火多木焚；火能生土，土多火晦；土能生金，金多土弱。

金能克木，木坚金缺；木能克土，土重木折；土能克水，水多土流；水能克火，火炎水灼；火能克金，金多火熄。

金衰遇火，必见销熔；火弱逢水，必为熄灭；水弱逢土，必为淤塞；土衰逢木，必遭倾陷；木弱逢金，必为斫折。

强金得水，方挫其锋；强水得木，方缓其势；强木得火，方泄其英；强火得土，方敛其焰；强土得金，方化其顽。

想方设法——六合一体说

卢式心意六合拳，那什么是六合呢？六合最初的记载是讲一个盛物之盒，其形方正，因其是方正的盒子，所以必是六面的立方体，上下与四方，上下、左右，前后，为六合，六合为方（图 1-36）。

在我们中国人的日常生活中方无处不在，安身立命讲方策，待人接物讲方法，为人处世讲方式，国家政策叫方针，中医药叫开处方，风水叫修方，兵家打仗排方阵，玩麻将叫筑方……做人要大器，做事要大方，为人方正了叫大气。

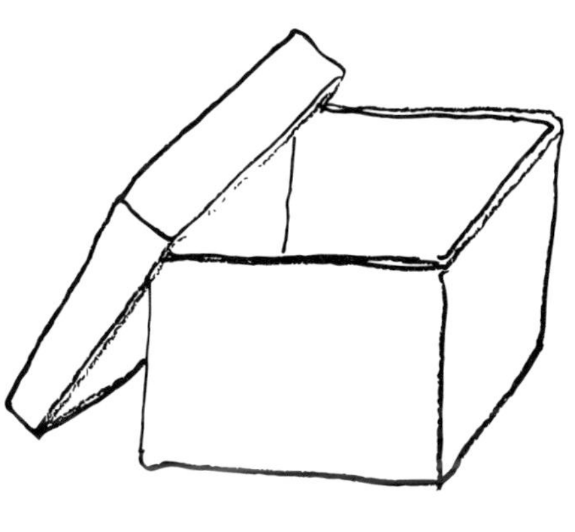

图 1-36

说六合也叫阴阳六合，说阴阳得先说

以我为中，先要找到我在哪，这个地点就是我们的出发地，我们的立场，讲话要有立场，做事要有出发点，无立场的言说可以不用去关注，无出发点的事可以不去做，做了也白做。中国人有中国人的立场，有中国人的出发点，我们现在知道我们居住在地球的北半球，但中国的先人并不知道，但他们知道遵循“向明而居”这个道理，所以就有了“背北朝南”这个原点，这个原点是我们所有中国人的立场，也是我们中国人文化的出发点（图 1-37）。

常听人讲，这个事我不懂，怕做不好，没有方法；那个人我不认识，没有交际，做不好，没有办法……搞得自己好像不是中国人似的。对中国人来说，知道了方法二字后，就有了应对万事万物的方法，亦有了一个以不变应万变的操作方法——找关系，方便之门。

六合中人思考问题，解决问题，要以六合为架构，六合之中以天时、地利、人和为贯穿线，在六合中分别对应上下、前后、左右（图 1-38）。日行在上，上边为阳，下边为阴，上下对应天时，是讲时间关系——上下五千年。但中国人的时间关系不是讲纯粹时间，几分几秒，而是讲事与事之间的关系，事有过去的、现在的、将来的，是我们的感觉绵延，属意识之流，是我们的各种感觉与思考的联系，成语有上蹿下跳、七上八下、欺上罔下、敬上爱下等。日行在前，前边为阳，后边为阴。前后对应的是地利——前进后退，也不是讲纯粹的地势地貌，而是在讲物与物之间的关系，物有老的、新的、想要的，是我们的感觉对比，属意识之流，是我们的各种感觉与思考的对比，成语有前因后果、瞻前顾后、惩前毖后、跋前踬后、狼前虎后。日出东方，左手边为阳，右手边为阴，对应的是人和——左膀右臂，也不是讲人情世故，而是在讲人与人之间的关系，人分亲的、近的、远的，你的、我的、他的，是我们的各种感觉与思考的关联，也属于意识之流，成语有左右两难、左思右想、左右调和等。

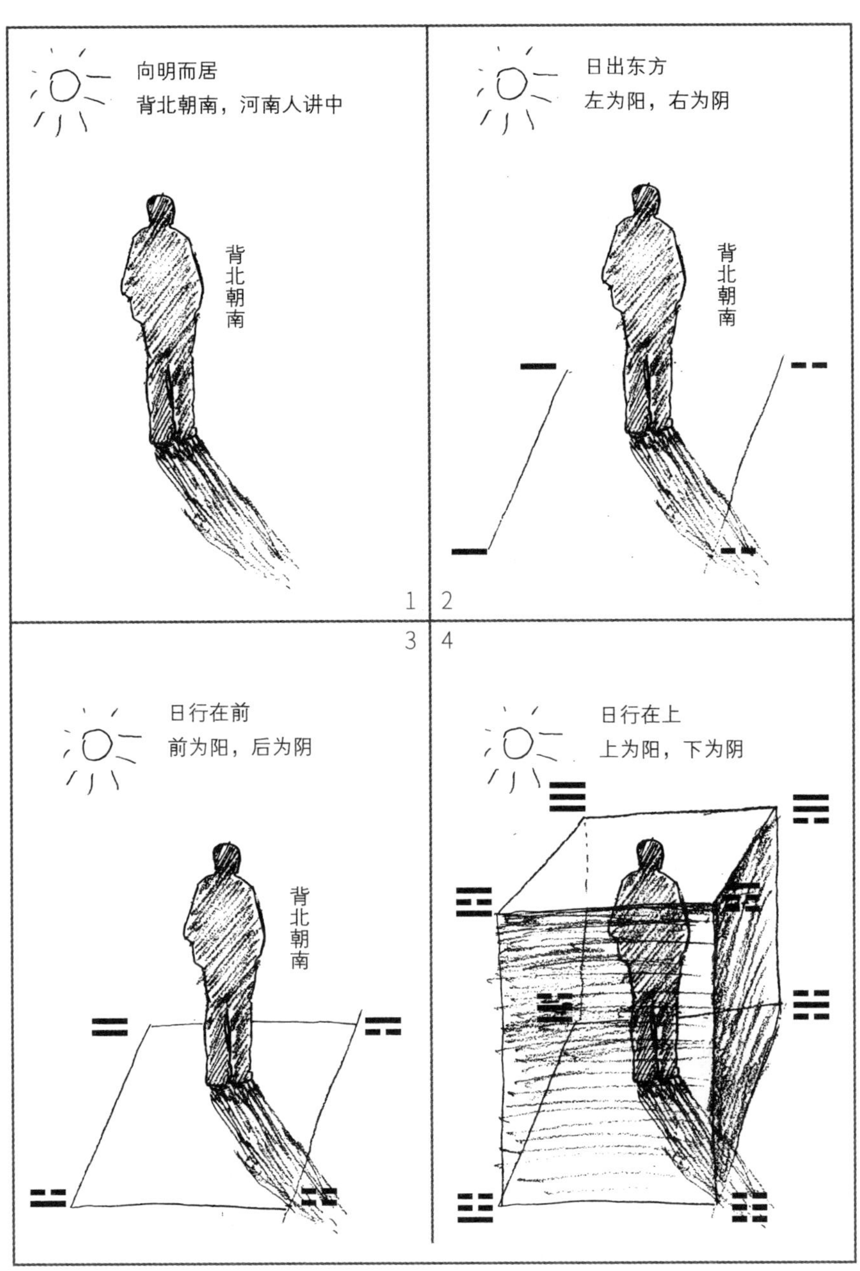
向明而居
背北朝南，河南人讲中
背北朝南
1
日出东方
左为阳，右为阴
背北朝南
2
3
日行在前
前为阳，后为阴
背北朝南
4
日行在上
上为阳，下为阴

图 1–37

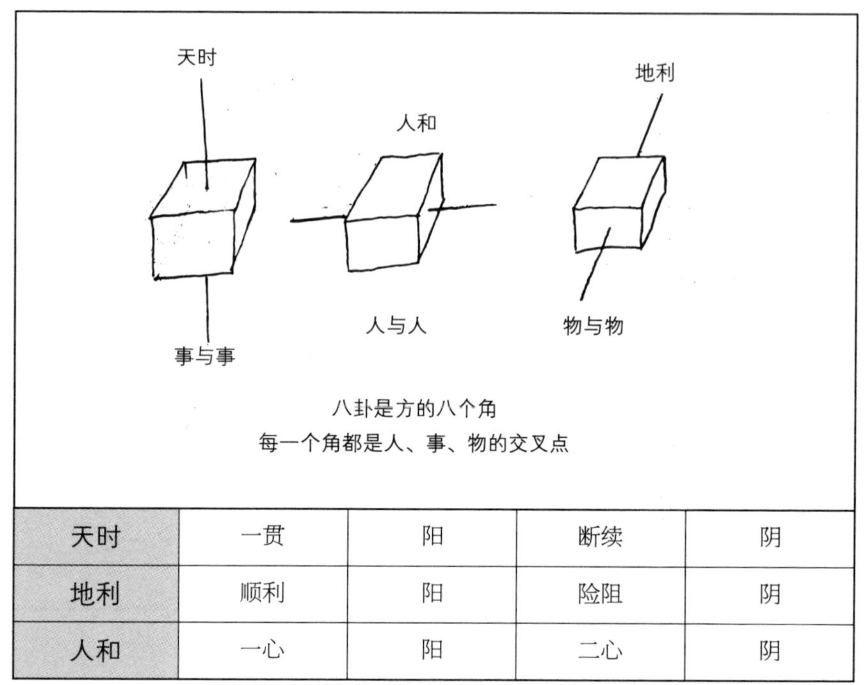

天时	一贯	阳	断续	阴
地利	顺利	阳	险阻	阴
人和	一心	阳	二心	阴

图 1–38

中国人若遇到问题，要心平气和地想想天时、地利、人和，想想人、事、物，想想其中的关系，画画爻，玩玩六合，摸摸方，就能找到解决的方法。

打拳也要站在个原点上，无论是在室外，还是在室内，有自主性的话要先择“背北朝南”的站位。一日之机在于晨，在五行中这一时段叫“旦”，本意为旭日东升，阴阳交合之际，沐浴着阳光，欣欣向荣。

练习卢式心意拳也得站在方中的这个原点上考虑上下、左右、前后的六合对应关系，如气沉丹田与虚领顶劲，就是讲上下关系，能否做到气沉丹田。我们的做法不是一味地气沉丹田，一味地鼓实、吸实或蹲实，如果一门心思地气沉丹田，腹突是几周的事。那我们用什么办法呢？虚领顶劲，向上用心，向下无心，能顶多高，就能沉多下。如能顶到百会，就能沉到会阴；如能顶到眉心，就能沉到丹田；顶发际就能沉到毛际。

六合出整体，整体出整劲，整劲分有灵活与僵硬，原因在整体也是有阴阳之分，或执着于阴或执着于阳，事半功倍的做法，若要问自己是执著于阴或阳，就请各自问自己的师父吧。最怕的是不分上下前后左右，一块儿练了就僵硬了，就像是加着油门踩着刹车。(图 1-39)

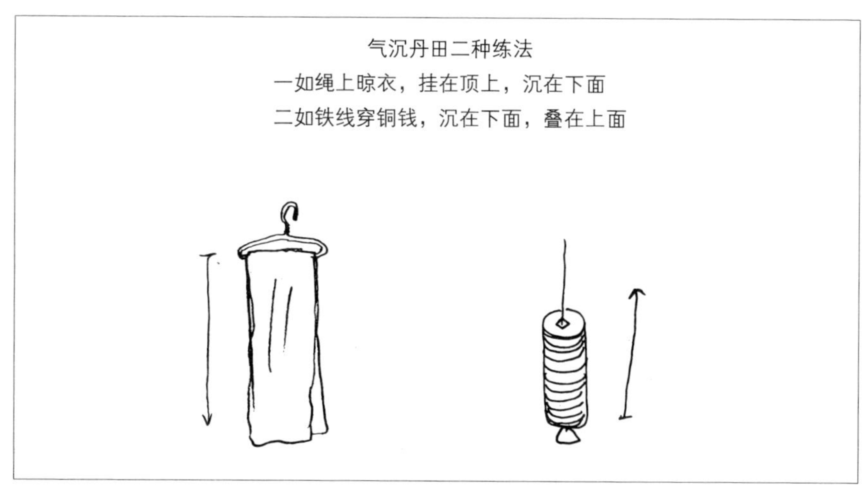

图 1-39

想学好卢式心意拳，得先入六合门，成为六合中人。六合中人心中得有方的概念，有此观念入心后，才能算是入门(图 1-40)。六合是拳中入内家拳之法门，身体撑方，出手划方。居于六合中人，其身不再是单纯意义上的自然躯体，其心也不再是道德中行为规范，而是在天地万物为构架中的人，“人合天地以为人，心合四肢百感为心”，想要有一气流行天人合一的状态，得要有以我为中心的六合空间观念，没有六合观念就别想着天人合一。六合

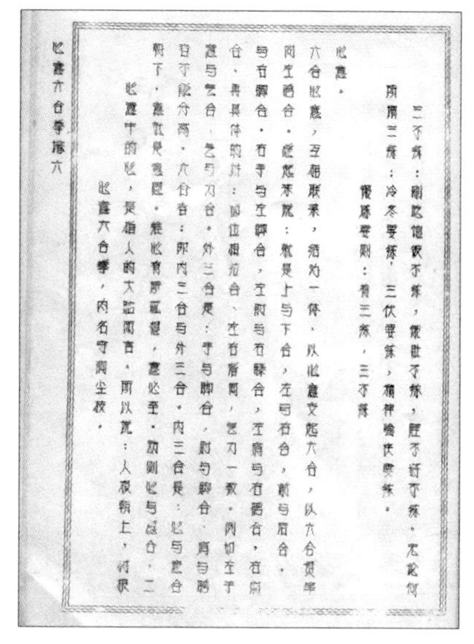
二不练：刚吃饱饭不练，饿肚不练，胜不许不练。不论何
所谓三练：冷冬要练，三伏要练，精神愉快要练。
假练要则：有三练，三不练
心意。
六合心意，互相联系，结为一体，以心意支配六合，以六合贯串
内在统合。从起本说：就是上与下合，左与右合，前与后合。
与右脚合，右手与左脚合，左肘与右膝合，左肩与右胯合，右肩
合，具具体的讲：部位相应合、左右前后，气力一致。内如左手
意与气合，气与力合。外三合是：手与脚合，肘与膝合，肩与胯
容不能分离。六合者：即内三合与外三合。内三合是：心与意合
和下，意就是思想。虽心有所感想，意必至。故则心与意合。二
心意中的心，是指人的大脑而言。所以说：人在世上，衬果
心意六合拳，内名守洞尘枝。
心意六合拳谱六

图 1-40　蜡刻版心意六合拳谱

不仅与人的百感性命攸关，更与人的层次境界相关，“六合是我底六合，那个是人，我是六合底我，那个又是我”。

“正在心中，万物得度”，正是方中的四平八稳，有方在心，人的心灵就会得到自由和敏感，能冥合天地之道，亦可赋予混沌以清明秩序。

从人体的形态来看，举一身之像形似方，体似立方。远处看头是方的而颈是圆的，胸是方的而腰是圆的，胯是方的而大腿是圆的，膝是方的而小腿是圆……练习卢式心意六合拳是一个撑方的过程，六合言身，内里撑出上下、左右、前后，铸身成器，身如钟鼎，这是心意拳门人的大智慧。

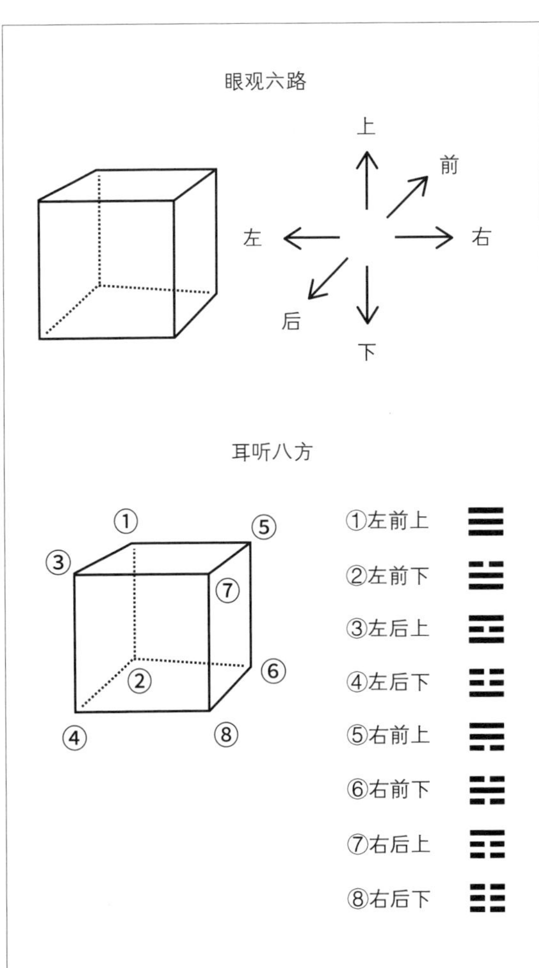

图 1–41

方以成形。圆以成势，去圆成方。卢式心意拳身成六势，鸡腿、龙腰、熊膀、鹰爪、虎豹头、雷声。鸡腿讲胯以下的部位，龙腰讲腹前腰后，熊膀讲肘以上的胸前背后，鹰爪讲肘以下部位，虎豹头讲颈项，雷声讲内腑的共振齐鸣。除势去圆后成方，想想身体还剩下些什么？一个头颅、一个胸腔、一个盆腔。

头颅：眼观六路，耳听八方（图 1–41）。六合的六个面，前后、左右、上下。有人会问，人的眼睛朝前，视力无法后视，如何做到眼观六路呢？一是卢式心意拳是军事用拳的延续，是冲锋时的战斗技术，你的身边、身后有你的战友，你的敌人只在你的眼前，前有三条路，向前、向左、向右。二是阴阳法，看阴守阳或看阳守阴。卢式心意拳眼有三法，观天不看天，察地不看地，虎口看人法。三法总的要求是不拿正眼看人，阴阳道理。看天不观天是熊势观法，主观意识是守阴，眼睛内视后观，意守后下，而眼观左右、前、下。

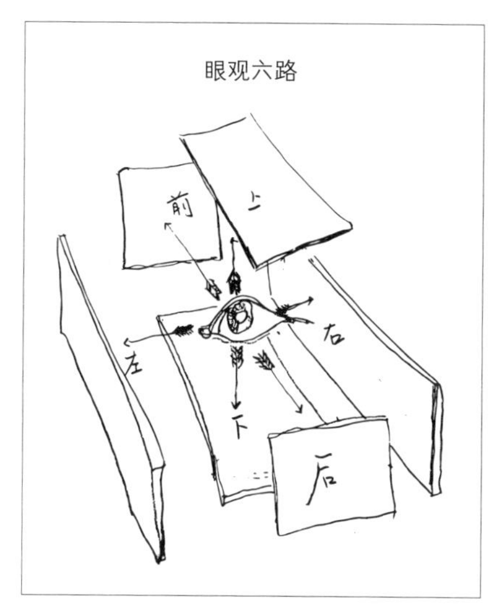

图 1–42

察地不观地是鹰势观法，主观意识是守阳，突目盯人前视，意守后上，而眼观左右、前、上。虎口瞄人法是枪势观法，主观意识是守阳，分心观于右，意守左边，而眼观上下、前、右（图 1–42）。

耳听八方，六合的八个角，左前上、左前下，右前上、右前下、

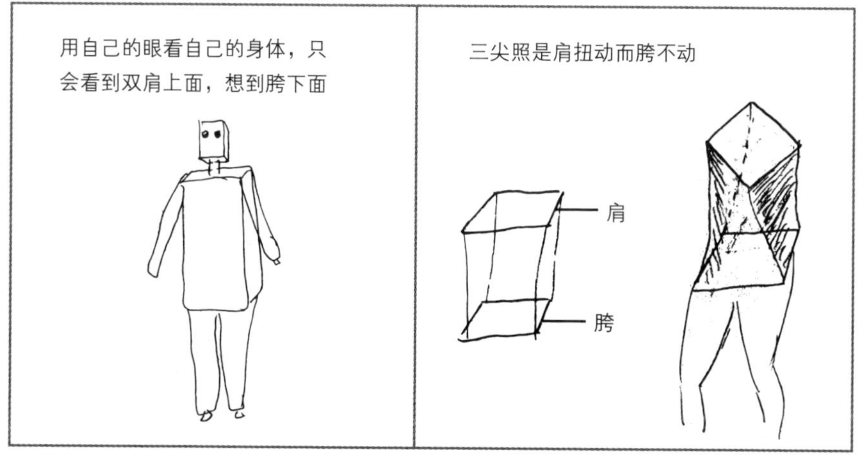

图 1–43

左后上、左后下、右后上、右后下。耳听八方简单，临危不乱，选择背对安全之地，就有静心，五行安定了。心与耳合多一灵，就能做到耳听八方，用心听就有了，怕是怕乱了方寸，看见来刀就慌，还有就是红了眼，或是一心想逃命，或是一心想拼命，就啥也听不到了。

掐头去尾讲方位，掐头是去掉头部和颈部，去尾是去掉两条腿，剩下的俗称叫身，在心意拳中指中节的胸腔、盆腔及腰腹，身从整体上看是一立方体（图1−43）。

鸟瞰自身，左顾右盼，就得到先天八卦图。先天八卦是思的产物，后天八卦是想的产物（图1−44）。

1. 头颅高高在上，用自已的眼观察自已的身体，是一个从上到下的鸟瞰图。

2. 卢式心意拳基本要求，三尖照，

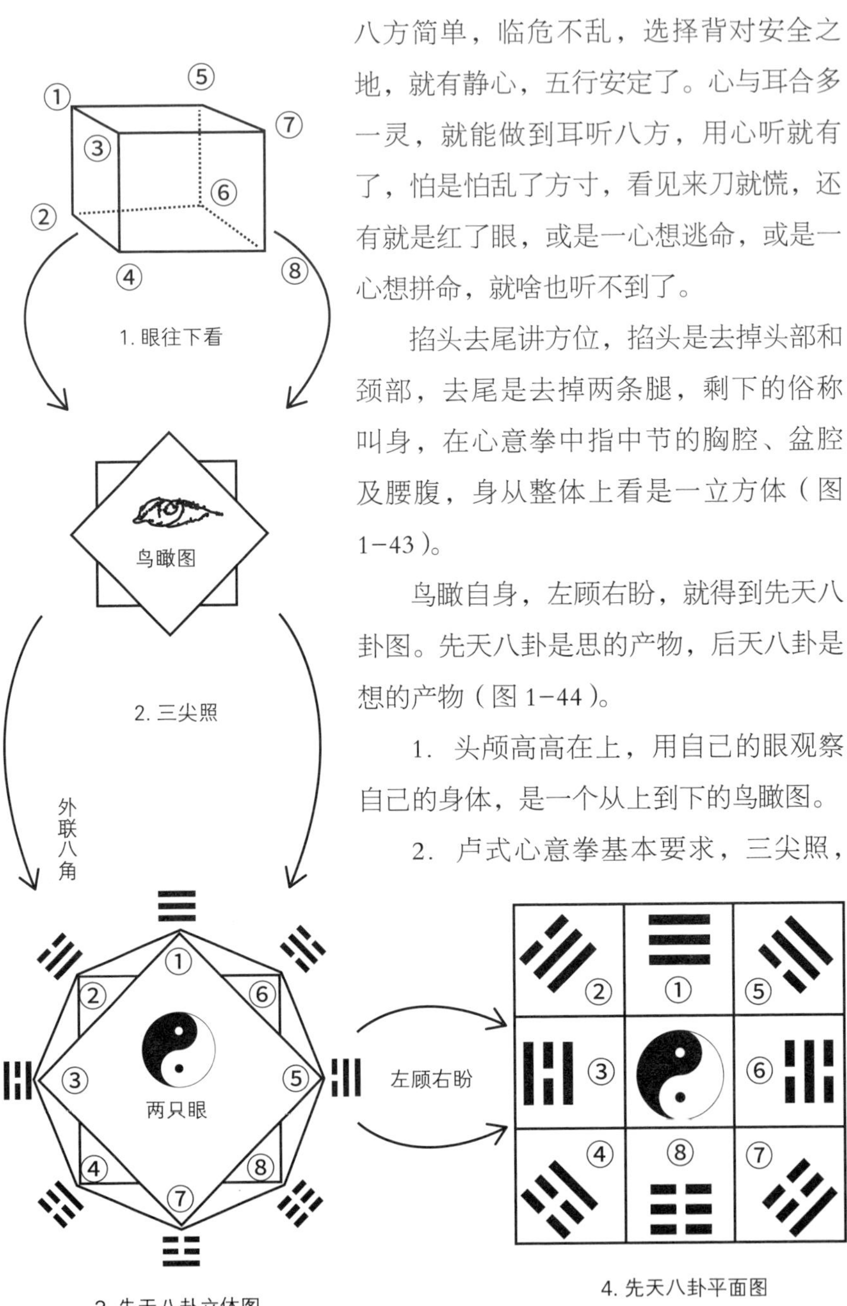

图1−44

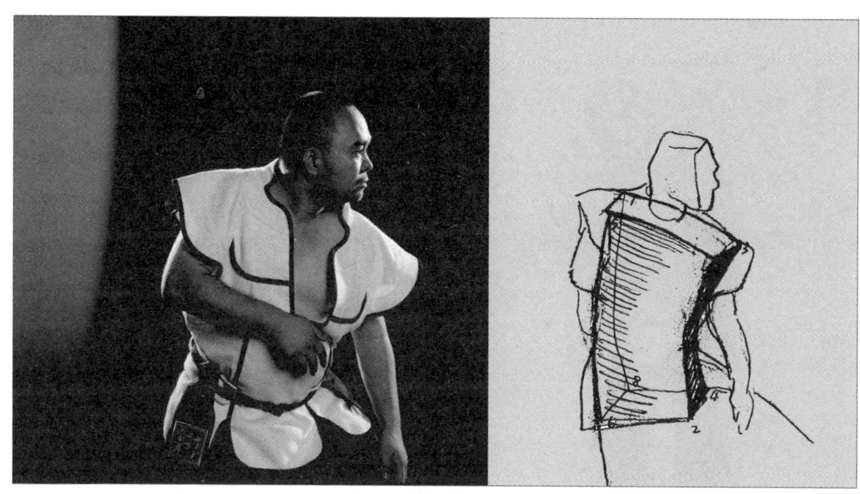

图 1–45

鼻尖、肩尖、脚尖朝一个方向。看正似斜，看斜似正，胯是正的，肩是斜的，从上向下看就看到了六合的八只角。

3. 把六合的八只角用线连起来，标明卦象。

4. 去掉内六合的结构线，就是先天八卦图。

六合言身，八卦是身体的坐标点，左前上、左前下、左后上、左后下、右前上、右前下、右后上、右后下，分别对应的是左前肩、左前胯，左后肩、左后胯、右前肩、右前胯、右后肩、右后胯（图 1–45）。

八卦是卢式心意拳在打拳时身成三尖照与三尖齐之后的基本架形，先天八卦用来说事讲理用，所以心意拳有八个大杂拳之说，有前六式与后六式之说等等。

六十四卦的推演是从八八六十四由来的，胸腔一个方，有八只角，左前肩、左前肋、左后肩、左后背、右前肩、右前肋、右后肩、右后背。盆腔一个方有八只角，左前上、左前下，左后上、左后下，右前上、右前下、右后上、右后下，打拳时肩与胯合，用一个方上的一只角做支点，可对应到另外一只方上的八只角，相互对应就是八乘八，八八六十四，身体的六十四卦中每一点都有不同的姿态与劲道。

拳谱上说中节不明浑身是空，武术，一辈子的学问，须慢慢修来，

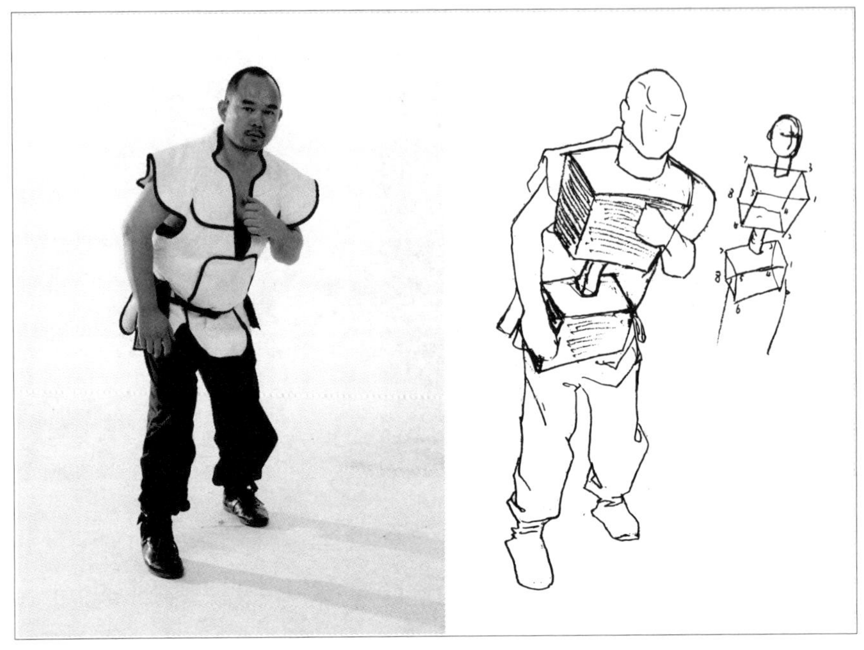

图 1–46

越细微越敏感，越好玩。

不管是八卦也好还是六十四卦也好，都是我们日常的身法，因为要做不同的事，所以要用不同的身法，才会产生不同的力量，只是这些我们日用不知，常用不想，老八拳也好，八八六十四拳也好，是要在觉悟中练习出劲来（图 1–46、图 1–47）。

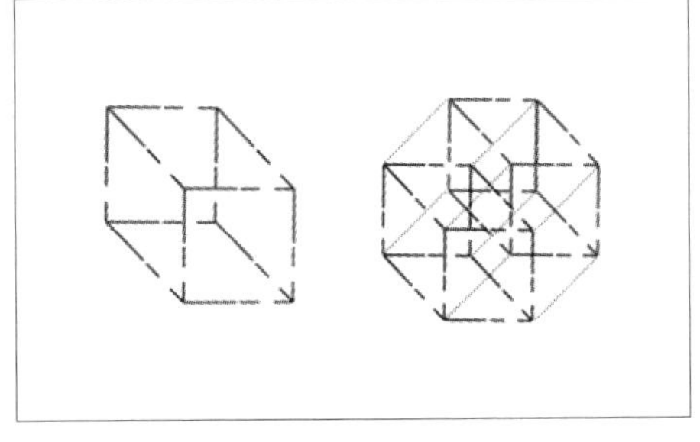

图 1–47

内三合外三合

拳中的内三合与外三合，本不是六合之合，但误会得久了，门里面清楚这个道理的人也就不愿意说，算是六合了，我也按俗理来，单列一章。

外三合，内三合，其实是在讲三节的道理，外三合是在讲一个人在打拳的过程中如何做到形不散，内三合是讲如何做到神不断。

外三合中的手与足合，是在讲三节中的稍节的稍节与根节的稍节要相合，又言手脚齐到方为真，是说在打拳的过程中手与脚要同时做一件事，手脚不能有先后，手脚齐到才是卢式心意拳技击的最主要特点。如何做到手脚齐到呢？拳谱里又说，稍随声起，声随稍落。一个很简单的方法，手与脚同时与雷声合，而不是手找脚或脚找手，而是手与脚的起落与口中发出的声音相合成一体，就像部队喊口令。这样做的好处是攻防一体，体现了卢式心意拳特点。如果在攻防过程中手到而脚不到，就怕遇到擒拿术；如果是脚到而手不到，就怕遇到摔跤术。

肘与膝合，是在讲三节中稍节中的中节与根节中的中节是如何相合的；是说身体外形上在攻防过程中的整体方法。稍之中节是肘，与根之中节是膝，它们的位置要上下对应，垂直对应在一条垂线上，如能做到身体也就中正，也就没有了身形上前倾后仰、左歪右斜的毛病，在攻防往来的过程中就不用担心重心的问题。无论何时何地都要保持自己的一个肘尖，要垂直对应在两个膝中的一个膝的正上面（图 1–48）。

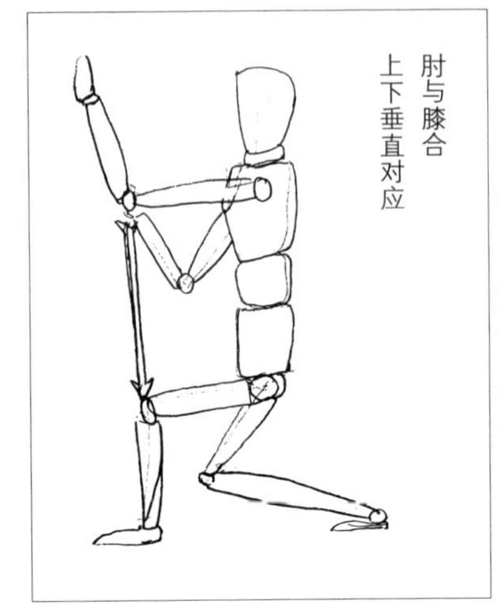

图 1–48

肩与胯合是在讲三节中稍节的根节与根节中的根节是如何相合的。这样做有什么好处？肩与胯合，是说整身的整劲，因为稍之根节和根之根节亦是长在中节上，中节不明浑身是空是在讲整劲，三节中的“三三六”就是说肩与胯合的六个发力方法，通俗叫法有插中节、拧中节、折中节等，产生三个劲：直劲、横劲、起落劲，又叫亲嘴劲或叫吃奶劲，走路劲或叫十字劲，拔草劲或叫恨天恨地劲。中节发力的好处是短疾、快利、狠毒，有惊炸劲、爆炸劲。拳谱中又说劲在稍节是肩催肘，肘催手，手中打抖擞。劲在根节上是消息全凭后腿蹬，出撑劲，打人打支撑劲（图 1–49）。

内三合，心与意合，意与气合，气与力合，是在讲三节中的中三节的分工，如果按现在科学对脑的研究成果来讲可能是不科学的，但心意拳流传了几百年，一直是这么说的。

拳谱上说，心意拳中的心是指大脑（头颅），大脑是我们的精思机关，思其理，考其据，纠对错，大脑是干这个活的。拳打到静养灵根的这一阶段时，就是要练习关闭大脑，不思。

意是指我们的心肺（胸腔），心肺是我们的想象机关，如我们常说的

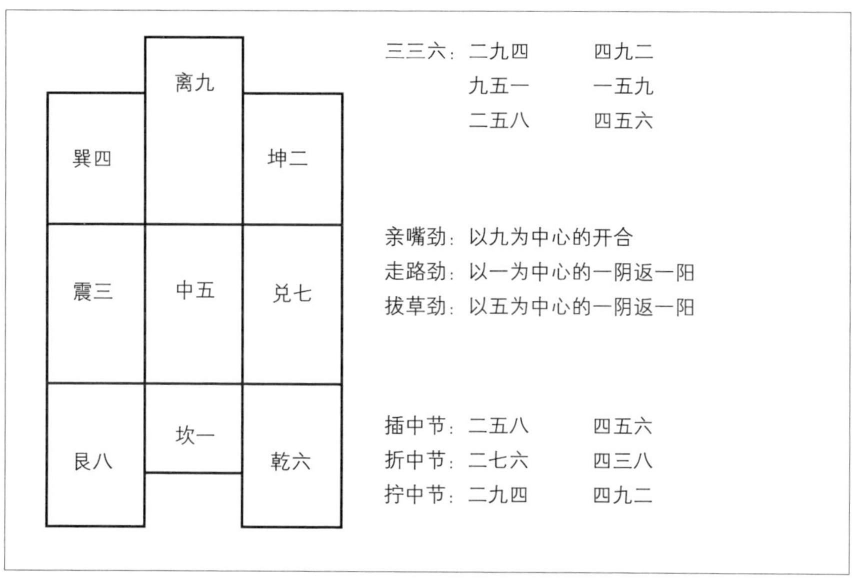

图 1-49

"伤心、痛心、心花怒放"，想象力是我们中国人强大之处。拳打入形意、心意，有下意识的动作，传统意义上指这一块。

气是指我们本能反应的地方（盆腔），腹前胯下，消息的聚集之地，看到美女帅哥不经过大脑就有反应，是我们的感应机关，生发之处。宁在一思前，莫在一思后，对时机的把控不是思考得来，也不是靠想象得来，而是消息的聚集成形后的本能。拳打到气养这一阶段时就练习这一块技术。

力指我们的腰胯大腿，是我们的力量机关，力量有两种，一是气与力合，叫气力，产生的是爆炸劲、惊灵劲，出的是腰胯劲；二是力与气合，叫力气，产生的支撑力，负重力，出的是腿力、膀力。力厚而劲快，力是劲的基础，劲是力的升华。

内三合中的心、意、气，分别对应武术中的术、意、艺三界，术对应的是心，心即头颅，术是有对错的，科学不科学，学习的过程中要用脑思其理，考其据。意对应的胸腔，意是没有对错，只有喜欢与不喜欢，象形取意叫形意，大象无形叫心意。艺对应的是盆腔，艺，一是没有对错，二也不会在乎你喜欢或是不喜欢，只要我欢喜就行，孤独求艺，无法无天。

术就是技术，人人都可以学习领会，全世界的术都是一回事。在卢式心意拳中技术的标准化是相对来说，看你是从哪一形开始学习的拳，以哪一个形为本。我是从熊形开始学习的拳，在别的形的动作里也会有熊形的影子。所以在学习技术这一块时要多看看，多与同门中人学习交流，先要认识自己、定位自己。学技术要相信科学，要懂得力学、运动科学、运动生理学等方面的知识。

卢式心意拳，俗称十大形，象形十种动物，以象形取意构建了心意六合拳，为什么呢？因为在中国文化中想象思维的基因特别强大，我们用的是象形字，打的是象形拳，中国武术基本上都是象形拳，看图的本领、想象的武术超一流。老一辈师傅们说武术时多是从武意开始讲的，有了武意，才知道武术的好坏高下，是否能进入武意这一境界，从形象思维开始，没有想象力是练不好中国武术的，老外学习中国文化多是卡壳于此。我们常说一个人有思想，但很少人来追究这两个字的含意，一是思二是想，思是思考，想是想象，思考的是道理，想象的是像相。

一个人孤独求艺，日积月累就会有自己的理解，产生鲜明的风格和形成独特的辨识度，到这个份上大伙都会记住他，就会有武艺上身，会流芳百世，因有了艺。

术、象、理、数，是有次序的，打拳先要有术，而后有形，再者有象，再后得理，最后成数。理循环回来再指导形与象，数再回来规矩术，拳术入形，拳意入象，拳艺入心，心是猿猴意是马，心是说向往，意就是寻找，心中装有真理，有理走遍天下，有理才能深入人心，打起拳来才会理直气壮。

武术到后来归结于一个人的内心，内心的力量是行动力，大脑只是负责构思和策划，内心若不去启动，一切都是白搭，没有勇气去面对困难也是白搭。内心有了冲动，不经过大脑的勇敢就鲁莽，经过大脑的勇敢就是有勇有谋。

打拳就是教你成为一个有勇有谋的人，一个文武双全的人，常胜、长得利、长寿命。

建立神经链——武术与大脑的科学

打拳，首先我们模拟老师的运动轨迹。这个阶段，我们主要是建立初步的神经链。大脑的基本组成单位叫神经元（由细胞核和突触组成），突触受刺激后生长，和其他神经元产生新的链接，从而形成一个新的神经回路，用以记忆信息。一般要经过多次重复（三次以上）刺激后，才能形成新的神经链。养成一个新的习惯，需要多久呢？麦斯威尔认为是21天，这是根据对断肢者的观察发现的。新的情绪性神经链，3到6天就可以形成。而三次，是最少的要求。

在模拟老师动作的同时，我们要逐渐把意识加进去。如思考和专心。我们的行为分为神经链控制和意识参与。如开车，普通的路段，基本都是神经链发挥，遇到特殊路段了，如泥泞了，下雪了，意识就参与进来。在经过思考以后，我们的大脑和心里就会认可我们的这种行为。打拳，宁在一思前，也是因为这个原因。普通人，没有经过锻炼，大脑也没有梳理过这样的内容，在遇到陌生事物时，就需要分析，因为大脑里面没有这样的电路。经过锻炼的人，大脑里面已经有了这样的电路，就可以做到，靠的是平时把这些电路都建立起来。意识参与，需要告诉大脑和身体，这样做是对的，合理的，就会逐渐做到不假思索。

在意识配合的过程中，不仅模拟，还要逐渐实战。实战一是检验自己的错误，另外一个就是锻炼自己的前扣带皮层。如果把大脑分为内、中、外三层，中层有一个专门的部分，叫做前扣带皮层，负责冲突监控和错误检测，它协调意愿和让意愿达不到的力量。虽说它的能量很少，但是它就像一个皮袋子，可以增强。伟大的胸怀都是委屈撑大的，大难不死必有后福等。我们打拳多模拟，还有互相切磋，都是告诉我们，这个事情没有那么恐惧，我可以应付得来。这样就不至于在真实碰到的时候如无头苍蝇。

反复加强后，包含着记忆信息的神经元突触和神经链条就持久性地形成了，并且会在前额叶皮层留下一道特殊的痕迹，被永久保留下来。因为新生的突触和神经链是暂时而脆弱，随时都会有被分解并用于其他突触生长材料的可能。我们在生活中，最好的机制是预防，而不是反应力。这个也是我们区别于其他技击运动的一个特点。我们做的是预判，是一看到这个人，就知道要怎么做最有利于自己的判断，而不仅仅是拳头到了面前才开始反应。判断靠的不仅仅是意识，还有感受。意识获取的信息，不及感受到的信息的二分之一。大脑可以接受的信息比人们预想的要多，意识只是注意到了其中一部分。大脑后半部分的某处，专门负责协调环境，无须经过意识过滤，就能持续吸取周围环境的信息。

前额皮质额头覆盖的那层大脑，又可细分为三部分：左半边、右半边和眉心周边的一块。右半边掌控最近的未来，以分钟和小时为计量单位；左半边控制着以天和周为计量单位；眉心控制长远目标，以年、月为计量单位。我们心意把眉心的这块称之为上丹田，在打拳的时候要充分发挥上丹田的作用。上丹田，配合我们不同的拳法、不同的身法，有不同的锻炼方式和作用。

我们锻炼的东西从神经链开始，到前额叶皮层（前额皮层负责掌控预见力、短期和深层记忆力、行动力等），也就算是被深层次地记住了，随着年龄的增长，还会逐渐向后移动到额顶端。一般认为，深层记忆的暂时场所是大脑的海马区。

深层记忆不会记忆全部信息。大脑会对不完整的、零碎的片段进行压缩、打包和储存，这一个好处就是我们会把相类似的东西整理到一起，从而简化我们大脑的工作量。用现代一点的话来说，就是同构性，美好的事物都是相似的。

大脑的工作，是以心智能量作为基础的；而心智能量，又是以身体能量作为基础。一个人态度不好，有可能不是性格问题，而是身体问题。现在的医学也逐渐发现，人的大脑比身体先死亡。大脑需要的能量也是从身体能量抽取的。一个人身体能量缺乏，就会先把提供给大脑等的能量去掉，完后是意识，最后是生命。如氧气减少，人会先疯狂，大脑控制不了身体。然后开始昏迷，丧失意识。因为有限的能量要先给呼吸和心跳。身体能量的源泉，在脐下三指处，老祖宗叫丹田。

所以，一个人的冷静、勇气和宁静，来自于充足的身体能量。抑郁、孤僻、内向、自卑，一定程度都不是性格问题，而是身体能量缺乏，不能给心智系统提供能量。

身体能量的锻炼，是心意拳法里面一个核心的东西。静养灵根气养神，养功养道见天真，修得丹田长命宝，黄金万两不予人。身体能量的锻炼，各家都有自己的方法。

综上所述，我们需要的不仅仅是提高自己的身体能量，来给心智能量提供基础，还要合理地支配心智能量。通过有意识的从神经链锻炼开始，形成深层记忆，也就是习惯。所以，牛人都是留着意志力去培养习惯去了。好的习惯，会培养好的心态，逐步形成更好的人格。这是一个圈，我们可以从圈中最容易开始的一个点介入。

第二篇 拳术传习

好用者得勤练一年，知皮肉之力；妙用者需勤练三年，知筋骨之力；有大用者至少得需勤练六年，知血气之力……

学拳须知

学拳仪礼

师门相见，行抱拳礼。见师长含胸抱拳，左掌抱右拳，礼在颈上，问“师父、师兄、前辈…… 好”，或行注目礼。师长回礼，挺胸抱拳，礼在颈下，回“您好”或行注目礼。兵器训练场上相见行抱械礼，一律左手执械，右手掌抱左手，枪尖朝上，刀尖、剑尖朝后，见师长含胸执礼，师长挺胸回礼，听到“预备”二字后才能换械到右手，听到“开始”二字后才能执械进攻。

特殊情况下行鞠躬礼，如拜师、参加活动。

卢式心意拳师门里不叩头，因为从卢师起就不兴叩头。

学拳节点

时间节点：技术上三月会用，一年好用，三年有妙用，六年有大用，十年有一来回。新兵训练三个月，就可以上战场，卢式心意拳也一样，会用者需勤练三个月，“十年太极不出门，三个月心意打坏人”，三月足矣 。好用者得勤练一年，知皮肉之力，熟能生巧，得意于拳中某三五个动作，不怕千招会，只怕一招精，用得好谁都会让你三分。妙用者需勤练三年，知筋骨之力，掌握拳中的技术要求，懂得卢式心意的技术奥妙，心明身行，入得了形、相，知变化。有大用者至少得需勤练六年，知血气之力。通晓卢式心意，说得清、道得明，有形有意，就可以出师了，农耕社会，可以闻名方圆百里，算得上名家明师了。马学礼学艺六年，李洛能好像也是学艺六年，他们皆是比我们专心用功。

功夫、名声，是要靠几个来回滚出来的。

学拳方法

卢式心意拳在学拳上以“千遍会，万遍熟，千万遍精，万万遍神”为方法，拳打千遍以上能记住拳的动作轨迹，拳打万遍以上才可以熟能生巧，拳打千万遍以上才做到精准和精益求精，拳打万万遍以上才能做到出神入化，做到一思前。

学拳是一个过程训练，拳谱曰：“想要好，稍中求，方知灵山大光明”；卢式心意拳的“三节四稍一体说”是以身体的更换周期为基础，讲一个身体进步的过程，换肉一年，换筋三年，换骨六到八年，其实身体不练也在更换，只是越换越差，老话讲这叫易肌、易筋、易骨、易髓，卢式心意拳六至十年一个来回，从“身体、心智、品格”上让你发生改变，“强身体，启心智，养勇气，长智慧”是一个水到渠成的过程。

动作名称

老话讲卢式心意拳的动作有八个大杂拳、七十二小手。八个大杂拳是“起落、纵横、辗转、反侧”，七十二小手（估计数），是说有七十二个动作。但现在门里在划分动作时，不再按八个大杂拳来划分，而是以十大形来划分。

鸡形：溜鸡腿、摇闪把、韧劲、搓把、寒鸡寻食、鸡甩食……

鹞形：鹞子入林、鹞子侧翅、鹞子翻身、双捋……

燕形：燕子抄水、燕子钻天……

鹰形：大劈挑领、鹰捉把、叠步大劈、鹰打膀……

虎形：虎扑把、虎抱头、撅劲、以头梭碑、虎涧跳、虎抖毛……

马形：夜马奔槽、夜马闯槽、夜马翻槽、马溅步 ……

熊形：怀抱顽石把、单把、十字裹横、熊出洞、穿拳……

蛇形：蛇拨草、蛇吐信、蛇分草、左右明拨……

猴形：猴竖蹲、猴形小裹、猴掏心、猴挂印、猴纵身……

龙形：龙调膀、大龙形、龙形过峰、龙形调步、小龙形、双踏……

器械：杜金十三枪、大二节棍、鸡爪剑镰、心意刀……

学拳长歌

卢式心意拳长歌

心意六合不乱传，多少奥妙在其间；
若教枉徒无义汉，招灾惹祸保身难；
君子学了护终生，小人学了胡乱传。
背后莫谈旁人短，遇事莫要强出头。
路上人多君子少，山上石多金子稀。
宁可失传，不可乱传，传要真传。

鸡腿摇闪势难当，龙形裹横紧相连；
游蝶穿花蛇拨草，拱手含额猴竖蹲；
鹞子入林斜展翅，燕子取水又钻天；
饿鹰扑食来势猛，夜马奔槽渴难禁；
太公料敌熊出洞，霸王观阵虎蹲山；
顺步小裹十字裹，单把虎扑加串拳；
以头梭碑塌天势，迎门贴鼻地翻天；

塌意轻若鸿毛落，大劈重如泰山压；
黄龙摆尾三斜式，左右相顾裹边炮；
云遮月把天地暗，丹凤朝阳把翅展；
猴形小裹斜里落，纵横十字回身攀；
狸猫上树蛇捆身，猛虎摆尾中节断；
开弓放箭无阻挡，宝剑出鞘莫遮拦；
慢若郎当龙掉膀，追风赶月不放松；
勒马听风三盘落，腾天拔地恨无环；
虎涧马溅谈何易，龙蛇缠身式更难；
武艺都道是真经，任意变化艺无穷；
劲练踩扑裹束绝，沾攒展翻当记牢；
意在虚实与含野；心在狠疾快利间；
噫是打来吼为令，霹雷一声起丹田；
岂知悟得婴儿顽，打法天下是真形。
内名守洞尘技艺，外呼心意六合拳；
追源本尊岳武穆，姬师又将新谱传；
戴李二师传河北，马师回族落河南；
十二大形河北派，十大真形河南邦；
人比花开满树红，到老能有几个成；
可叹先辈相传苦，今承衣钵那几人？
武艺得来难难难，万勿轻易撒人间；
如果尊公有师道，真意自会对吾言。

启式练习（熊出洞）

熊出洞

拳术目标

学会两个正确站立在敌人面前的姿势——熊势和鹰势，模仿熊在洞中受到惊吓、发现敌人、锁定敌人、出洞临敌时的动作模样。

拳术内容

下式有好几把，熊出洞是最常用的下式，盘时熊出洞，用时轻步站，熊出洞是轻步站的基础，否则轻步站无意。轻步站意要藏得更深、形要藏得更真。

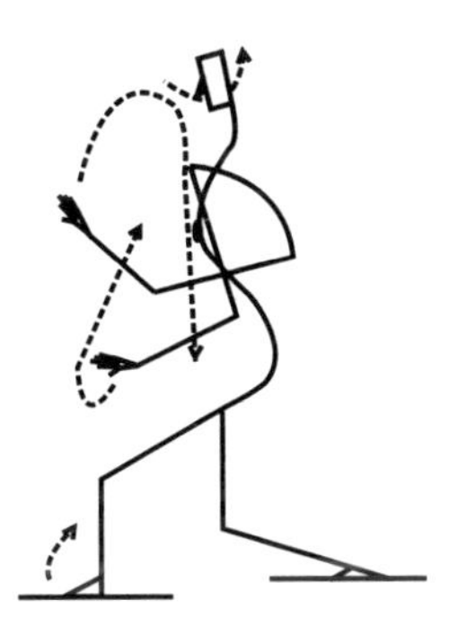
熊舔把

熊舔把： 开弓放箭式、犂杆之式、三尖照。双把合二为一，把有前后之分，同时出把，前把（左把）翻而上抬，把心朝上，端而上，把动而肘不动，肘不离肋，竖把而止，中指朝上，把心朝里，把与头合，有舔掌之意；后把按而下压，折腕，把心朝下，止于裆上，食指罩敌。

身有前意，顶而上，有观天不看天之形，有蔑而视之之意——眼前无人。

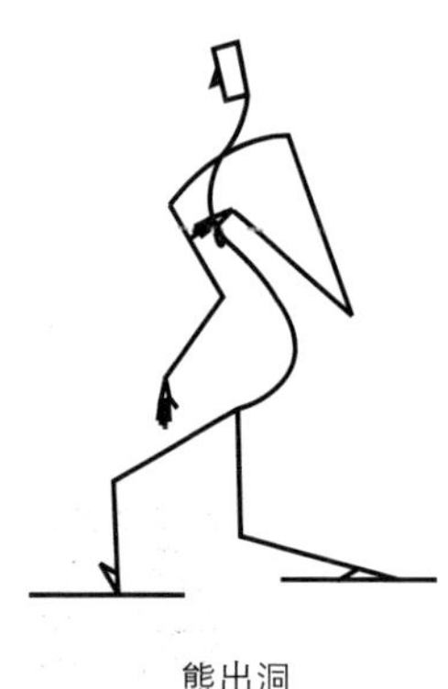

熊出洞

熊出洞：双把合二为一，同时出把，用意不用力，前把内塌而落，鹏肘，过心过脐，止于裆前，曲肘（大于150° ，小于180° ），中指朝下，把刃或背朝敌；后把上抬，止于乳下，腕护心，肘护肋，五指垂而下。

牮杆或夹剪之式，三尖照，含胸拔背，沉膀垂肘，身有下意，把随身落，有察地不看地之形，盯而吃之之意——虎之恨意。（熊出洞坐意已成）

牮杆或夹剪之式，身落实而止，舔胸而前，把随身动，翻而大拇指朝前，小指或无名指垂直于地面，一如手中有枪在。三尖齐，身有前意，有闻风而动之意。（熊出洞前意）

学拳体悟

熊出洞分为三个部分，熊舔把、熊守洞、熊出洞。熊舔把，讲究一惊一乍的感觉，受到惊吓，迅速地聚精会神。熊守洞，缩身而立，寻找对方，守住自己。熊出洞，发现对手，锁定目标，制定预案，准备出手。

——学员林中笑

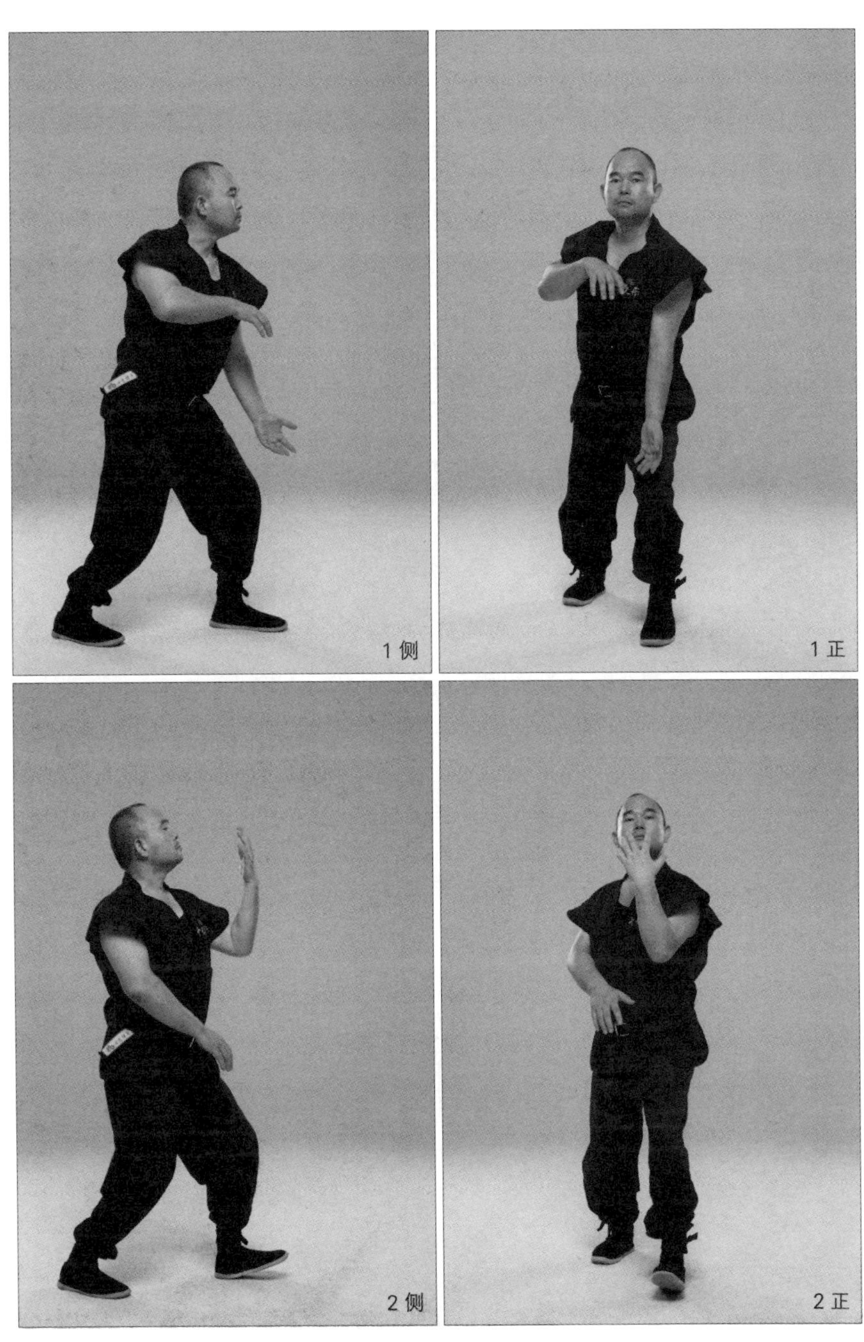

熊舔把

熊守洞

熊出洞

熊出洞拳架示范

熊出洞拳架示范

用法　两个常用拳势中熊势之熊舔把

用法 两个常用拳势中鹰势之熊守洞

用法　两个常用拳势中鹰势之熊出洞

学员陆海峰熊出洞

学员杨青峰熊出洞

收式练习（鹰捉虎扑把）

鹰捉虎扑把

拳术目标

收式是终结对手的拳法，拳中收式有好几把，鹰捉虎扑把是最常用的一把。

拳术内容

拳中讲“式式不离虎扑，把把不离鹰捉”，是讲把的往来，出手如搓，回手如钩，在这把拳中最为体现，所以，每一把拳结束时，都要用鹰捉虎扑把收式。鹰捉时发雷声“噫”，吐尽胸中恶气，以声惊灵。

剪刀把：宝剑出鞘式、三尖照、夹剪之式。

龙折身：双膀一阴翻一阳。

把随膀走，三尖照，膀有前后之分，双把合二为一，同时出把，中指贯劲，方能一插到底。前把后插，一如插剑入鞘，后把前插，插极而止，食指罩敌。两肘尖相叠印于脐上。双把以肘为轴成形似剪刀。

含胸——前如瓦拢，拔背——背如锅。

反背把：开弓放箭式、垈杆之式。（虎摆尾）

前脚脚掌发力——蹬，以后脚跟至头顶为轴——转身，身体做 180° 的转动，前脚变后脚。龙折身：双膀一阴翻一阳，双膀随身而转大于 180°、小于 270°。

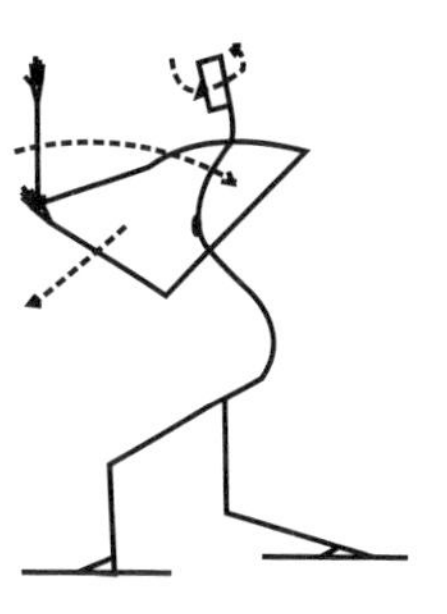

反背把（一）

膀随身走，把随膀走，双把合二为一，同时出把，右把以右膀为圆心，以中指尖为半径，向右后上方摆去，大于 180°、小于 270°。左把下塌，有按埋之意，置于右把肘下或裆上，双把有争意。

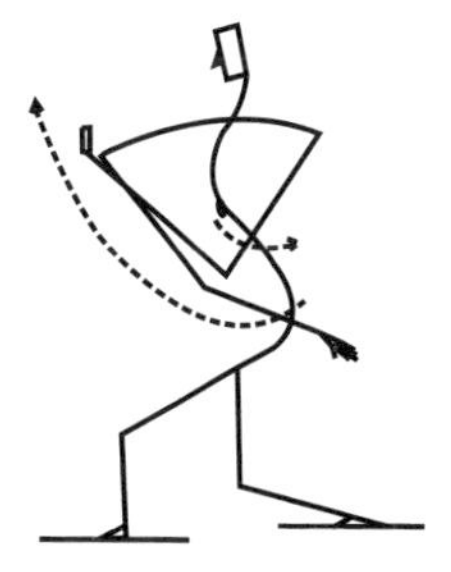

反背把（二）

开胸发力，沾实于把背，有甩打、格挡之意，迎后。

塌把：开弓放箭式、夹剪或垈杆之式、三尖照或三尖齐。

身有坐意，沉而下。双把合二为一下塌，沉膀垂肘，两虎口暗扣下压，塌极而止，前把小臂约与地面平行。

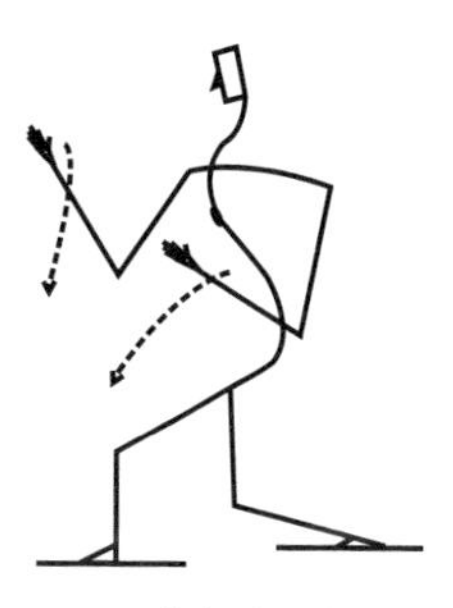

反背把（三）

沾实把根，有按埋、拍砸、分开之意。

鹏意：垈杆之式。前脚跟与后脚跟合，双脚脚跟碰而起，脚尖撑地，或起而腾空，脚五趾出劲。

身随脚起，身有上冲之形，有冲天之意，人微前倾。

把随身起，以把领身。双把塌极而合、合而捧，双把把刃合而为一，大臂垂直于地面，小臂平行于地而，把背朝下。双把捧而上，上而冲，由把成拳，大臂平行于地面，小臂垂直于地面，以拳带身，拳的上下主次分明，右拳上，左拳置于右拳腕处，拳背朝敌，拳止于鼻高。

沾实于拳面。

鹰捉（一）：冲极而落，右脚落而实，左脚出前——寸步。

身同脚落，落而成形，龙折身、宝剑出鞘式、三尖照，身有前意，有前捉之意。

把随身落，落时垂肘于胁，由拳变把；双把合二为一，外顶外裹，把有前后、上下之分，右把前而上，左把下而后，前把止于鼻高，左把扶于右把腕处，突目——眼角洒人，眼光要从前把的虎口处透出。

鹰捉（二）：恨天无把。开弓放箭式、犁杆之式、三尖照。

身的落意，身沉尾垂，龙折身：一头碎碑——头不动，胯往后移，翻而上，成其形，用其意。含胸拔背。

寸步或寸步加垫步。

双把合二为一，右把捉而下，左把扶上下压，至腹前时右把后抽，有屈断之意；左把下按，按埋之意。

虎扑把：开弓放箭式、犁杆之式、三尖照。

双把合二为一，以两把食指为轴外翻，前搓，前把与前脚齐，置于膝上；后把置于裆上，把心朝下。

身有前意、垂意。意如竖碑。

寸步或原地不动完成动作。

回到站立。前脚后移或找到脚前移。

学习难点

反臂这个动作很容易打老，要打成正好三尖照的样子就能合住，接鹏意时才不容易断劲。

学拳体悟

鹰捉虎扑把为收势中最常用的一把，卢式心意拳讲：式式不离虎扑，把把不离鹰捉。是讲把的往来，出手如搓，回手如钩，鹰捉时发雷声，吐尽胸中恶气，以声惊灵。

鹰捉把的“往”与虎扑把的“来”我单独练习过，掌握要领练习好不难，而鹰捉虎扑把的“往来”就很难学习与掌握，刚开始很长一段时间这个“往来”总是不流畅，常常钩过了搓不出去，又或是雷声一吐，人就往回缩了，也搓不出去。后来时间久了才领悟到这个“往来”靠的就是雷声，捉时雷声响，面目狰狞，发狠劲，到底时雷声带动中节翻转，顺势扑，“往来”便顺畅了。

——学员陈家乐

1 正　1 侧　2 正　2 侧

收势

3 正
3 侧
4 正
4 侧

收势

收势

5 侧

收势

收势

收势

用法

收式是最后的意思，拳中的意思是用这一把拳来结束战斗，来最终解决问题。鹰捉是拉动对手立足不稳，虎扑是致命一击。

1

2

3

4

5

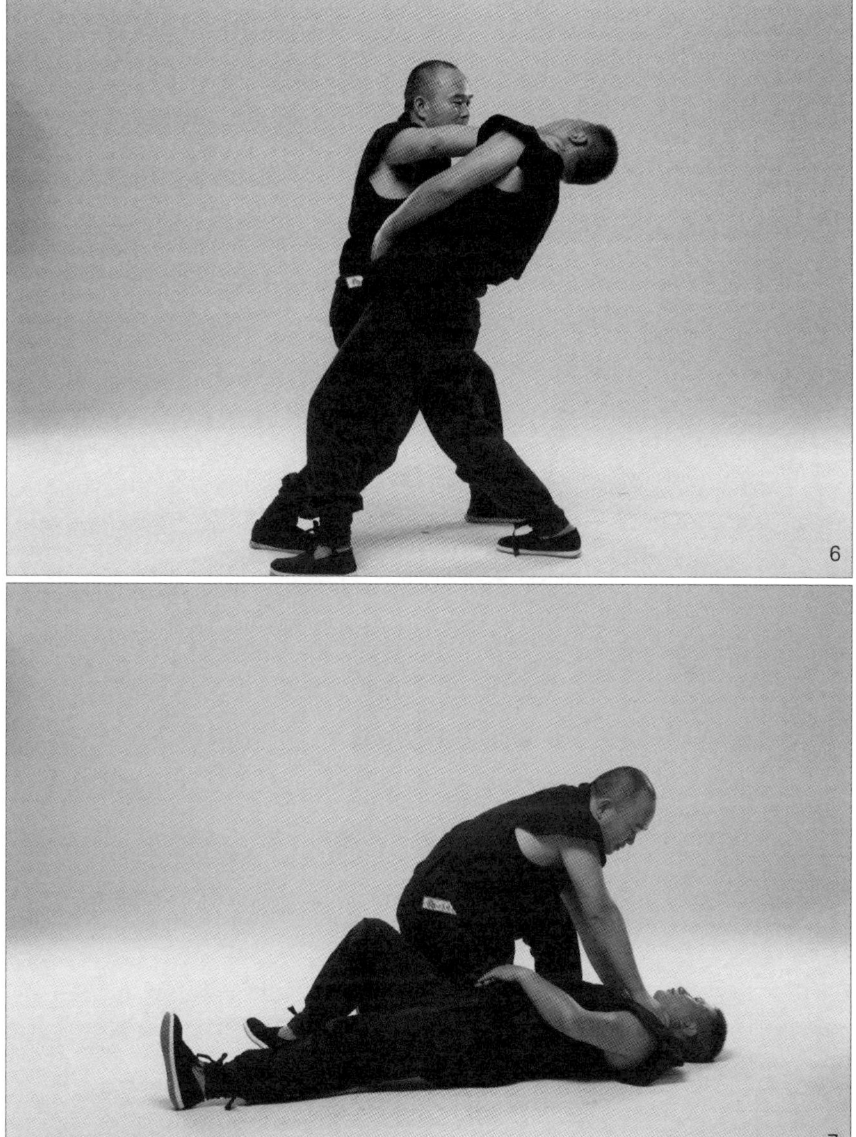
6

7

学员刘岗收势

学员龙庆波收势

学员吕飞艳收势

学员沈书阅收势

学员杨青峰收势

入门六式

拳中老三篇“摇闪把、龙调膀、韧劲”是卢式心意拳的母拳，意思是在讲三种身法和上法，拳中所有的动作都可以化在这三把拳里，用老三拳的身法和上法去进攻或防守，配以三种桩法加以深刻和深化。桩功练习俗称“咬杆子”，贵在接触的一瞬间。拳术名称是：摇闪把、龙调膀、韧劲、过地风、鲤鱼打挺、狸猫上树。

摇闪把是从定步摇闪把开始学习的，龙调膀、韧 劲的练习方式有赤手或执兵器多种。桩功的练习从空蹚开始，十字蹚、四面八方蹚、固定桩、活动桩等。

定步摇闪把

定步摇闪把

拳术目标

模仿鸡在争斗时闪进闪出时的动作。这一把拳中含有五把艺：转把防头、塌把护胸、拧把守裆、闪把进身、攒把打人。初以肩为圆心，画圆而行，圆中求直，圆中套圆，圆是守，直是攻。发力的方法方式一如往红酒杯中注酒，转把、塌把、拧把，沿前胸贯落，“闪把”，沿后胸贯起，攒把，后腿蹬，贯出中节，到沾实一点。学会双手束一，同操一势。

下式

拳术内容

下式：双把暗合，前把小臂约垂直于地面，大臂撑拔约平行于地面，大拇指应敌；后把虎口顶扶于前把的肘尖，小臂约平行于地面。

转把

转把：前把由大拇指应敌，旋转为把心应敌，以肘尖至中指尖为轴。（罩意），稍之中节（肘）、根节（膀）不动，只动稍之稍节（把），前把根沾实，翻转有砸拍之意。身有前意。

塌把：双把暗合，两虎口暗扣，一齐竖把折腕，把与肘内折约为 90° 角，垂肘，沉膀下塌，把塌极而止，前把小臂约与地面平行。

塌把

把根沾实，有按埋拍砸之意。身有坐意。

拧把：前把由竖把，把心应敌旋转为大拇指朝下，以肘尖至把根部中心为轴。后把由竖把，把心应敌旋转不大，拇指朝上，以肘尖至中指尖为轴。

前把把根沾实，有按、顶、拧之意。身有前意，

拧把

闪把：后把惊而后扯，暗折小指肘后顶，以肘尖为锋。前把后画弧而起，腕过脐、把过膀，止于腮旁，后把虎口顶扶于前把肘尖处。

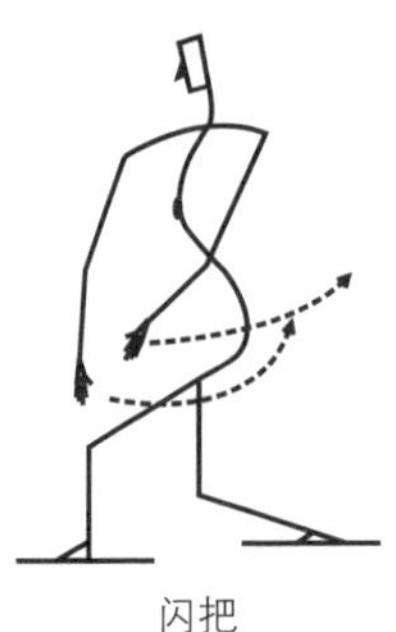
闪把

后把肘尖沾实，有顶、砸之意。身有坐意。

攒把：前把平直而前攒，一如矢行，大拇指应敌，大臂撑拔向前以肘为锋，大臂约平行于地面，小臂约垂直于地面；后把虎口扶于前把肘尖处催顶而前。

前把肘尖沾实，有顶、砸之意。身有前意。

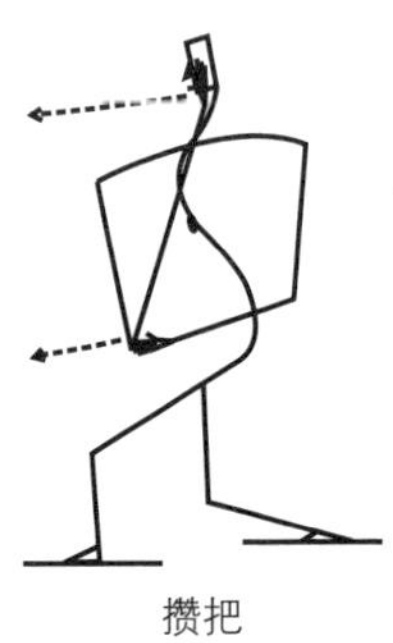
攒把

学拳体悟

刚开始师父教我定步摇闪把时是分解开的，所以我那时候认为定步摇闪把就是转把、塌把、拧把、闪把、攒把，一直练了很长一段时间都是这个想法，毕竟没有参透里面的奥妙，总感觉练是要练，但没有一个明确的目的去练，所以后面这个动

1 正

1 侧

定步摇闪把

定步摇闪把

定步摇闪把

6

定步摇闪把

用法 1　转把防头

用法 2　塌把防胸

用法 3　闪把进身

用法 4　攒把进攻

作在家也就没有那么积极地训练了。其后随着学习新动作的增多，和对每个动作的深入领悟程度不同，在过程中某些动作里总感觉有摇闪把里某些动作的影子，所以就对摇闪把有了更进一步的认识。

举例“转把”来说，它就是一个单臂开门关门的动作，我们在很多招式中都要用到这个动作，是心意拳里的一个基本要素，以前转把总认识是一个机械转动手臂的动作，现在练习多了转把就知道怎么转，力从何来，发往何处，转动的尺度和起到的效果等。同理，把是要把身体化零为整，整个身体下压带动胳膊和手下压，这个威力比单纯靠胳膊的力量下压大很多。塌把在格斗中又分成前手塌把和后手塌把，但万变不离其宗，身体的整体下压是根本；拧把护裆原来以为只是胳膊练习中转动在裆前很小的一片位置，原来使用起来它又分成了插剑式和拔剑式，每次的插剑拔剑都配合着腿脚发力、胯部转动、肩膀转动、顶肘撑臂、插剑里转拔剑外翻，这时才发现一个胳膊的力量原来这样力大无穷。闪把以前练习时认为只是把从胸前向后画个半圆，但使用起来你的每一次前进后退，它都随时出现，让你活灵活现神乎其神，一个快速的闪把也许就决定了迎击敌人一刹那的胜败。闪把又分闪进闪出，不论是闪进闪出，发出闪动的信号都来自于后肘，后肘画半圆时力向后发，自然带动身体向后闪出格斗距离；后肘画半圆时力向前发，自然带动身体向前闪进格斗距离。闪的力发自于肘瞬间带动身体的一个惯性动作，闪在一瞬间，闪出时肘只画一个半圆，肘到肋骨后一点点即可带动身体后撤，闪进好像比闪出的半圆多了一个向上旋转的力，带动身体向前闪进。每次的闪动，都配合着脚、腿、胯的发力。

——学员杨青峰

学员杨青峰定步摇闪把

学员陆海峰定步摇闪把

溜鸡腿

溜鸡腿

拳术目标

模仿鸡在行进时的动作模样，悄无声息而又疾如风。运动过程中，要用翻胯之力，以胯拎大腿、提膝、翻脚而前。两大腿内侧、两膝、两脚踝骨有相合之意，磨胫而出。

拳术内容

开弓放箭式、夹剪之式、三尖照。双把合二为一，鹏肘，两小臂约垂直于地面，五指乍开，三心要圆，一如农人挑担之相。

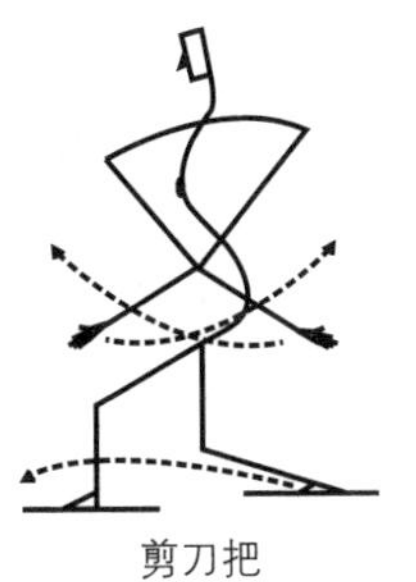
剪刀把

剪刀把：宝剑出鞘式，夹剪之式、三尖照，寸步。

三尖照，膀有前后之分，双把合二为一，中指贯劲，方能一插到底，同时出把。前把后插，一如插剑入鞘；后把前插，插极而止，食指罩敌。两肘尖相叠印于脐上。双把以肘为轴成形似剪刀。

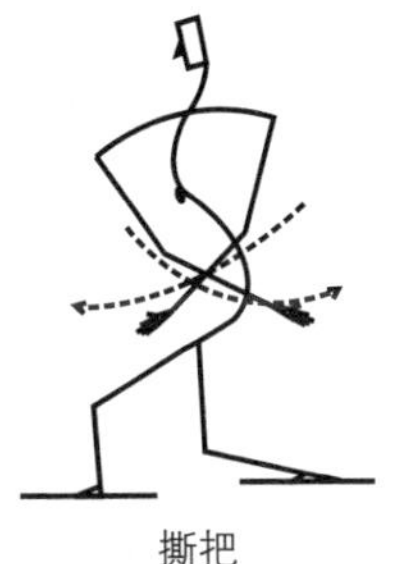
撕把

撕把：开弓放箭式，夹剪之式、三尖齐、过步。

双把插极而止，双把对撕而分，一如撕布。以肘为锋，开胸出劲，沾实于把刃，双把肘尖对称外顶，肘尖至中指约垂直于地面，大拇指朝里，三圆要圆。

溜把

溜把：身体的上半身不动，只动下半身，过步而前。鸡腿有二，一为溜鸡腿，二为踩鸡步。溜鸡腿贵在一个“溜”字，要以胯拎腿，顶膝出脚，脚出要翻，步顺滑。身要平稳，无起伏。

生时慢些用力出脚，纯熟时用劲出脚，如风之过草。

溜鸡腿另一个盘演方法就是中平执枪，身成六式，目视前方，挺胸实腹，三尖照，前把端枪，后把压枪

溜鸡腿

于胯旁，夹剪之式，磨胫而出，身无高低起伏之形，枪顶而前行，勇者无畏。

持枪式，固定拳架，练习攻防时的腿形和腰腿力量

学拳体悟

起初跟随老师学拳就学了鸡步，但是不仅踩错了，而且踩伤了。如何得来？是我后脚跟着力前脚掌放空，就这么踩了老长一段时间，不仅力量上不了身，还把膝盖给震伤了。说来唏嘘，为此我足足修养了将近一年。

那么脚上应该是怎样呢？说来简单，无论什么部位先着地，都要前脚掌着力，然后靠着脚踝的力量稳住腿部。可以观察下动物，无论是猫还是狗，都是用肉垫子着地，而他们脚上的肉垫都长在前脚掌上，而不会长在小腿根上。而如果只用脚跟着力，既会导致重心不稳，还会伤及膝盖。望初学者切记！

学员程立骏溜鸡腿

说完了脚掌，咱们再来说说腿。老话说腿上是张弓，如何成弓，那就既要有

弹性又不能太柔软，保持强度与架构。这个简单，如同抬重物一般，两边膝盖稍微有点内夹的意思，让大小腿稳固就行了。

走鸡步的时候是动的，怎么在动的过程中保持住上面的要求，需要花很长的时间去完善，这就是功夫，要靠“长”的。

踩鸡步我会另外注意两个点：

1. 抬腿不抬脚，是提膝盖甩脚掌，这样就快了、稳了。

2. 支撑腿不“撑”，就只是“支住”。有点抽象，但表达能力有限，找不到更好的词了。

——学员朱本家

踩鸡步摇闪

踩鸡步摇闪把

拳术目标

又名踩鸡步，是模仿鸡在争斗中踩打时的动作模样，不同的是鸡的踩打是在空中完成，人是在落实的过程中完成。

鸡有欺斗之勇，两军对垒勇者胜。

拳术内容

摇闪把是对上半身的要求，踩鸡步讲的是下半身，摇闪把在定步时多有要求。踩鸡步贵在一个“踩”字。在卢式心意拳中劲有五型：“踩、扑、裹、束、绝”，鸡腿有“溜与踩”二劲，溜时用力，踩时用劲；脚出要翻，折腕翻脚，落时脚跟先着地，而后前掌，再者五趾。踩，一踩二不踩，只能踩一下，宁要不是莫要停，如踩毒物，踩死不放松，竖膝贯劲，全身的重量落于此。

初学时，单盘时先不要用力用劲，先要保证拳架的工整，动作的和顺，手脚齐到之后再尝试着发劲。拳谱曰：“站如镢，走如瘸”。站如镢——形象说绰杆之式的身形。走如瘸——多形容用劲踩时的身形。

单盘时先要在一较长的场地练功，纯熟之后卧牛之地即可，三步一调头，练灵活。

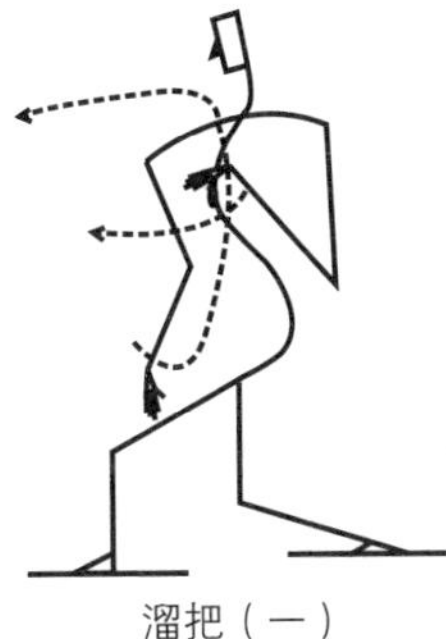
溜把（一）

溜把：身成六式、开弓放箭式、三尖照、夹剪之式，手不离肥，肘不离胁。

熊出洞下式，双把合二为一，同时出把，前把（左）把心朝里、贴身而上，止于鼻高，转把，大拇指应敌，把在口出，向前；后把扶于前把虎口处前催，成形于转把。

溜把（二）

双把画圆而行，圆之中有转把、塌把、拧把、闪把，始于转把，止于闪把，停于肥旁，后把扶前把虎口处，蓄而待出。

身有坐意，沉而前。

过步——溜鸡步。

踩把：身成六式、开弓放箭式、三尖照、夹剪之式，手不离肥，肘不离胁。

双把合二为一，沿直前攒而出，如矢之射，成其攒把。身也要攒而出。

溜把（三）

过步——后脚翻，出而攒、落而踩。

周而复始：溜把、踩把，圆中求直。

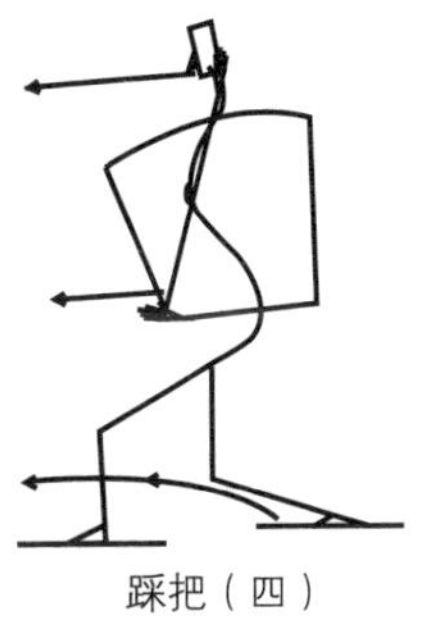
踩把（四）

转身：1. 前脚脚掌发力——蹬，以脚跟至头顶为轴——转身，身体做 180° 的转动，前脚变后脚，身有坐意，沉而下。

2. 双把合二为一，肘不动、把动。原前把变化为后把，原上把下塌，把心朝下，虎口扶于原后把肘尖处，在外；原后把上翻，在里；胸前交叉换位。

3. 转身有格挡之意，迎后。

复始（五）

踩鸡步摇闪把

踩鸡步摇闪把

踩鸡步摇闪把

用法　学习一个前后摇闪进身打人的方法。

学员杨青峰踩鸡步摇闪把

学员吕飞艳踩鸡步摇闪把

学员龙庆波踩鸡步摇闪把

学员蔡崇昱踩鸡步摇闪把

龙调膀

龙调膀

拳术目标

慢若郎当龙调膀，不紧不慢，双膀一阴翻一阳，随时随地有调头换向之意。在意想龙的身上寻找含意与抖擞意，龙蛇缠身，一如怀中抱婴，紧不得，松不得；又一如口中含玉，咬不得，吞不得。龙行一波三折，一如风中晒衣，有挂，有抖，有擞；又一如铁丝穿铜钱，有拎、有上下、有晃荡。

拳术内容

下式：熊出洞，双把合二为一，两肘鹏肘、对争、外顶，前把肘尖至中指尖约垂直于地面，大拇指朝里；后把下塌后拉，肘内折约 150° 左右，大拇指扶于胯上（打针处）。把随肘意，对争外顶。

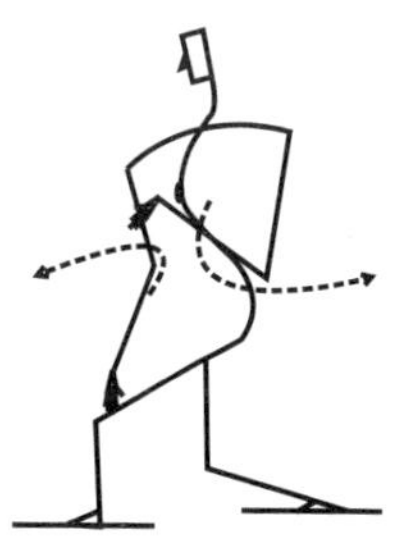
龙调膀（一）

调膀把：腰有转轴之能，以腰带膀，龙折身：双膀一阴翻一阳，以膀带把，把随腰动，前把以肘尖至中指尖为轴外挂内裹，原前把变后把；后把以肘尖至中指尖为轴内挂外裹，原后把变前把。

身有坐意，沉而下。

垫步——寸步——过步。三步一把，微有踏意（暗合一波三折，有水之浪意）。

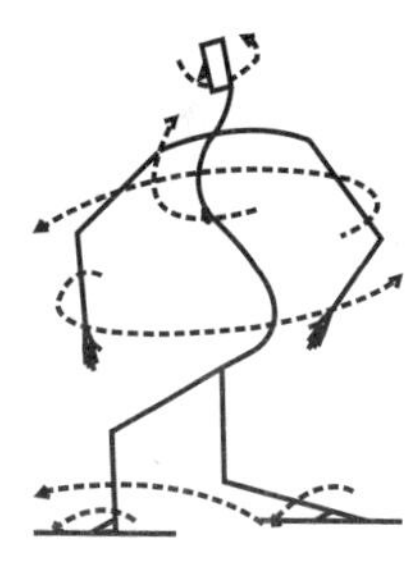
龙调膀（二）

转身：前脚脚掌发力一一蹬，以脚跟至头顶为轴——转身，身体做 180° 的转动，前脚变后脚，身有坐意，沉而下。膀不动，把不动，前膀变后膀。

转身有格挡之形，迎后之意。

周而复始。

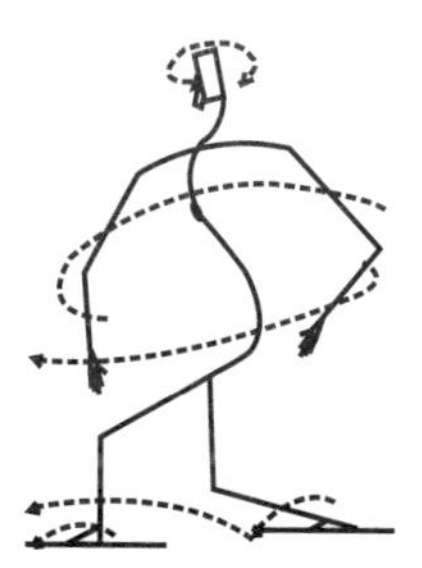
龙调膀（三）

龙调膀

用法　学习一个上下晃动进身打人的方法。

学员龙庆波龙调膀

学员吕飞艳龙调膀

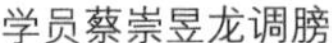

学员蔡崇昱龙调膀

学员杨青峰龙调膀

韧劲

韧劲

拳术目标

模仿鸡在争斗过程中追打对手时的动作。敌退我进，他敢让，就敢追，所以这一把拳又名：追风赶月不放松。贵在一个字——要快、快、快……连续不断的快、快、快……打倒他还嫌慢，望眉撩阴的名称是用法的形象说。

拳术内容

熊出洞：身有坐意，沉而下。

龙折身：双膀一阴翻一阳，以腰带膀。含胸拔背。

把随身膀走，前膀变后膀，后膀变前膀。双把合二为一，中指贯劲，方能一插到底，同时出把。前把后插，一如插剑入鞘；后把前插，插极而止，食指罩敌。两肘尖相叠印于脐上。双把以肘为轴成形似剪刀。

寸步。

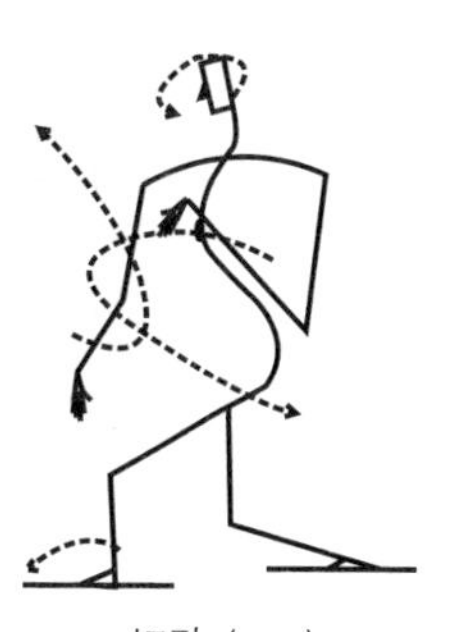
韧劲（一）

撕把：开弓放箭式、牮杆之式、三尖齐。

开胸出把，以两肘为锋，鹏肘、对争、外顶；两把在腹前撕而分，分而开、开而出，前把肘尖至中指尖约垂直于地面，大拇指朝里；后把下塌后拉，肘内折约 150° 左右，大拇指扶于胯上（打针处）。把随肘意，对争外打，前把把打，后把肘顶。

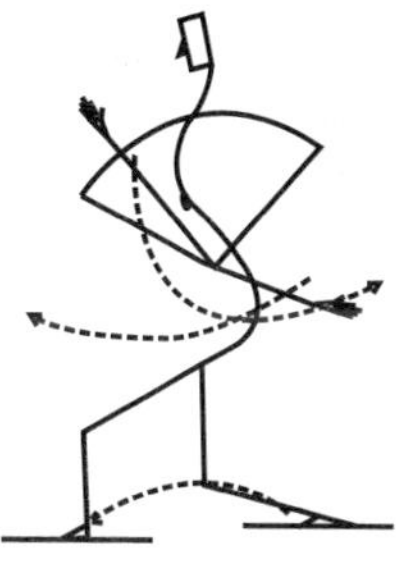
韧劲（二）

身要向前，有坐意，沉而下。

过步——疾步。二步一把，一气呵成。

周而复始：剪刀把——撕把。

转身：前脚脚掌发力——蹬，以脚跟至头顶为轴——转身，身体做 180° 的转动，前脚变后脚，身有坐意，沉而下。膀不动，把不动，前膀变后膀。

转身有格挡之形，迎后之意。

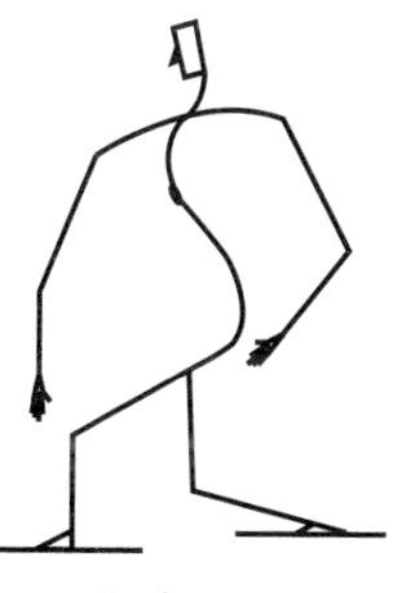
韧劲（三）

韧劲

韧劲

用法 学习一个左右晃动进身打人的方法。

学员陆海峰韧劲

学员吕飞艳韧劲

过地风

过地风桩功

拳术目标

学习模仿鸡在欺斗过程中出脚时的动作。一是养成在进步时抬脚伤人的习惯性，二是训练脚头的抗击打能力。后腿蹬前腿起，起若疾风扫地，贴地而前，磋而上。有桩打拳时也分单桩单腿，双桩双腿。单桩单腿打拳在腋下夹一谷物或纸片，单重，磋脚。双桩双腿打拳时手脚如系一线，同起同落，转身，磋脚。

拳术内容

过地风（一）

熊舔把：开弓放箭式、夹剪之式、三尖照。

双把合二为一，把有前后之分，同时出把，前把（左把）翻而上抬，把心朝上，端而上，把动而肘不动，肘不离胁，竖把而止，中指朝上，把心朝里，把与头合，有舔掌之意；后把折腕下塌，把心朝下，止于裆上，食指罩敌。

身有坐意，沉而下。

寸步。

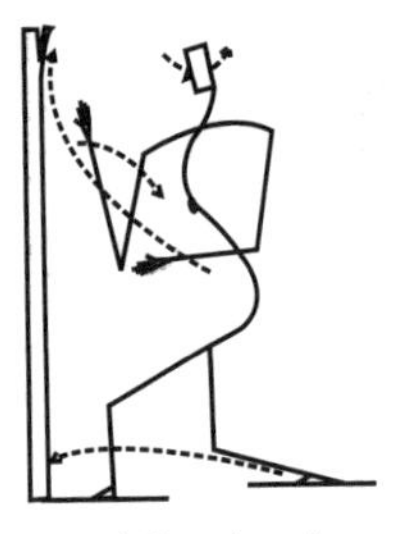
过地风（二）

过地风：拳为冲天炮，脚为过地风。

龙折身：双膀一阴翻一阳。把随身走，前把内塌而落，鹏肘，过心过脐，止于裆前，曲肘（大于 90° 角，小于 150° 角），把心朝下，有按埋之意，下把内翻、成拳，冲天而上，止于鼻高，拳背朝外。

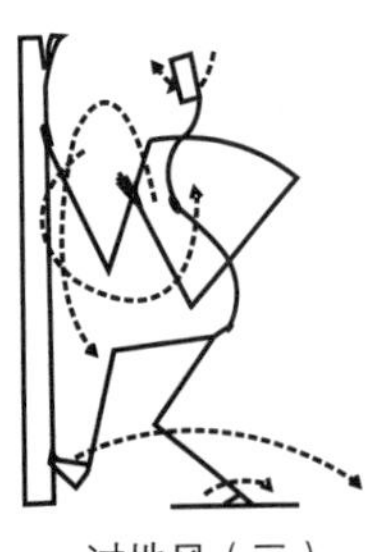
过地风（三）

过步——过地风。过地风沾实有二：一为沾实脚前掌。脚起要翻，翻有上意，折腕、曲膝，前脚掌沾实。二为大脚趾沾实。脚起平磋而去。如趟地上之露水，曲膝，平脚，大脚趾沾实。

原路返回，周而复始。

用法　学习一个出脚打人的方法。桩功，练习硬度。

鲤鱼打挺桩功

鲤鱼打挺

拳术目标

卢式心意拳有十个大形，若干个小形，这一把拳是模仿鱼在水里游的过程中打挺换向时的动作，突然、无征兆。以前脚为圆心，转胯，侧身，沾实于身体一侧的肩、肋、胯，瞬间实俯、拔骨、腾膜、伸筋。选择桩时要当心，以平直、粗壮为宜。

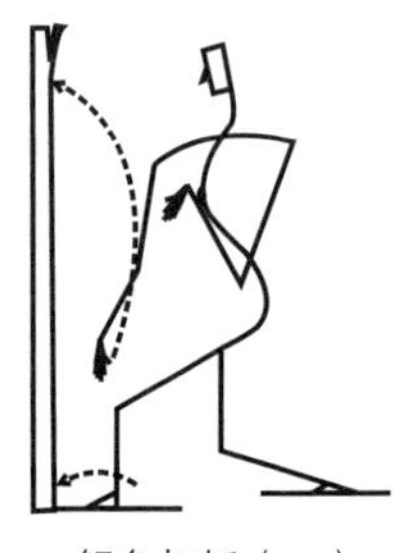
鲤鱼打挺（一）

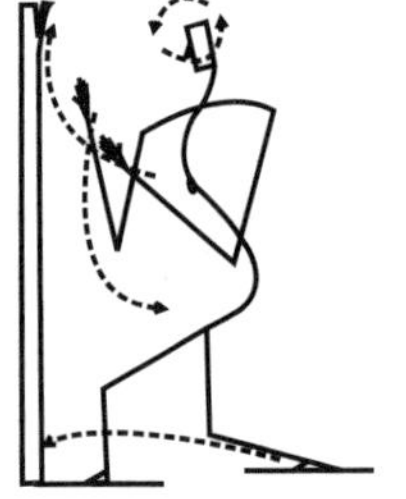
鲤鱼打挺（二）

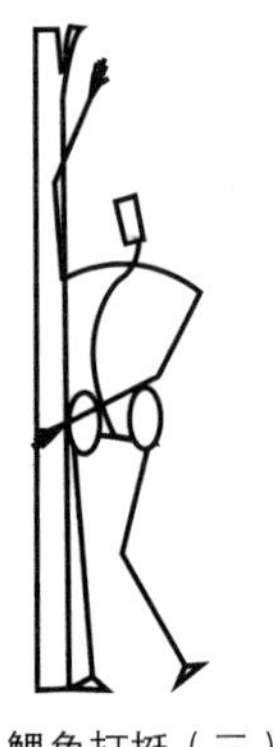
鲤鱼打挺（三）

拳术内容

1. 开弓放箭式、牮杆之式；虎抱头式、猫洗脸式、扶剑把式与剑入鞘式（手形），都可与配合使用。

2. 龙折身，双膀一阴翻一阳，身有起落，旋转（身法）。

3. 同时沾实于身体同侧的膀、肋、胯三个部位，练习内脏抗击打能力，整体撞击力。

4. 过步。

熊出洞下式：

1. 寸步，张身而前，双把合而为一，前把抬而前挂，后把抬而上护。

2. 过步，龙折身，双膀一阴翻一阳，把随膀翻，双把裹实而不露，沾实于双膀一阴翻一阳的过程中。

原路返回，调边，周而复始。

用法　桩功，练习硬度。

狸猫上树桩功

狸猫上树

拳术目标

卢式心意拳有十个大形，若干个小形，这一把拳是模仿猫由地面上树的过程中瞬间身形变换时的动作，突然、无征兆。张身而起，双把搓而上，沾实于身体正面的腹、身体一侧的膝和脚。瞬间实俯、拔骨、腾膜、伸筋。选择桩时要当心，以平直、粗壮为宜。

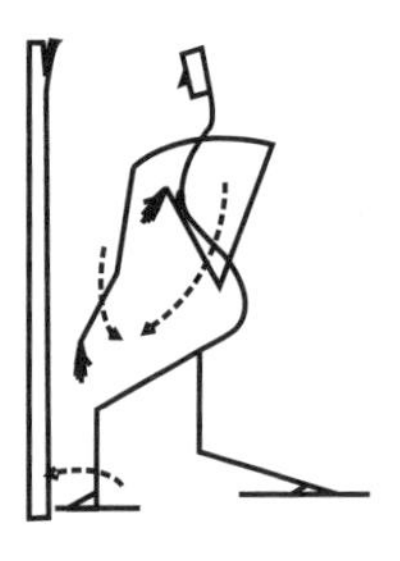
狸猫上树（一）

拳术内容

1. 开弓放箭式、牮杆之式；双虎抱头式。

2. 龙折身，意如竖碑，身有起落（身法）。

3. 同时沾实于腹、身体一侧的膝、脚三个部位。练习内脏抗击打能力，鼓实之力。

4. 过步。

狸猫上树（二）

熊出洞下式：

1. 寸步，张身而前，双把合而为一上挫，虎口暗合，止于鼻高。

2. 过步，龙折身，意如竖碑，双把分而外挂，挂而裹，双把裹实而不露，沾实于龙折身，意如竖碑的过程中。

3. 原路返回，周而复始。

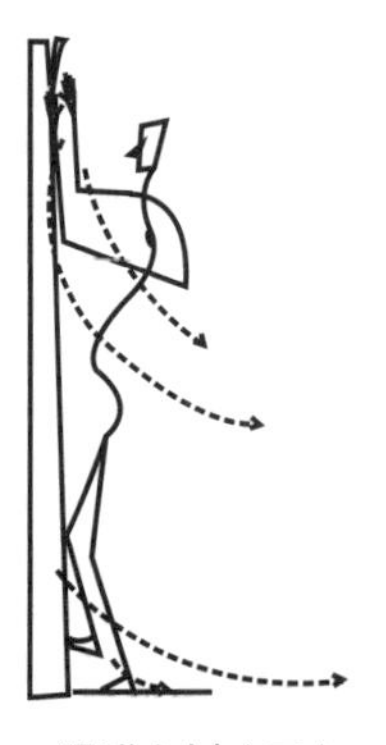
狸猫上树（三）

用法　桩功，练习硬度。

四炮

炮拳的盘法即是用法，卢式心意拳称拳，不叫卢式心意掌或腿，顾名思义就是多用拳来解决问题，出手讲一记三拳，打打打，训练时要一步三拳、五拳、八拳、十多拳地组合起来。

所谓炮拳，讲打拳时出拳的速度、力量要像出膛的炮弹一样，快疾、准狠。拳术的动作名称：当头炮、裹边炮、冲天炮、卧地炮。训练时一炮变二炮，后手当头炮、前手当头炮，虎抱头裹边炮、猫洗脸裹边炮，前手冲天炮、后手冲天炮，虎抱头卧地炮、猫洗脸卧地炮。

卧地炮

卧地炮

拳术目标

什么是炮拳，像出膛的炮弹一样打拳，拳如炮子一样的快疾、准狠。炮弹的速度、力量来自弹壳中火药，炮拳和速度、力量同样来自中节气血的贯实。卧地炮就是拳如炮子天上来，从上往下打，沾实一点时拳眼朝下，肘尖朝上。或由把变拳，或由拳变把。

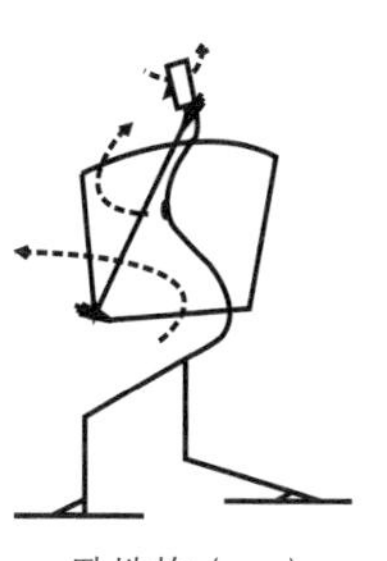
卧地炮（一）

拳术内容

前把用虎抱头式或猫洗脸式（手形），开弓放箭式或宝剑出鞘式（身形）；犁杆之式或夹剪之式（腿形），都可与配合使用。卧地炮的动作是，单手双边摇，转把中化。

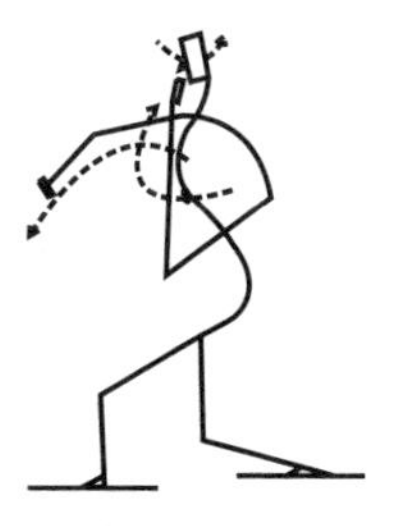
卧地炮（二）

转把：前把由大拇指应敌变化为拳眼朝里，转把为拳，有内挂外裹之意。

卧把：拳眼朝里内旋为拳眼朝下，平击或下砸。后把由扶于虎口处上挂，止于鼻高。

周而复始：

1. 龙折身，双膀一阴翻一阳，以身带拳，由拳变把。后把变前把，原前把变后把，虎口扶于前把的肘尖处，摇闪把，止于转把。

2. 过步。

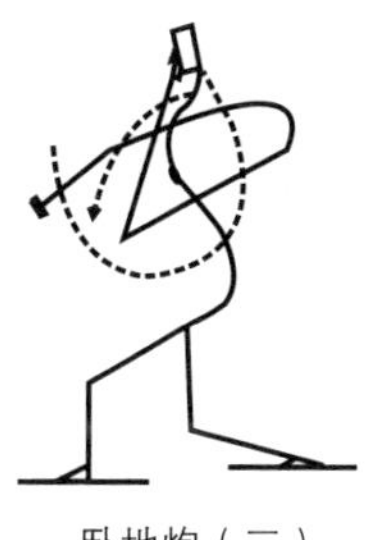
卧地炮（三）

虎抱头卧地炮

虎抱头拳架示范（一）

虎抱头拳架示范（二）

虎抱头卧地炮用法

猫洗脸卧地炮

猫洗脸卧地炮

猫洗脸卧地炮

猫洗脸卧地炮用法

猫洗脸卧地炮用法

学员沈书阅卧地炮

学员龙庆波卧地炮

学员杨青峰卧地炮

学员吕飞艳卧地炮

学员朱海墨卧地炮

当头炮

当头炮

拳术目标

拳如炮，打拳像炮子出膛的瞬间一样，惊炸之灵。拳如炮子当头来，是四炮中最快的一把拳，直来直去，一字当头。另一把延伸于摇闪把中的拧把，或插剑式或拔剑式。

拳术内容

直炮：单手双边。

拧把：

1. 双把合二为一，双把塌极而止，前把前拧，有按埋之势；后把后拧，折叠成拳，拳背朝下，拳面应敌，有争意。

2. 身有前意。

3. 寸步、垫步。

直炮：

1. 以身带把，前把后搓内裹，成其剑入鞘式，后拳拧而直出，由拳背朝下翻为拳背朝上或拳眼朝上。

2. 龙折身，双膀一阴翻一阳（身法）。

3. 寸步、过步、三角步。

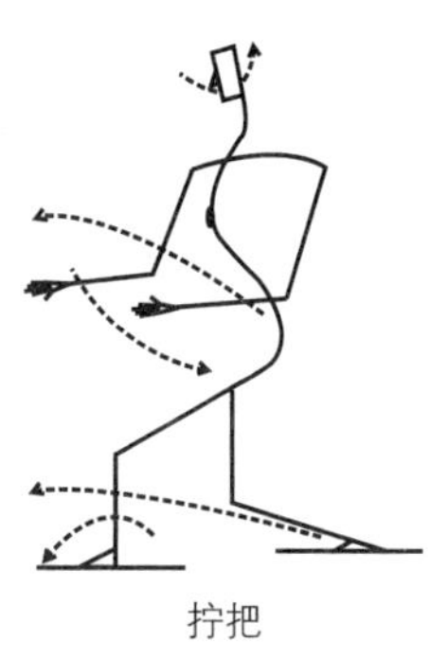
拧把

周而复始：

1. 龙折身，双膀一阴翻一阳，以身带拳，由拳变把，前把变后把，把有前后上下之分，双把合二为一下塌，止于拧把。

2. 过步。

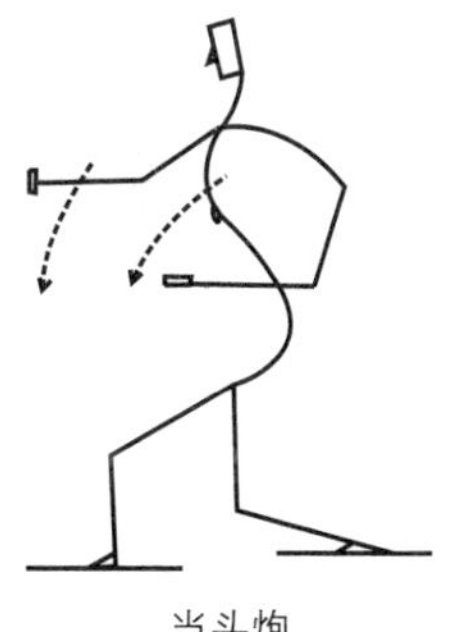
当头炮

当头炮

当头炮

当头炮

3 侧　3 正　4　5

当头炮

当头炮

学拳体悟

学习心意拳已逾六年，四炮的练习从未间断，四炮中以当头炮最为难练。前几个月，基本没任何感觉，只觉得累，打出的拳软绵绵的，既没速度，又没力量，觉得不太实用。直到半年以后，忽然右手一记当头炮如利剑出鞘，力自腰背发出，肩推肘，肘推手，将全身之力集中于一点，并伴随体内的气血激荡，终于打出了真正的炮拳。右手打出当头炮后，左手却怎么也打不出同样的感觉。一年后，左手才忽然找到感觉。在双炮连续击打时，沿着一条小河或者山路前行，体内感觉力量如决堤的洪水，连绵翻滚，丝毫不觉疲乏，回头一望，已过千米。自己感觉心意拳的当头炮，有点类似于咏春的寸拳，必须有电闪雷鸣的意境，在刹那间将人体的力量发挥到极致，快中求胜，是短距离的必杀技。

——学员刘岗

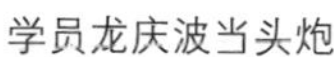

学员龙庆波当头炮

学员林中笑当头炮

学员杨青峰当头炮

学员吕飞艳当头炮

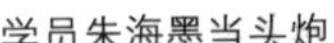

学员朱海墨当头炮

学员沈书阅当头炮

裹边炮

裹边炮

拳术目标

拳如炮，打拳像炮子出膛的瞬间一样，惊炸之灵。拳如炮子侧旁来，从斜里打出一拳，延伸于摇闪把中的转把，以脊骨为轴，要周正。

拳术内容

前把用虎抱头或猫洗脸，另一把用臂要抱圆、端平，拳眼朝上，沾实一点时中节发力。裹边炮的动作有单手双边、攒把中化。

裹边炮（一）

攒把：

1. 双把合二为一，把有前后上下之分，前把大拇指应敌，手不离腮，肘不离肋，小臂约垂直于地面；后把虎口顶扶于前把的肘尖处。

2. 身有前意。

3. 寸步、垫步

裹边：

裹边炮（二）

1. 龙折身，双膀一阴翻一阳，腰有转轴之能。

2. 以身带把，前把裹边可成其虎抱头式、猫洗脸式、扶剑把式与剑入鞘式，裹而成拳；后把炮拳，后把外挂成拳、鹏肘，拳眼朝上，拳、肘、膀在一个水平面上（有穗子把之意，甩把是上肢运动，把或拳沿直线或弧线甩出，沾实一点），以身带把。

3. 寸步、过步、三角步

周而复始：

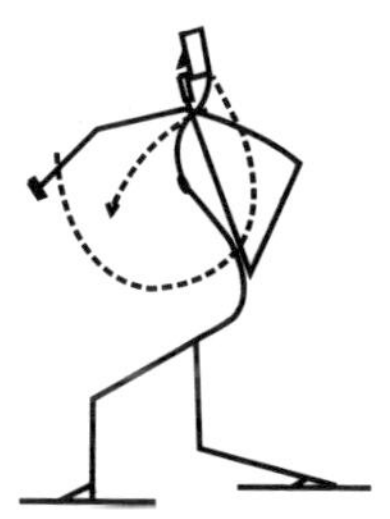

裹边炮（三）

1. 由拳变把，双把合而为一，把有前后上下之分，塌把，摇闪，止于攒把。

2. 过步。

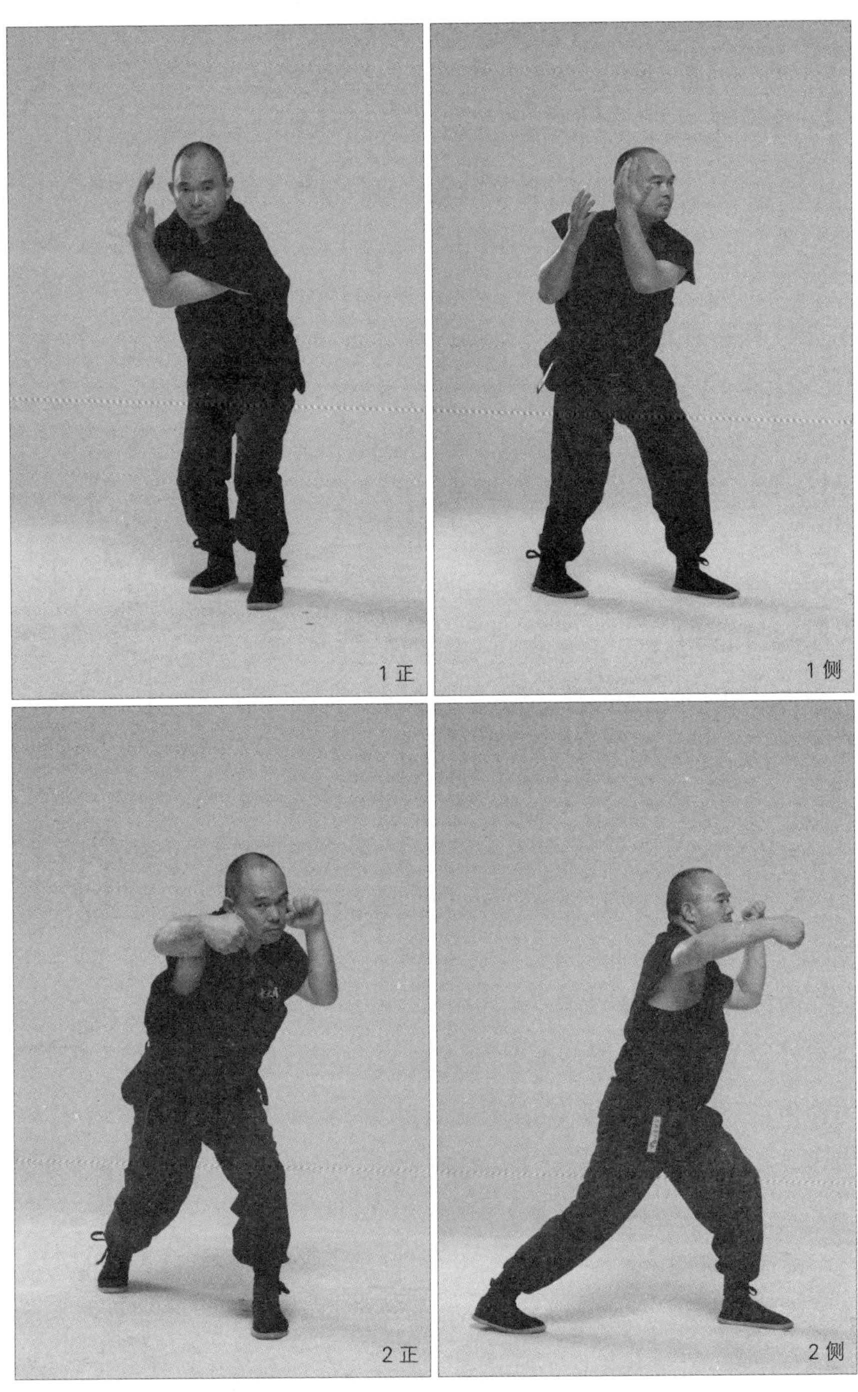

虎把头裹边炮

虎把头裹边炮拳架示范

虎把头裹边炮用法

学员林中笑裹边炮

学员龙庆波裹边炮

学员杨青峰裹边炮

学员吕飞艳裹边炮

学员朱海墨裹边炮

猫洗脸裹边炮

猫洗脸裹边炮

猫洗脸裹边炮

猫洗脸裹边炮

冲天炮

冲天炮

拳术目标

拳如炮，打拳像炮子出膛的瞬间一样，惊炸之灵。拳如炮子地上来，由低往上打。延伸于摇闪把中的塌把，双手塌把，整身而下，欲上先下。脚踩、身起、手上，手脚齐到，踩打合一，双把冲天炮，拳背朝外，拳心朝里。另一只手依在主打手的腕下处，拳背也朝外，拳心朝里。

拳术内容

冲天炮的动作包括单手双边、塌把中化。

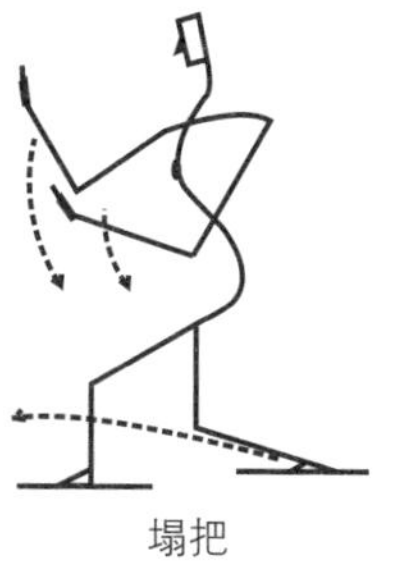
塌把

塌把：

1. 双把合二为一、竖把、折腕下塌，把有前后之分。

2. 龙折身：一头碎碑，身有坐意。

3. 寸步或垫步。

冲天：

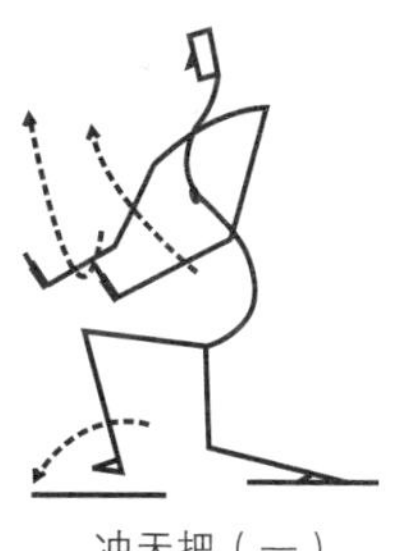
冲天把（一）

1. 把塌到极处，前把由把变拳，以肘尖至中指拳为轴内旋，上冲，止于鼻高，由竖把变化为拳背朝敌、拳面朝天，以拳为锋；后把仍竖把下按，双把有争意。

2. 龙折身：意如竖碑，身有冲天意。

3. 寸步或垫步，脚起而翻，脚落而踩。

周而复始：

1. 龙折身，双膀一阴翻一阳，以身带拳，由拳变把，由前把变后把，把有前后之分，双把合二为一下塌，塌极而止。

2. 过步。

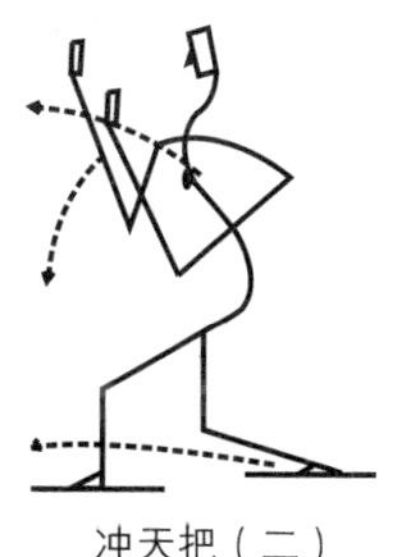
冲天把（二）

冲天炮动作示范

冲天炮动作示范

前手冲天炮

冲天炮用法

学拳体悟

心意拳，又名六合心意拳，起源于冷兵器时代的军事用拳，是中国最早成体系的武术。中华历史悠久，疆域辽阔，朝代更迭，内忧外患，所以兵祸战乱自然不在少数。而劳动人民则在这长时间的历史积累中，自然而然地总结出了极致简练高效的战场格杀与训练方法，再慢慢与传统国学、中医结合，最终形成了一套独特而完整的武道文化体系。

心意拳的修习过程十分讲究次第，初学以“四稍”中的“肉稍”（即肌肉或基础力量）为切入点，要求先打好坚实的生理基础，才能一步一台阶，向筋骨、气血、精神等层次晋级，最终达到“长生久视，天人合一”的哲学追求。

学生初学未深，单从入门四炮的训练来谈谈个人的体会与心得。

“四炮”意指四种常用的出拳方法。学习顺序因人而异，本人由“卧地炮”开拳，继而又学习了“裹边炮”“当头炮”和“冲天炮”。四炮之中“卧地炮”最远，“裹边炮”最重，“当头炮”最快，“冲天炮”最奇。另外，这四炮的每一式都有两个基本变化，分别针对不同的应用场合，故实际一共有八个动作。下面分别展开。

卧地炮

卧地炮的基本动作为，由后手握拳从腮侧起始，经过面部朝前，由下往上，再由上往下，成抛物线，螺旋出拳。最后肩关节充分展开，拳眼朝下，身体成牮杆之式，弓步支撑发力。在这一过程中，前手可以分别做虎抱头或猫洗脸两种防守动作时，就构成了卧地炮的两种变化。

初学动作时，先求动作轨迹正确，模仿师父的姿势和神态。待熟练后，则每一拳都要发力，才能达到锻炼的效果。

无论是虎抱头卧地炮，还是猫洗脸卧地炮，在完成动作时，都需一气呵成，一瞬间达成防守加进攻的两种效果，而不能有明显的先后之分，不能门户大开。

既然名为“炮拳”，发力时就要追求一种爆发的感觉。配合“拳从口出”的口诀，一蹴而就，才能达到使对手一屁股坐到地上的打击效果。

裹边炮

裹边炮的姿势类似拳击中的平钩拳。与卧地炮一样，也分为虎抱头和猫洗脸两种形式。在四炮之中，以虎抱头裹边炮的威力最大。这是因为虎抱头裹边炮，充分利用人体腰部旋转带动整个上身与手臂运动，在水平方向画圆弧发力。再加上起始时，前手肩膀相应地向后甩去，前肩换后肩，又增加了这一过程中的转动惯量，故势大力沉。俗语“抡圆了”最适合用来形容这一动作。

值得注意的是，在后手平钩的过程中，手肘要始终保持水平，才能在发力时保持力量能垂直有效地打击目标，并获得良好的支撑性。同时，在发力侧身体肋部要有向下、向后退去的感觉，才有助于上下身体协调配合，使发力更加顺畅。

当头炮

当头炮不同于前两炮，没有虎抱头和猫洗脸之分，而是分为前手当头炮和后手当头炮。前手当头炮类似拳击中的刺拳，动作幅度小，故速度快。后手当头炮类似马步冲拳，但把马步换成弓步，增加了实用性。

两种当头炮都关注短程发力的训练，即便是后手当头炮，在后手出拳过程中，也是后手在体前与前手交叉之后才加速发力，所以也是短程发力。

冲天炮

冲天炮与当头炮类似，也分为前手冲天炮和后手冲天炮。前手冲天炮，为双手共同下按到底后，一起反弹，同时双拳内旋，向上向前出拳，意指对手下颚。后手冲天炮，成交叉步姿势，前手下按为防守，带按到底后，后手螺旋上钩出拳。

冲天炮因为有先向下、后向上的反弹过程，初学不易掌握节奏。所以，可以试想下按摸到滚烫的油，后惊乍地反弹而起，以帮助寻找发劲的感觉。

总结四炮的练习，其动作各有不同要领，但是共同点是发力过程中，要同时保持眉心顶、手顶、膝盖顶，这“三顶”就能使发力过程获得更好的支撑效果，出拳也就更有穿透力。

最后，四炮作为心意拳的基础发力训练，是十分重要且有效地入门功夫。初学者应加以足够的重视，勤加练习，才能最终从量的积累，到获得质的变化。老辈云：“千遍会，万遍熟，千万遍为精，万万遍为神。”也是这个道理。与读者共勉。

——学员陆海峰

学员陆海峰冲天炮

学员沈书阅冲天炮

学员吕飞艳冲天炮

学员杨青峰冲天炮

学员刘岗冲天炮

六合大撞

练习抗击打能力，传统武术讲想学打人先学挨打，挨打先从自我开始，从人跟人抗不受伤开始，通过自我主动和循序渐进的方式，提高自身的身体素质。学肘用肘，学肩用拳，练习顺手肘和顺手靠，学习肩、肘、手协同的打击技术。

拳术的动作包括磕肘、斗肩、排身。

训练时一分为四，磕肘有虎抱头磕肘、猫洗脸磕肘、插剑式磕肘、拔剑式磕肘。斗肩有斗前肩、斗侧肩、斗后肩、游走斗肩。排身有前胸排身、侧胸排身、横胸排身、拳肘排身。

磕肘

磕肘

拳术目标

磕肘是练习小臂的抗击打承受能力。沾实于腕下小臂前半部分两侧的皮包骨处（尺骨、桡骨），而不是两侧的肉厚处。两臂撑拔曲折成形，肘处内折

170° ，腕亦内折，如一把弯刀，大拇指侧如是刀背，刀走背多是用挑、挂二艺。小拇指侧如是刀刃，刀走刃多是用劈、削二艺。善用刀者多用刀下一把处（刀尖后移），肘也是。

拳术内容

可一人对桩练习，但最好是二人对磕练习。有活步、定步二艺。两臂曲折、伸拔与身体形成 90° 夹角，以脊骨为轴心，左转右旋，辅以熊膀的开合，完成挑、挂、劈、削，但内里都有一个搓艺。

插剑式

以把护腹，裆内裹、内挂或内挑、内磕，约与胯高。

把走乾六、坎一、艮八，肘走兑七、中五、震三。

拔剑式

以把护腹，裆外裹、外劈或外削、外磕，约与胯高。

把走艮八、坎一、乾六，肘走震三、中五、兑七。

虎抱头式

以把护腮，胸外裹、外劈或外削、外磕，约与鼻高。

把走巽四、离九、坤二，肘走震三、中五、兑七。

猫洗脸式

以把护腮，胸内裹、内挂或内挑、内磕，约与胯高。

把走坤二、离九、巽四，肘走兑七、中五、震三。

插剑式

插剑式

拔剑式

拔剑式

虎抱头式

虎抱头式

猫洗脸式

猫洗脸式

斗肩

斗肩

拳术目标

又称抗膀子，或叫挤油。挤油是一个形象的说法，说的是过去作坊里榨油时，抡大锤砸木楔咚咚作响；又像现在打桩机打桩时现场的咚响，震撼有力。斗肩要的就是撞击时的结实有力，盘的是熊膀的开合贯通如一和腰马的合顺与惊鸿。

拳术内容

可一人对桩练习，但最好是二人斗肩。有活步、定步二艺。

斗肩沾实有三：前肩、正肩（侧肩）、后肩。

斗肩二人游戏：游戏时，两个人只可沾实肩与胯，手与臂不能用。左手握右手腕或右手握左手腕，置于腹前或放于背后。方寸之地画一个圆，约二个平方，过去是在石碾之上或八仙桌上。就这么一个地方，谁出圈或掉下来谁输。斗时可虚可实，可领可让，可引而空，也可引而实。学会了斗肩，也就学会了中节出劲。

斗前肩

主要沾实肩膀的正面部分，练习塌中节。肩与胯合，合而塌。力走坤二、中五、艮八。

斗正肩

主要沾实肩膀的侧面部分，练习折中节。肩与胯合，合而折。力走坤二、兑七、乾六。

斗后肩

主要沾实肩膀的后面部分，练习甩中节。肩与胯合，开而甩。力走巽四、离九、坤二。

斗前肩

斗前肩

斗前肩

斗正肩

斗正肩

斗正肩

斗后肩

斗后肩

排身

排身

拳术目标

一人对桩练习是鲤鱼打挺和狸猫上树二艺，两人排身有定步和活步之分。定步多用寸步，活步可疾步，也可蛇形调步。主要是练习内腑的抗击打承受能力。初时要慢、轻，逐步加力。沾实一点时要发声：噫、嘿、哈、嗥……在呼气一半时沾实；有一定承受能力后，可尝试着在吸气一半时沾实。瞬间的鼓实与吸实，可使体内的气压增大，血气充实，护住内腑。但不可以长时间地鼓实与吸实，因为缺氧。排身有二艺：直排身和侧排身。

拳术内容

以身体的中心线来分割，人体可以分有两部分，左侧和右侧。左侧含左脸、左胸、腹部左侧、胯的左半部分、左手和左腿；右亦然。排身只沾实侧的胸、腹、胯三个部分。

正排身

开弓放箭式、夹剪之式，三尖照，抬左手，进左腿，二人两把掌心相贴，上举过肩过头，寸步进中门，沾实于左胸、左腹、左胯，碰撞有声；右亦然。

侧排身

宝剑出鞘式、夹剪之式，三尖照，抬右手，进左腿，龙折身，双肩一阴返一阳，双把上举过肩过头，侧身，寸步侧插，沾实于肩，肩下正侧面肋部、肋下腰，腰下胯，碰撞有声；右亦然。

正排身

正排身

侧排身

侧排身

常设预案

人以群分，物以类聚，出手打拳，与人交流，要以五行为切入点，因为你总会遇到比你打得远的、比你打得快的、比你打得重的、比你打得灵活的、比你打得硬的，怎么办？首先要了解对手：一望，观察对手的五行归类；二闻，听声听出对手的五行归类；三问，交流问出对手的五行归类；四切，接触切出对手的五行归类。还要运用五行相克的原理迅速采取应对的方法——木克土、土克水、水克火、火克金、金克木，应对得当是取胜的关键。拓展开来在以后的生活中也要以中国文化中的五行来认识这个世界，就可以迅速找到应对的方法和策略。

拳术动作五行归类表

木	火	土	金	水
虎	鸡	龙	鹰	猴
马	蛇	熊	鹞	燕

选择的五个常设预案是：木行中的马形，动作为夜马奔槽；火行中的鸡形，动作为搓把；土行中的熊形，动作为单把；金行中的鹰形，动作为大劈挑领；水行中的猴形，动作为猴形小裹。

木行·马形·夜马奔槽

夜马奔槽

拳术目标

马有奔腾之功，练习横冲直的撞劲，一往无前的形。起落顺直劲。力走离九、中五、坎一。塌而落，奔而出，踩而起，运动中要有节奏感。

塌把（一）

拳术内容

马形下式：开弓放箭式、夹剪之式、三尖照。把有前后之分，双把中指朝前，把心朝下，前把约与肩高，后把扶在前把的肘关节内侧。

塌把：寸步，双把搓而前，抖劲，一如策马抖缰，欲下先上。过步提膝，单腿支撑，膝内折小于90°，曲折成形。龙折身，双肩一阴返一阳，束身下塌，双把下捉，置于前腿的两侧，肘与膝合，把与足合。

塌把（二）

冲天炮：后腿撑，前膝顶，身奔而出，如洪之泻。脚落而踩，双把翻而上，力拔，如蹬靴。既而上冲，由把成拳，前把拳背朝外，约与鼻高，后把抵在前把的腕下内侧。

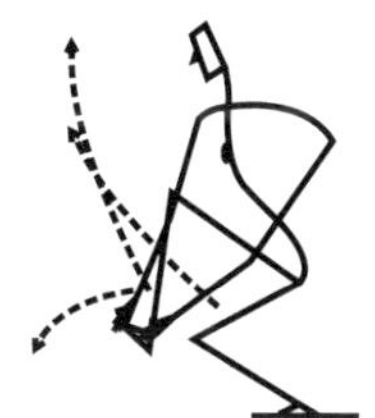
冲天（一）

周而复始：寸步脚内转90°，同时转身90°，塌把、冲天炮。

重点：以脚跟为锋下戳。

难点：马奔时的节奏。

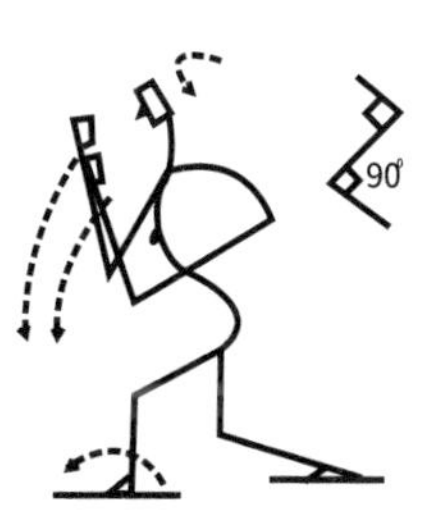

冲天（二）

夜马奔槽

夜马奔槽

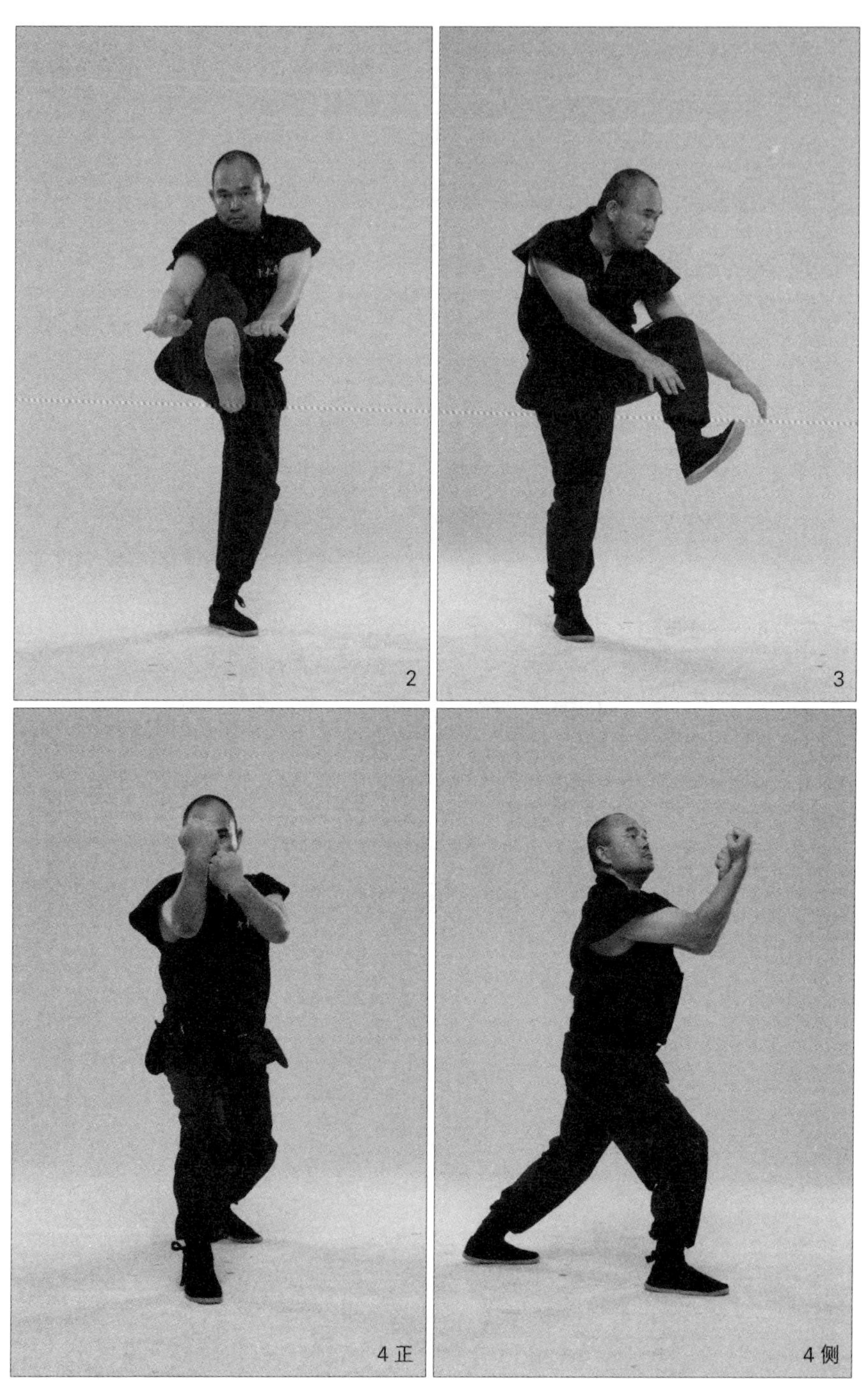

夜马奔槽

用法

双把下塌出脚，马形下戳腿，脚落出拳，拳用冲天炮或当头炮，沾实于对手的头、胸、腹。

1
2
3

4
5
6

学拳体悟

夜马奔槽的练法是走之字形，练习时尽可能蹲低，支撑腿单脚着地，另一只脚曲折成形，脚跟尽量往外撑，脚尖尽量往回钩，发力以翻胯带动，双手曲折成形后，几乎是不动的，所有的动作都是以胯带动身体完成。另外，一开始的塌把要能含得住，筋骨撑住不松开，能含才能蓄，如铅汞之重，并不是软趴趴的，马形的接手起手式是塌把，如果软趴趴的就压不住对手的攻击，所以，塌把的练习很重要。

马形的打法重点在马形腿和马溅步，塌把配合马形腿就能把自己的正面封住，再配合由马形腿带动的马溅步，就能很安全地撞向对手，落脚之后冲天炮，再接塌把、马形腿及马溅步，再上冲天炮，如铁骑冲阵，不可停顿，只要对手还在面前，就不能停顿，因为这个时候双方已经贴身，任何一点的停顿或是迟疑，就会让对手有隙可乘，一直要到穿过对手后，转身虎摆尾，确保对手没有反击或是追击，才算完成一轮的打击。

易错的几个点：

马形腿的发力是“戳”而不是“蹬”，这很容易搞错，蹬腿的发力是直线往前，蹬完后不管是收腿还是落腿，攻势是断的，而用戳的方式，很自然地会和马溅步配上。马形在攻击对手时是以步法接近对手，而不是靠伸手伸脚，手和脚曲折成形后几乎是不动的，这也是为什么腿的发力是“戳”，靠戳的力量才能带出马溅步，才能一下子接近对手，整个人往前冲，连踢带踩加膝打一气呵成，落步后还接着有冲天而起的两拳头，不但攻击对手，还把正面护得严实，一整套攻击是连续不断，所以马形腿发力的正确与否，将影响夜马奔槽练得正不正确。

——学员蔡崇昱

最早看师父演示以为要打上钩拳，同时震脚发力。后来师父教了才知道不是震脚而是踩脚，不是上钩而是喷意，中间还隐含一把马闯槽之意的正蹬腿。难点在于不震脚而令手足合的节奏把握，以及力自动通达于手稍。肩膀位置找准了才能做得更好，肘膝腋胯的角度也要注意调整。

夜马奔槽脚的姿势和戳脚更是绝妙。

——学员程立骏

以前我也以为就是一个向上的钩拳，现在就理解为反向拧毛巾，背部向两边对撑，两手一拧，肘向前向里一撑。

——学员杨青峰

朱本家：说起来我以前一直有个习惯，向前打要用脚向斜上蹬。现在不了，向前就是向前，没有向上。这么简单的问题，我居然绕了好些年。

——学员朱本家

学员杨青峰夜马奔槽

学员陆海峰夜马奔槽

学员吕飞艳夜马奔槽

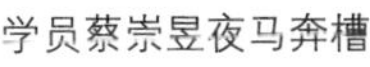
学员蔡崇昱夜马奔槽

学员刘岗夜马奔槽

火行·鸡形·搓把

搓把

拳术目标

鸡有欺斗之勇，模仿鸡在磋地刨食时的动作。不同是鸡磋地刨食平面，而打拳时是垂直向前。练习一个打打打、叨叨叨的，连续不停止的打拳方法。

拳术内容

搓把有二把艺，两个字：一是脱艺，逃脱的脱。力走坎一、中五、离九。二是抓艺，抓住的抓。力走离九、中五、坎一。起落顺直劲。

鸡形下式

鸡形下式：开弓放箭式、夹剪之式、三尖照。肩有前后之分，把亦有上下前后之分，前把在上，大拇指朝外，中指朝上，小臂约垂直于地面，大臂约平行于地面。后把在下，虎口抵在前把的肘尖外。

搓把：后把沿前把的手臂外侧上搓，把心朝里，虎口朝上，止于鼻高。后把变前把上把，原前把以肘尖为锋下争，抵在现前把的腕下内侧。

脱艺

脱艺：争脱逃掉之意。寸步起，后把绕过前把成前把，沿原前把的手臂外侧上搓，把心朝里，虎口朝上，止于鼻高。后把以肘尖为锋下争，抵在现前把的腕下内侧。

托艺：托物不许下落之意。寸步落。

抓把：双把暗合，后把内翻而出，变为前把，中指朝前，把心朝下，止于鼻高。原前把内翻而下，压在前把的腕上，过步而起，单腿支撑。后把压前把，前把抓而下，止于脐高。过步而落，落要踩，束身下就，垫步。

抓艺

周而复始：搓把和抓把合二为一，以前把肩为圆心，过后肩，过腮，成于鸡形下式。

鸡形搓把

鸡形搓把

鸡形搓把

用法

● 一手上搓，搓掉中路来拳，后手随势上冲，拳是冲天炮，沾实于对手的腹、胸、下巴，肘亦可。

● 连续两手上搓，扫清中路来拳，后手翻上崩，用拳背上击，起手打裆，抬手打脸，继而下抓对手的面门。

1

2

3

4

5

学拳体悟

主要是面对对方的正面进攻或者抓手腕等擒拿反关节动作。首先，是熟悉这个动作的攻防体系。

在合适的占位后，对方的进攻手不是在自己的左边，就是在右边。需要清楚自己的安全面和进攻面。当这些寻清楚了后，才有底气做这个动作。

在做动作的时候，刚开始我们可能只会模仿老师的动作，知道作用，但是用的力气不是肩膀的力，是手的力或者胳膊的力，会出现对方抓住搓不开的现象。这个不着急，可以慢慢多体会，逐渐去找中节的力。从肘尖搓起，用师父的话说，手臂上有灰，搓掉。肘尖有外撑的力，可以意想手肘是不动的，靠的是肩膀或者中节的运动。无论对方抓或者出拳，都把他格挡在自己的安全面。

搓，我只能用中节来说了，力从中节发，中节的结构，扭一下。手肘基本固定。搓的时候的意是把肘上的灰搓掉，那就要擦着走。一只手搓的时候同时被搓的手有转的动作，那就容易把对方的手搓掉。

搓一把还是两把，自己根据实际随意打。

在搓完后，一只手要压在另一只手的肘关节处，这个时候后手是蓄力压上的，手腕一错位就弹出去，位置是对方的鼻子面门，完后再顺势压下，完成一次进攻。

我一般的步骤都是先思考和体会这样动作的合理性，只有思考和体会后，才会心无顾忌；之后就是熟悉动作。心意的动作，更像是一次子弹出枪口的过程，合适的位置和时机，扣动扳机，点火，发射。每一步都相扣，都为下一步的位置和发力做好准备。如搓完后，或者弹，或者结合四炮。

打拳，是个快乐的过程，是个自我逐渐完善的过程。从一辆普通的汽车，逐渐改装底盘、发动机等到赛车的过程。

——学员吕飞艳

最早看师父演示鸡形搓把，是在一震之间完成两把连搓，然后再接提手、单把，感觉此预案出人意料又很实用。

练的过程中发现难点是要能够搓得掉对方粘、阻挡、握持、紧固住我小臂的手，以便接后手。譬如提手上步进门单把。

为了能搓掉阻碍，要求注意搓的特点（贴近表面，搓时要有意识将对方的手连根搓），自身双手因为是反向运动，要注意作拳时协调与全身同动，改善局部用力带来的无力感。

对于本力小的同学：对方握持手力气大实在搓不动的情况下，要检视自身是否达到了整体要求，是否还有断点需要完善。对于本力大的同学：如果遇到对方的粘搭手无力自整，用搓用力过猛一定会变成自己开门引狼入室，所以搓的要求应该是落点灵动，整身束一。

总之要通过反反复复的对练来寻找最好的搓的身体感觉。

——学员程立骏

搓把靠整劲，没有搓不掉的。关键在这么短的时间内搓掉后反击才是要反复练的，这把练的是短时间蓄劲攻击。后一记个人认为裹边炮蓄力最足，可以打出全力。

——学员刘岗

学员吕飞艳搓把

土行·熊形·单把

单把

拳术目标

熊有掀鼎之力。

双把扣合如一，两膀开合贯通如一。肩催肘，肘催手，手中打抖擞，实为膀的开合抖擞。起落顺直劲。力走乾六、兑七、坤二。

熊形下式

拳术内容

撩阴把：熊出洞。寸步，宝剑出鞘式、绛杆之式、三尖齐。把打头落起手裆，起手撩阴，前把甩而出，把背朝外，后把扶在前把后。

提手

提手把：过步提膝，单腿支撑，膝内折小于90°，曲折成形。双把合而为一，以前把为主，后把抵在前把下，提而上磕，止于鼻高。开弓放箭式，三尖照。

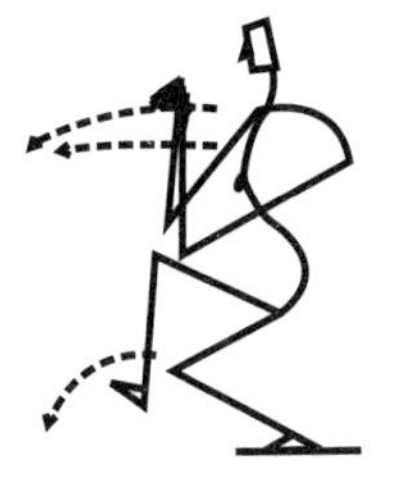

单把（一）

单把：后腿撑，前膝顶，身奔而出，如洪之泄。脚落而踩，双把扣合如一，肩催肘，肘催手，手中打抖擞，双把扣合，后把虎口顶在前把的大拇指后，折腕竖把（蝴蝶把），双臂曲折成形约170°，向前进，单把沾实。

周而复始：过步，双把内翻而落，成熊形下式（轻步站）。

单把（二）

熊形单把

熊形单把

熊形单把

熊形单把

用法　起手打裆，抬手打脸，翻手打胸，一顺势。

3

4

学拳体悟

熊形单把，熊有掀鼎之力，单把分为两个部分，一是掀提；二是塌顶。全在于肩膀的开合，打得是一个整劲，一个顺势，是一个硬打硬进无遮拦的架子。第一动，提掀，好像手提千斤重物，配合步子和身体的姿势，提手进攻对手下部或头的鼻子下巴。师父教这个动作时曾经说过，叫迎门贴鼻。在破坏对方的重心后顺势对一个顶劲打击面部或者胸部，以膀子的开合打一个整劲，也就是师父讲的开合抖擞。

我对单把的理解：把身体练得像一辆坦克一样，不论对方如何招架格挡，以自身的劲道直接摧枯拉朽地打击对方，正所谓“拳打千遍，其意自现。千招会不如一招精。”宁肯打一个正确的拳，不打十遍错误的拳。要把动作练成本能，这样就能在需要时做出下意识的反应。

——学员林中笑

学员林中笑单把

学员林中笑单把

大劈挑领

金行·鹰形·大劈挑领

拳术目标

鹰有捉拿之功，鹰的狠毒决绝如板斧阔刀，挑而上、劈而下。卢师曰：“前面是座山也要给我劈开半拉来，前面是座岭也要给我挑翻它。”

熊出洞

拳术内容

起落劲。劈力走离九、中五、坎一；挑力走坎一、中五、离九。

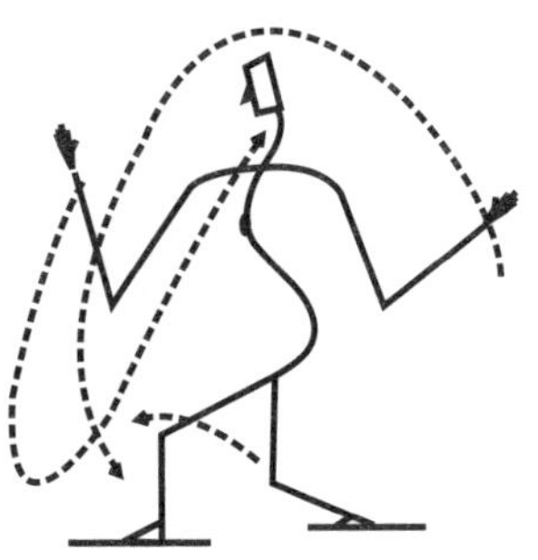
劈把

劈把：熊出洞下式。开弓放箭式、夹剪之式，三尖照。前把以肩为圆心，以把为锋，逆时针画圆而上，过肩过耳，劈而下，前落，约与脐高。后把亦以肩膀为圆心，沿弧线逆时针而上，过肩过耳，寸步。双肩一阳返一阴，上把劈而下，束身下落，就成一团，过步提膝，肘贴膝，把贴足，单腿支撑，膝内折小于90° 。原下把翻而上，止在耳旁，把不离腮，肘不离肋，把心朝里，在异侧。

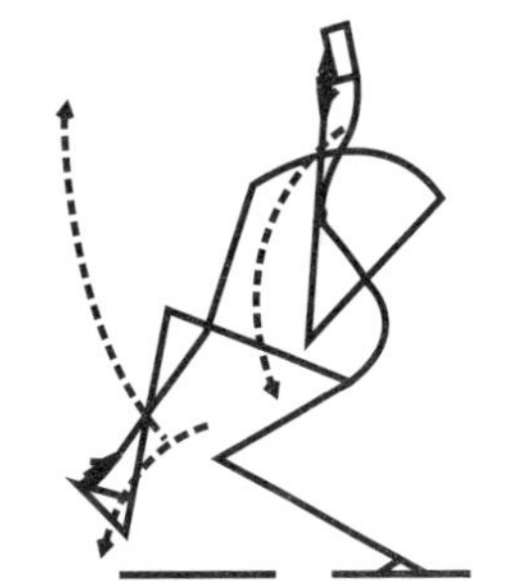
挑把（一）

挑把：开弓放箭式、垡杆之式、三尖照。前脚落而踩，前把挑而上，约止于肩高，中指朝前，大拇指朝上。后把翻而下，约止于裆前，把心朝下，中指朝前。

前把翻而下，后把抬而上，垫步，呈熊出洞下式，周而复始。

挑把（二）

大劈挑领

大劈挑领

大劈挑领

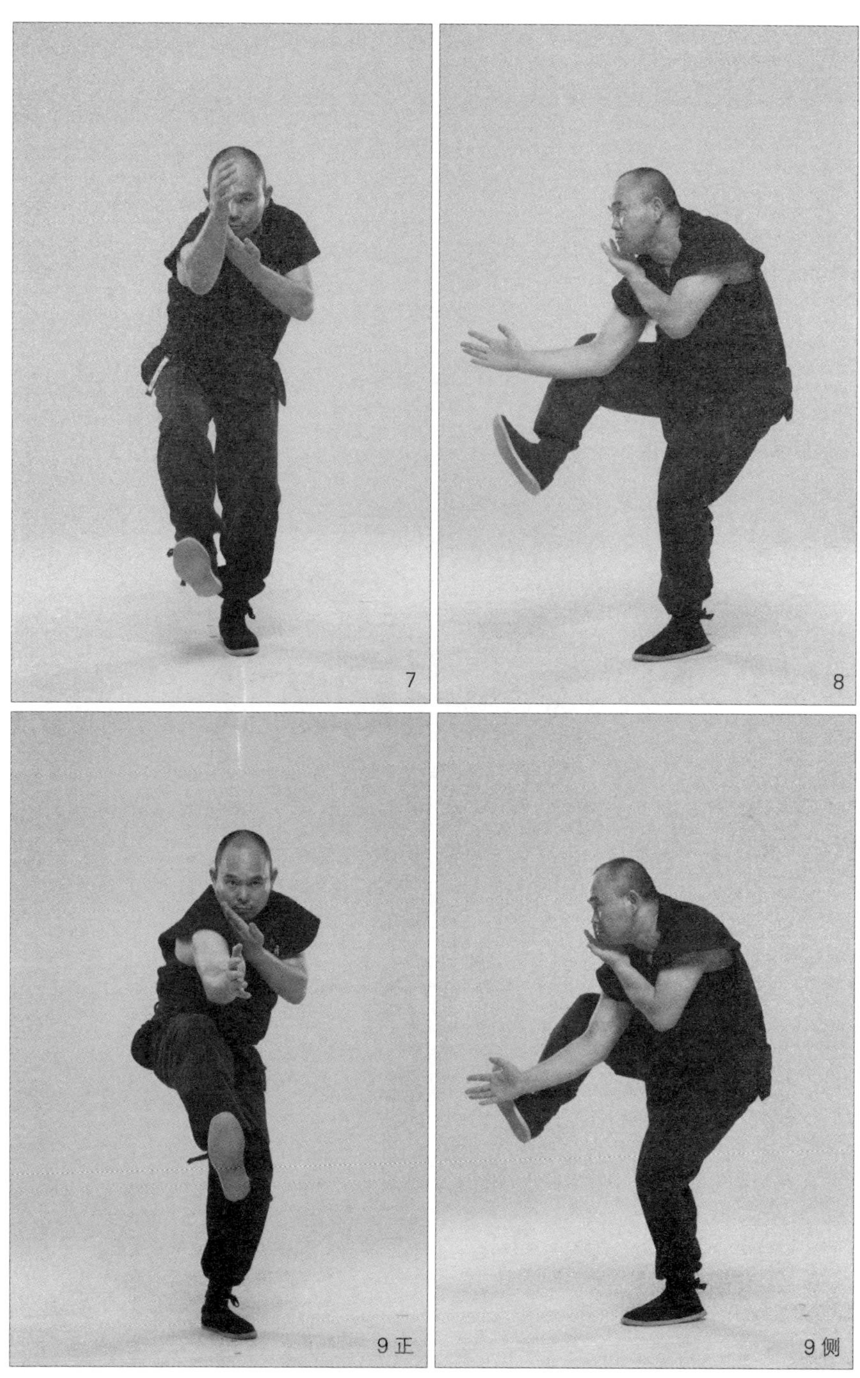

大劈挑领

10

大劈挑领

用法

鹰啖式接手大劈挑领

1

2

3

学拳体悟

鹰形，身形走起落。接手动作有三个，一是鹰嘴，用前手肘防护自己的脸，接对方的拳头攻击；或者用磕肘的方式；或者用后手鹰捉的方式；身形从下走上为圆的时候为防守姿势，身体拔到最高处，在接手后从最高处圆下来，配合身形。熊膀为防守合，接手开，顺到最低处为合。同时，龙折身。在最后挑领的时候，龙折身打开，熊膀变开。在龙折身打开的时候，前手和后手顺势调整高度。这个时候在身体的一侧会有气息涌动的感觉。鹰捉的位置始终要保持在自己的范围内，总的位置靠身体来调节。

——学员吕飞艳

学员陆海峰大劈挑领

学员龙庆波大劈挑领

学员杨青峰大劈挑领

学员程立骏大劈挑领

学员陆海峰大劈挑领

水行·猴形·小裹

猴形小裹

拳术目标

猴有纵身之灵。张身而起，纵身而前，缩身而落。裹物不露成其裹，圆中套圆，圈里圈外，圆中见横。

拳术内容

猴形下式

起落纵横劲，力走巽四、中五、乾六和坤二、中五、艮八。

猴形下式（猴竖蹲）：开弓放箭式、三尖照、夹剪之式。双把暗合，把有上下前后之分，两把前臂约与地面平行，前把在上约与脐高，后把在下稍低。曲膝下蹲，前腿大腿约与地面平行，小腿约与地面垂直，后腿曲折成形，膝内折小于 90°，两腿并一腿，距前腿约一拳。

转身把（一）

转身把：寸步，前把翻而上挂，大拇指朝上，止于鼻高。后把沿前把的肘外抄而上而搓，把心朝里，食指朝上，张身而起。过步，后腿过前腿时 90° 角转身，左腿在后左转，右腿在后右转，双肩一阴返一阳。开弓放箭式，三尖齐。

转身把（二）

纵身把：过步提膝，单腿支撑，膝内折小于 90°，曲折成形，垫步。宝剑出鞘式，三尖照。双把暗合，翻而捉，捉而塌，有捉物迎膝之实。

周而复始：过步提膝后而落，束身，就成一团，寸步，脚外转 90°，左脚前左转，右脚前右转，垫步，成猴形下式。

纵身把

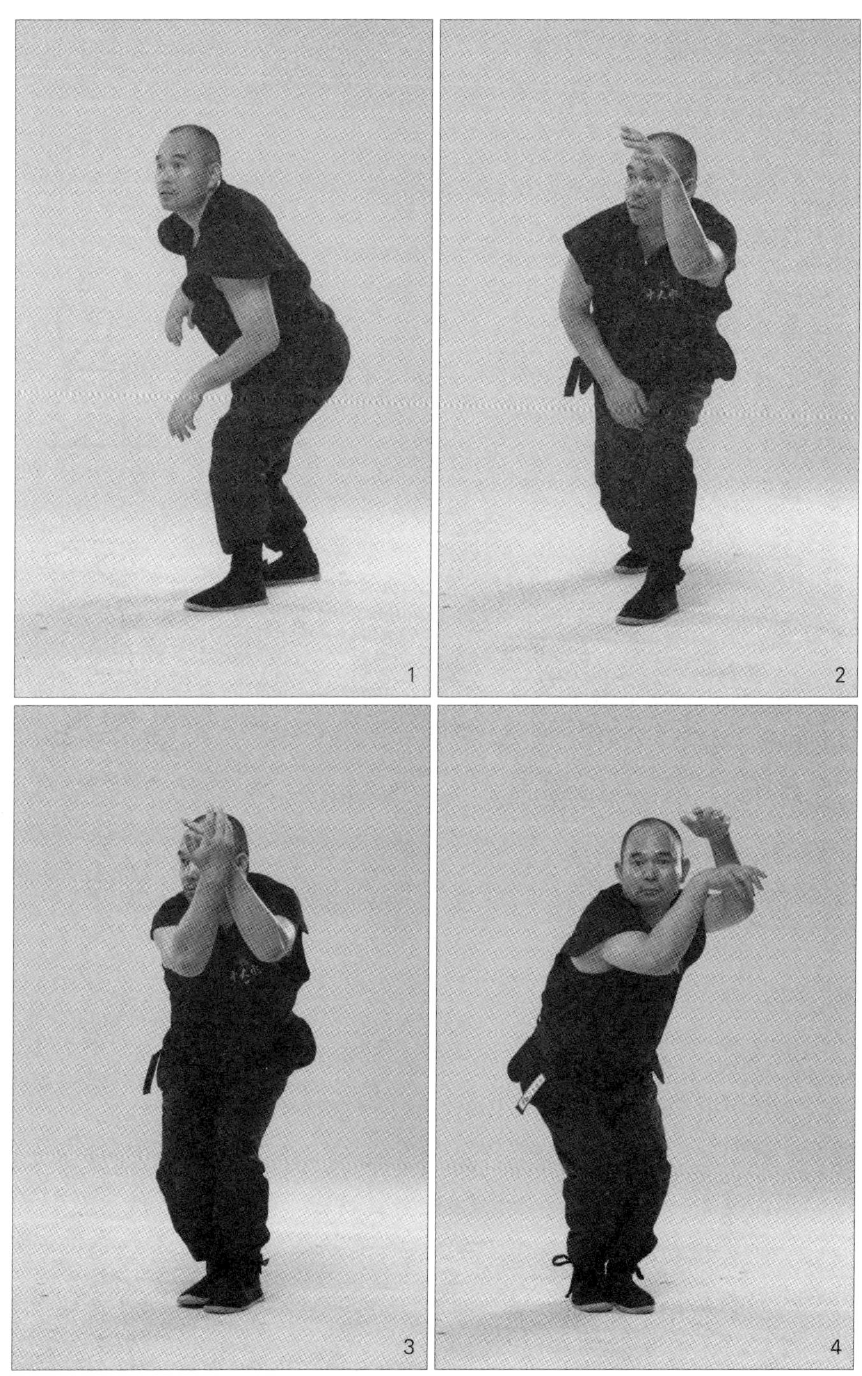

猴形小裹

猴形小裹

猴形小裹

用法

过步提膝，膝打密处人不知。

学拳体悟

练法方面，猴竖蹲和猴抹眉是基本功，必须练扎实，猴竖蹲练腿，猴抹眉练手及攻击的方位变化。

小裹的练法，重要在两个字："裹"和"纵"。裹而不漏成其裹，裹住了，身体就藏住了，要害就保护住了；裹不住，到处是缝隙和漏洞，那就是找揍。裹的方式，就想象你的背、双肩和双手组合起来是一块包巾，左翻右折地把东西包起来，这个东西就是你的身体，裹得越严实，自己就越安全。纵是一个身法，张身而起，纵身而前，缩身而落，是一个动作过程，这里面包含了敌我相对关系、过地风、顾法、近身，束展、出膛，等等，这一整个动作流程必须练到想都不想。待这些都练习纯熟后，就需要往内里要求，束一、一气和变化是这个阶段要训练的东西，在这个阶段，每一动作尽量往慢里做，慢慢地感觉身体上每一个位置的变化，例如，在上一个阶段，从猴竖蹲到转身把，前手占位，占哪个位，对手攻击的方向有上下左右中五个方位（对手来势的方向），我的占位要怎么才能削减对手能发起进攻的方位，甚至是做到卡着对手让他根本发动不了攻势，这些在上一阶段已经训练过（破势不破招），那在这一个阶段，就要感觉什么时候要占这个位，什么时机要发动，发动前那个将发不发的瞬间点是不是能一直掌控住，胯的调整如何带动动作的顺畅与否，这些属于内里感觉的部分必须往慢里找，一点一滴地掰开揉碎了去的感觉，动作会越拆越细，感觉会越来越敏锐，拆开了还得组合回来，想象自己是一只在树枝间跃动的猿猴，怎么把这种意象在纵身的一瞬间表达出来。这个过程是漫长而永无止境的，而这也是好玩的地方。

小裹的打法，最重要的是贴身，这也是为什么"裹"的动作要做扎实严谨，因为在贴身的情况下，眼睛是没有用的，看不到对手的全身，你自然不知道对手有没有发动攻击和如何发动攻击，这时候只能先把自己保护得严严实实，对手不管怎么攻击都打不了你，然后靠着缩成一团很安全的姿势一下子沿着该走的路径和方位蹿到该到的位置，就自然地近身了，到了对的位置，把练习的动作流程在对手身上一丝不苟地演练一遍，该外刮脚的，该抹眉的，该肘膝相合的，该两手扒拉的，一样也不少地在对手身上完成一个回合的动作。所以，裹的动作严谨与否，牵涉到能不能安全地贴身，裹得不严谨，还没贴上去就会挨揍，严重一点的甚至会被打死；因为越贴身，能用的武器就越多，头肩肘手胯膝足，距离越短的威力越大，挨一拳可能没事，挨一肘甚至一肩就很可能内伤或是骨折，后果严重多了。所以贴身短打类的功夫都讲究动作的严谨规矩，差之毫厘，谬以千里，在这里是完全正确的。在练习过程中，务必想象前面站一个人，把动作一动一动地拆解，看看每一动和对手的相对位置，计算对手会有哪些反应，前手如何占位能让对手的动作选择变少；身体占在何处能让对手处于劣势；外刮脚是打脚趾、打胫骨还是打膝盖，各会为对手带来什么反应；我的膝盖打的是对手的大腿外侧还是肋骨；纵身而起的时候我的双手要放在什么位置才能封住对手的双手；穿身而过之后回身扒拉的两下要怎么动作、在什么位置动作才可能封住对手的反击，等等，往细里分析和练习，想得越透彻，功夫就越深。

易错的几个点：

纵和跳的区别：“跳”是起始就由腿部发力，肘的配合是被动地，也因此上下半身很难整合成一股力。“纵”则是肘与膝合，翻胯带动腿部和肘部同时发力往内合，就像是一个夹子，压紧尾端然后松开，两个前端一瞬间合在一起，夹子的两个前端就是肘与膝，弹簧就是胯。

三节变两节：猴竖蹲要尽量蹲到前脚大腿与地板平行，把中节藏起来，能有效地缩短打击面。

两腿并一腿：转身把可参考薛颠的猴形拳照，两腿并一腿的重点在于胯的调整能隐蔽起来，让对手不知道我会起哪条腿及往什么路径走，所以胯的控制很重要。

——学员蔡崇昱

猴形走边路，不需要后发，错开后，要能挂住对方，一挂就抹眉，然后搭着肩就往中路纵，看猴子打架，飞纵，就是个全身的提纵，是个灵动。

——学员费宇

学员蔡崇昱小裹

学员龙庆波小裹

学员沈书阅小裹

学员杨青峰小裹

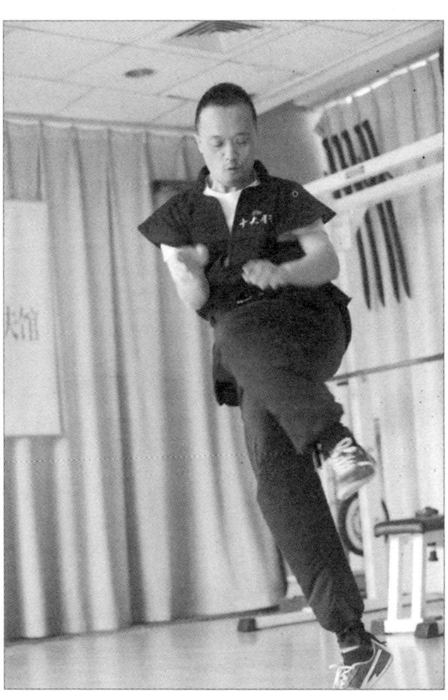

学员董亮小裹

学员程立骏小裹

第三篇

人物流传

师有三责：传道授业之教，串联接洽之介，扶杆立门之建。

徒有三任：继承发展之任，维护师门之利，帮扶师父之困。

文规武礼

在电视中看到过一部讲述契约精神的纪录片，说中国人没有契约精神 。什么是契约精神？用白话讲，叫口说无凭，立字为证，并严格落实。只是在过去（特指 1949 年以前），中国人讲契约精神是分人群的，不和商人讲契约，不和官人讲契约，不和不需要契约的人讲契约精神。前两类人中不可抗拒的因素太多，多半的情况是一手交钱一手交货，一手办事一手给钱，两不相欠。

传统的契约精神在文化人中讲，在文化传承人中流行，无心的人又说这叫封建迷信残余。拜师就是契约精神的集中体现，有拜师仪式，有甲、乙双方，有拜师帖与有回帖，似合同，有引荐人、有见证人……拜师帖中明明白白地规定了双方的责任、义务、权利。进门的道理是你情我愿，举办仪式的行为是为了昭告天下。

怎样保证这份合同能够长时、有效地执行呢？一是以武德来约束人；二是以身作则，看我是怎么对待你们师爷的，也请您们以后也这么对待我；我是这么对待您们的，也请您们今后也这样对待您们的徒弟。所以在中国的武术门派中，每一位能流传三代以上的师父们都是有武德，否则自己就弄断掉了。

现今，卢式心意拳门里流行的做法是以文化传承为主的言师父与弟子，以体育精神为主的，称教练与学生。师父与徒弟以文规武礼来约束，教练与学生以花多少钱，教多少东西为本，花钱学本领，双方认为值与不值，这里不多言。

合同里的权利与义务，门里老法解释叫：文规武礼。

学艺有三方：初学、拜师、为师父。

是讲学习的过程，分为三个部分，拜师前都叫初学，主要是基础性传习，没有专门的研究，但在拳里越是基础越是重要，主要是老师教学生学，相互观察。拜师就是分门别类地研习，一门心思地研究好一门学问，现代教育中这叫导师制，先期以教学为主，后期以师父的教导为主，弟子起主导性，有钻研才会有方向，术业有专攻。为师父是学艺中最为关键的一环，用现代话来讲叫教学相长，识众生相，博学百家长，是大成就的门槛。

文武讲八法：手、眼、身法、步，精、神、气力、功。

这是讲学艺的方法：学习时要手到、眼到、心到，勤快，要聚精、会神，舍得下力气，舍得花时间，坚持了这八法学艺才会成功。

师徒之规：师负全盘之艺，徒有心意之尊，有三节二寿之宜。

老来说法，入了流，才有传承，才能长远，跟在大师身边才有可能成为大师，跟在高人身边才有可能成为高人，这才有师徒一说。做师父的人，须是这一行业或门里的导师、专家、精英，在这一行业里要业务精通，并有心于传教。做徒弟的要从内心里尊敬师父，听得进去话才能得艺，入心了才能成事，心系师门才知道什么叫传承。在形式上每个月要给师父交束脩和敬意，多少随心意，但不能无。并记着在一年之中有三个节日要去看望自己的师父，仲秋、重阳、春节，记着师父和师娘的生日，做一些力所能及的敬意。这是古来的形式，你做了，师父就没得理可挑。

师有三责：传道授业之教，串联接洽之介，扶杆立门之建。

徒有三任：继承发展之任，维护师门之利，帮扶师父之困。

传道、授业、解惑是三样不同的学业，百度搜索能解决的东西是解惑，不是传道授业。三责三任是相辅相成的，做师父的传不了道，授不了业，做弟子的如何来继承发展？做师父没有名望，没有行业内的人脉关系，或有但没有让弟子们去串联、接洽，做徒弟们何来维护师门？做师父的没有帮助徒弟在行业里建功立业，成家立名，做弟子又如何来帮助师父？

如何来选择传承人呢？卢式心意拳有三传三不传。三不传：无意之人不教，愚鲁之人不教，贱盗之人不教。无意之人是不喜欢的人，就是自己的儿子不喜欢也不强求。愚和鲁、贱和盗，这五种人不教他们卢式心意拳。有三种人要尝试着引导他们学习卢式心意拳，一是有情有义的人，二是守信中正的人，三是机灵通变的人。这三种人会给师门带来意想不到的荣誉。

选择传承人第一讲的不是你身体素质多好、多聪明、多有钱、功夫多好，等等，先要讲的是有情有义有德行，功夫可以慢慢地练，文化可以慢慢地学，人情道义可以慢慢地磨。无意的人教了也无益，无益于人，无益于师门，无益于社会，何益呢？

拜了师，收了徒，也不是就了事了，任何一方没尽到义务，都可以通过引荐人或见证人解除师徒关系。多数情况下，师徒间若长时间没有来往，一方有意愿即可通过第三方退还拜师帖或回帖，解除师徒关系，所以拜师时要有引荐人和见证人。

记着，后人不能替师父做主，要相信师父的智慧，但师娘可以，师兄们之间及师父的后人都不可以替师父做主，相互开除。

老理的做法，现在仅供参考。

拜师仪式背景图

现场布置庄重仪式

来宾签名留念

仪式程序合理合规

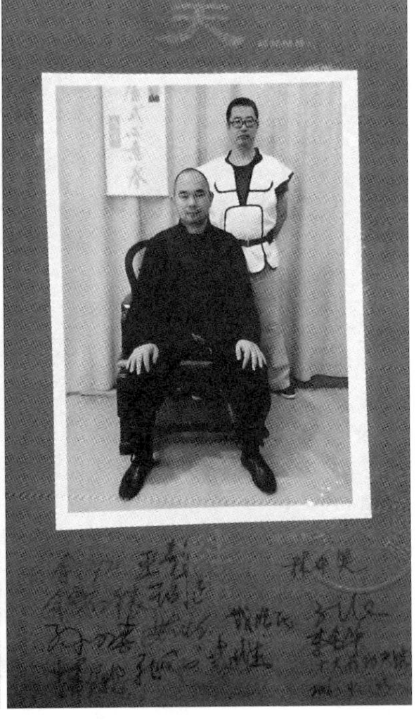

引荐人、见证人现场签名

拜师仪式后合影留念

人物流传

卢式心意拳自 2013 入选上海市普陀区非物质文化遗产和 2015 年入选上海市非物质文化遗产第五批名录以来，在全国范围开展了对卢式心意拳基本情况的调查工作和流传技艺的整理工作，目的是为了文化传习有序与传承流传有序，截止于 2017 年 10 月 1 日，一共整理出传承支系 26 支，传承人 1290 余名。

李尊贤老师支系

整理人：李传恒

关系：李尊贤之子

怀念卢师大弟子——我的父亲李尊贤

反欺侮、抗强暴、幼年拜师练武

父亲1907年9月16日出生于河南省沈丘县槐店镇东寨门，家有祖母、父母、姐妹四人共八人，家父为独生子，无人扶助，生存主要靠卖米面馍为生，每天下午五时后满街叫卖，生活艰难；我二姑母因病无钱医治病逝。

李尊贤

1914年父亲开始读书兼务农。由于家境困难，私塾8年辍学。家父性格刚毅，自尊心极强，儿时受恶少欺负，奋起自卫，因势单力薄，难以应付。为了自卫，不被欺侮、歧视，父亲7岁进清真寺练查拳，由于练功勤勉刻苦，持之以恒，尊崇师长，数年后荣幸成为二老师（马忠启先生）的徒弟，自此开始系统地习练查拳。不论刮风下雨、三九寒暑，田埂地头、劳作之余、课余早晚，都会认真练拳，习练查拳十年有余，碗口粗的树推折、撞断许多。

1925年11月，由于生活所迫，父亲为谋生机赴上海大饼店当学徒，认识卢嵩高老师（以下简称卢师）。卢师常光顾该店，看见新来的学徒揉面、拉面时练寸劲（内行人一看便知），随向店主悄悄打听，得知在老家清真寺向二老师（马忠启）学练查拳十年有余，练推劲，碗口粗的树推折许多之经历。过段时间，卢师对家父说（那天特别开心）：“孩子，来，咱伸伸手，玩玩。”通过较技，家父深感卢师武艺精湛、深奥，备感敬佩。卢师言：“我已观察你有些时日了，你，我也了解了！心意拳，想学吗？”在周口练武的回民都知道，想学习心意拳不是件容易之事，平时在清真寺里跟着练的都是些基本功，今天“周口三杰”之一卢嵩高老师亲自开口问，真是荣幸之至，哪有不学之理，家父坚定地说“学！”自此开始向卢师学练心意拳。

1926 年 4 月，父亲通过考核进入捕房工作，按捕房规定录取后一个月内要学习西洋拳术科目。经过与卢师切磋、研究，受卢师指点，以综合体能格斗第一的优秀成绩，分配在汇司捕房（海宁路捕房）做巡捕（警察）。

他品性刚毅，善待民众，路遇不平，勇于挺身，评理驱恶，维护民族尊严，得卢师赏识。

教训狂妄嚣张的英籍巡长

1927 年 3 月，汇司捕房英籍巡长以莫须有之罪名欺辱一位做生意的回民兄弟。家父了解情况后，向英籍巡长阐述回民生活习惯及人格尊严。其不但不收敛，还放肆狂妄叫嚣中国人不能教育英国人、捕员不能教育巡长，因此，家父用教门拳把胆敢蔑视中国教门之人狠狠收拾了巡长。此事闹大，捕房不得不放了回民兄弟，家父要求其向回民兄弟赔罪，未果；家父愤怒之下辞职不干了。回家后向卢师叙述详细经过，卢师言：“好样的！爷们！纯爷们！”不久，卢师请了阿訇和数位教门拳师喝茶作证，举行了庄重而简朴的拜师仪式，卢师向众人叙述、介绍家父：性格刚毅、宁折不弯、路见不平好打抱不平、尊敬师长、善待朋友之为人品德和近期发生的保护回民兄弟辞去捕房职务及一年来对家父练功之评价，并宣布：“今天我高兴，开门收徒弟！请各位作证。”

1929 年 5 月，家父经马学勤介绍进入戈登路捕房工作，以正直、廉洁、公平、公正而闻名，遇不平事爱打抱不平，后升任巡长，主抓警风警纪。1935 年左右，调普陀路捕房任巡长。在这期间曾发生几件事件。

1. 痛打欺负百姓的“红头阿三”

1935 年左右，在戈登路捕房任巡长期间，印度巡捕（俗称红头阿三，以下简称“阿三”）集体欺负回民兄弟，家父得讯后赶回捕房，找“阿三”巡长论理、交涉。“阿三”巡长百般抵赖欺负回民兄弟之事实，且仗着人多势众、人高马大之优势，在光天化日之下蛮横挑衅，家父为维护民族尊严，以一己之身将众“阿三”打倒在地，揍得他们颜面尽失。“阿三”巡长在不得已情况下，承认错误并立即放了回民兄弟，但怀恨在心，伺机报复。戈登路捕房是在沪“阿三”们做礼拜之寺庙场所，鉴于戈登路捕房情况特殊，避免矛盾升级，捕房方面将家父调往普陀路捕房担任巡长。通过此事，“阿三”们知道了上海的回民不是好欺负的，也了解了什么是“心意门”之含义。家父常说：是卢老师把在沪的回民兄弟团结了起来。

2. 反欺侮抗强暴

1935 年前，我家在常德路西、长寿路南开大饼店，某天家父下班回家，得知白天来了一伙人，为首者外号“刀疤脸”（以下简称“刀”），索要“保安费”，来者排场较大，语气尚客气，家母婉转告知其店主不在，请明天来。“刀”临走时撂下话：未经许可，不得营业。据周围人介绍，此人与人械斗前，先拔刀扎大腿，以示恐吓，对方如也模仿，其会扎膀，然后扎脸，是个不要命的青帮地痞，外号是因脸侧自已用刀划的长疤痕而得名，在曹家渡地区有名。第二天，店正常营业，家父在家，“刀”来，二人对坐，家父亮明观点：“行在道上，站在理上。”“刀”：“未经允许，为何营业？”一语不合，“刀”又要故伎重演其玩命把戏（踩凳—拔刀—扎大腿），当其拔刀瞬间，家父一近身，其肚子上受力（家母表述：近身一“扒拉”），见其捂着肚无抵抗，家父一气呵成将其刚坐之条凳一掌为二。此时局面尴尬，家母即端了碗豆浆：“刀老师，喝碗豆浆再走。”“刀”喝了口，一语不发，带着手下走了。家父性格耿直，眼里容不了沙子，怪罪家母给了豆浆，因这是每天的头层豆浆，凉着给卢师及师弟们练完功补身体的。事后，家母向卢师叙述详细经过，卢师分析后说了一句话：“留面子！还是媳妇有能耐。”家母在得到卢师肯定后（能得到卢师肯定、表扬，是件不容易的事），经常会沾沾自喜地讲述此事并教导后辈：为人不可懦弱，凡事不能过分逞强，适可而止；给人留面子，给己行方便。事实证明，卢师判断正确，此后“刀”在长寿路上遇见家父，即便在路对面也会主动向家父打招呼。

3. 为保护群众利益不畏凶暴

1935 年左右，苏州河上一些闸北船民，结帮成伙，用极其残忍、凶恶、下作的手段，横行于苏州河两岸，对穷苦劳动大众实施敲诈勒索，当时被称之为“河霸”。他们经常四五十人从常德路药水弄处上岸，欺辱百姓，调戏妇女。在遭到回民兄弟抵抗后，“河霸”们纠集了百余人之众上岸寻衅，手拿鱼叉、砍刀、板铲、铁棍等凶器，扬言要对抵抗者实施砸烂店铺、家等报复行为。回民兄弟到我家报信，那天家父刚到家，操起一杆条凳便出门。此时，这帮人就快走到长寿路了，相遇时经过几分钟较量，家父用查拳中的凳子拳将对方打得溃散逃遁（老人们描述：站在阳台上看，凳子扫过去，一扫一片倒）。事后“河霸”发来战书，相约某日某时在苏州河边（今莫干山路近长寿路桥处）再战，家父与卢师商议后答应应战。有消息称“河霸”们在帮派械斗中使用过枪械，当时制定两套方案，第一，正常较量；第二，当对方使用枪械时，捕房实施抓捕。到达约定时间，“河霸”们没有来赴约（通过此事，为保护自己，心意门开始拥有了枪支；卢师、家父、王守贤、解兴邦等都是使枪好手）。过了段时间，才有了黄金荣邀请卢师喝茶之鸿门宴，黄金荣当着卢师面告诫其门生：在沪西不得与心意门作对。确有此事，因家父及师弟们陪同卢师赴约。

对党赤胆忠心克难排阻献身革命

由于国民党政府昏庸腐败，家父参加警察特支共产党外围组织。入党前经过考验和洗礼，在上海地下党经历白色恐怖、局势加剧恶化的最危难时刻，于 1943 年初经马益三、马学勤同志介绍，毅然加入了中国共产党，隶属于警察特支党组领导，做公开工作。为扩大党在群众中之影响力，培养了一批群众积极分子，把优秀的群众领袖变成党员。（1943 年 5 月，捕房有中共党员 40 多名，由江苏省委王尧山直接负责领导。1940

年 3 月，汪精卫伪国民政府在南京正式成立，汪任行政院长兼国民政府主席。汪逆登台以后，租界局势有了很大变化，总的环境更趋恶化；同时英美与日本的关系即将破裂，租界当局更向日敌妥协）

1943 年 6 月，家父接党组织通知离沪，赴淮南新四军根据地。由于参加革命工作，家父已被国民党当局注意，当时叫“脸红了”。革命工作十分辛苦，再加日本人、汪伪政府要强行接管公共租界，家父怒火中烧，导致背上长了一大疮。组织上考虑到根据地医疗条件差，无法医治；回民生活上不方便，最后，党组织决定家父对外以“不做亡国奴”名义回槐店老家，实施长期隐蔽。家父卖掉房产，辞去捕房工作，带着全家回老家。（抗战开始时，中央就告诉上海党组织：必须艰苦奋斗并保存力量。所以上海党组织在抗战时期的总方针是：深入发展，隐蔽精干；积蓄力量，以待时机。1942 年末，根据江苏省委指示——“更深入精干隐蔽”，撤退大批同志到解放区，等白色恐怖高潮过去再回来）

1943 年 9 月，接上海党组织指令回沪参加锄奸行动。回沪时家父背疮尚未痊愈，家母不放心，陪着家父一起赴上海，住在师弟海肇襄开的旅馆内，家母在浙江大戏院门口卖大饼，以维持生计（干革命工作是没有生活费的），我们都待在老家。回沪后，家父和卢师商议，以卢师为首带领心意门回民弟子，以跑单帮形式行走两条线（上海—南通天生港、上海—嘉兴）（当时此两条线已被日伪封锁），秘密铲除危害我党的敌、特、伪、顽分子。家父讲：执行任务时不能带枪，因带枪有缺陷、易暴露，对方如发现你有枪，还没靠近目标就可能被干掉了，并且行动失败会连累无辜兄弟。行动方针：果断迅速，干净利落，不留痕迹。

1943 年 11 月至 1946 年 5 月，受党组织派遣，家父以不同职业做掩护为党工作——做司法警察、姜公美宪兵队教拳、周英才公馆（国民党市党部、中统局）保镖、做生意。

1945 年 9 月，孙以荮请家父去姜公美宪兵队教拳，开始家父没同意（遵守组织原则，因在做司法警察），立即向党组织汇报，上级认为这是掌握宪兵队情况的绝佳机会（姜公美宪兵队是从外面调来上海的，不了解且难渗透)。其后孙以芗亲自上门来请，家父遂带了 15 人去姜公美宪兵队教拳。家父每天教拳结束第一时间赶去胶州花园练拳，借此将宪兵队内具体情况向警委委员马益三等同志汇报(警委联络员会来卢师教拳场子练拳，很多警察都是卢师的马路学生)。去了一个月，姜公美被抓，宪兵队调离，工资未拿到。随后进周英才公馆(国民党市党部、中统局)做保镖。

1945 年 8 月至 1946 年 6 月间，在中共上海市委领导下，沪西区各行业采取经常性的罢工斗争，以组织积蓄力量。同济印染厂在朱品芳同志领导下，举行过二次罢工斗争。由于该厂帮派势力严重(有江苏帮、浙江帮、安徽帮等)，人员混乱、复杂，在斗争过程中，各派势力为利益互不相让，无法达成共同点；最终，厂方利用各派势力矛盾，用金钱收买各派势力头目，导致罢工斗争功亏一篑。由于拉帮结派，所以无法成立工会。

1946 年 6 月，经中共上海市委研究决定，派家父到沪西区同济印染厂搞工运(当时家父在十六铺码头工作)，工作任务：① 发动群众，统一思想；② 成立工会；③ 培养工人领袖。组织关系保持原状，由孙振乐联系，地方由沪西杂纺委员会书记安中坚同志单线联系、领导，启用“敬臣”之名，以便中共中央领导能及时掌握斗争情况。同月，家父进同济印染厂做漂白工人，两个月内平定了厂内各帮派势力，成立了工会；厂方感觉受到威胁(过去，厂方利用工人之间的矛盾，从中渔利，克扣工人福利)，遂于 1946 年 9 月，以厂里设备需维修更新为由，将家父及 13 名工会积极分子及工友回家待工。当时资、工双方签订《复工条约》。1947 年 2 月，工厂设备维修完毕，并增添了二台新机器，厂方通知家父次日回厂复工。第二天，家父与 13 名工友一起赴厂上班，待到厂后，资方代理人厂长何裕棠(以下简称何)表示须经挑选手续方准复工，且只挑 8 人，其他人不作安排。工友们与之理论，何态度傲慢且不承认以前与工人签订的《复工条约》。当时经伪三区(沪西区)染织工会付、徐二人出面调解，由于厂方的坚持，无结果，拖了三个多月。期间，何宁愿花钱，多次请客送礼贿赂三区染织工会。此时适逢上海工人运动、学生运动蓬勃发展，党组织指示要求进行复工斗争，以唤起各界人民支援。为开展反饥饿、反内战、反迫害斗争，配合“五二零”学生运动，1947 年 5 月 23 日，家父带领工友们在厂门口等厂长出厂后与他理论，告知他工友们九个多月无经济收入，靠打零工艰难维持生计，已无法生活。何裕棠傲慢无礼，视工友疾苦于不顾，工友们愤怒了，提出大家与厂长一起跳河同归于尽，何裕棠也不示弱，待一起走到苏州河边时（工厂到苏州河边距离 50 米左右），何有些胆怯了，工友们将何捆绑住。家父率先跳入河中，此时的何已吓破了胆（拿河南话说：“孬了”），苦苦哀求。工友们与普陀路警局警员协同船民将家父救起，送红十字医院急救（家父不会游泳）。同济印染厂复工斗争达到高潮。次日，上海各报刊登报道，上海各厂工人声援同济印染厂工人复工斗争，同时，家父带领工友们赴普陀路警察局绝食一天，无果。第三天，到同济印染厂进行绝食斗争三天，伪三区（沪西区）代表出面要求去上海市社会局解决，这期间，三区调员徐志刚暗中通过熟人联系家父，并告知家父厂方愿出三千万元，目的是要求家父个人放弃复工意愿。家父约他们在胶州花园见面谈判，谈判时厂方代表愿出更高价收买家父。家父表示：我是工人代表，代表的是工人最切身利益，不答复工人要求，决不罢休。谈判无果，后经社会局调解，未达成协议；又到上海市总工会。其间，资方代表张椿葆、何广棠（何裕棠兄弟）一起来我家，用金条收买家父，目的是要家父不担任工人代表，被家父毅然拒绝（前二次罢工斗争失败是因为工人代表被厂方收买）。在此情况下，厂方被迫答应工人全部复工要求。同济印染厂工人复工斗争暂告结束。因为以上情况，资方代理人厂长何裕棠认为栽了面子，在外两个多月时间不肯进厂工作，想尽办法找人托关系来威胁家父，先是找了黄埔分局王科长，由王科长介绍伪福利会范才骙、陆京士、桂殿秋等人，再请客贿赂普陀区警局局长戚静之等，由桂殿秋（以下简称桂）出面来厂对家父进行威胁、恐吓，经过针锋相对的言语斗争、肢体较量，通过摆事实、讲道理，使桂殿秋等人自知理亏，无言以对。经过两次谈判、斗争、较量后，他们的态度遂转变为温和；第三次谈判，桂殿秋以为了工厂的正常运转和管理，工厂不能没有厂长为理由，请工人们待厂长来厂时在厂门口欢迎厂长，工人代表蔡庆生表示同意。厂方决定由桂殿秋担任同济印染厂整理委员会指导员，桂殿秋提出请家父负责领导护工队，家父不同意，向桂推荐蔡庆生，桂不同意，桂是要利用家父在工人中的威望。经党组织决定，让家父参加护工队，利用护工队做掩护与资方做斗争，争取工人福利，及时掌握了解沪西区护工队人员情况。

1948 年 9 月起，根据党组织指示，家父利用教拳做掩护，以练武之人为基础，开展瓦解和动摇沪西区反动势力和武装力量的工作，了解各厂护工队人员配置情况，甄别人员性质和管理方式，瓦解护工队，使之演变成为护厂队、纠察队、消防队等，为解放上海的战斗做里应外合的武装队伍组建准备工作，为上海不遭受战争的破坏，做接受和管理的具体准备工作。当时的直接单线领导人是安中坚同志（新中国成立后，沪西区组织部长），他经常到我家来，与家父在三层阁楼上研究工作。我们家有两样东西不能碰，一是吊在二楼南面窗户左窗上、屋檐下特殊形状的鸟笼，只要笼在即代表安全；二是右窗户开启钩上吊在户外的竹篮，竹篮在，代表家父在家。

1949 年元宵节（2 月 12 日）那天，不断有人来我家（茂德里），站在楼下喊："李老师""李师傅""李师兄""大师兄"等，各种方言都有，但大多数是老家口音。因家父出门时交代：有人找，就说"去胶州花园了"。那天卢老师也来了，站在弄堂口喊道："尊贤在家吗？"那嗓门可大了，当时，家母即下楼告知家父去向。回家后，老人们说笑话形容卢老师内功："卢老师在前弄堂讲话，后弄堂都能听见。"

1949 年初，家父发展工协会员 15 人，在工协会员中培养党员 5 人，任党支部书记。那段时间，根据党组织要求，家父秘密地组建沪西区人民保安队，向敌特分子发警告信。在我的记忆中，人民保安队之骨干都是练武之人。我认为练武之人有血性，认准一个理，不会退缩，勇往直前。

上海解放后，家父带领沪西区人民保安队执行稳定社会秩序，防止地方势力、地痞流氓乘机捣乱；保护进步群众组织，保护群众利益，保护工厂、学校、商店，把反动武装的人力、物力、火力转化成为人民服务的力量；监视战争罪犯、特务、工贼，抓捕现行犯罪特务分子，瓦解敌军，收缴武器等；并每天定时巡视各工厂，查看情况。

1949 年 5 月底，人民保安队解散；6 月初，家父即担任沪西染织工会工作组副组长兼纠察大队大队长，负责接管工作和整个沪西区的安保工作（由于沪西区治安情况特殊、复杂，所以成立纠察队）；10 月，完成接管工作即赴市委党校学习。

1950 年 3 月，家父市委党校学习结束，任上海市染织工会纠察部部长；1950 年 10 月，任上海市纺织工会纠察部副部长。

1952 年 6 月至 1956 年 12 月，父亲任上海市第一、二、三届人民代表大会代表、上海市人民政府民族事务委员会委员、上海市人民法院政策研究组成员。

李尊贤

1956 年 12 月至 1965 年 11 月，家父在上海市人民政府民族事务委员会工作，任上海回民文化协进会秘书长。

父亲的一生，有好多优秀品格和作风，值得后辈学习：在艰辛中谋生；不畏困难、强暴和歧视；与邪恶势力做斗争；为人刚强，豪放爽直，尊重师父，善待朋友、民众；遇不平事爱打抱不平，秉持正义，等等。自从父亲加入中国共产党，一心一意、赤胆忠心为党工作，不怕牺牲，不怕艰难，服从党的领导，献身革命；在错综复杂的斗争中，始终牢记党的教导，念念不忘共产党的纲领。在受到“四人帮”迫害、诬陷，造反派批斗中，他不畏不屈，据理反驳，体现了大无畏的革命者精神；在生命的最后时段，和以往一样谆谆教诲子女、亲属：热爱党、热爱人民、拥护社会主义，要在各自的岗位中努力工作，不断进步。在他的教育、督促和鼓励下，子女、亲戚踊跃进步，实现了父亲的教导和心愿。在意识到生命受到危害的最后时刻，临终前一晚，他诚恳、详细地向党中央书写了平生忠诚于党、忠实于人民之经历和当前遭受诬陷、迫害之实际情况，并强烈要求恢复中国共产党党籍之申请报告。此报告，我交给上海市民族事务委员会刘斌同志。

1978 年 12 月 15 日，在龙华殡仪馆举行的李敬臣同志沉冤昭雪追悼会上，市委组织部代表主持会议，市民委刘斌主任代表上海市委宣读了恢复李敬臣同志中国共产党党籍的决定批文，对以往李敬臣同志在各次路线斗争中坚持对党讲真话、讲实话，忠诚于党、对人民负责任的高风亮节精神予以高度评价，对受到的不公平、不公正待遇予以严肃纠正，并代表上海市委、市人民政府对家属致以慰问。出席人员有上海市委组织部代表、上海市民族事务委员会代表马人斌等、各区少数民族代表、上海市人民法院代表及李敬臣同志工作过的各单位、各系统代表。

家父常说卢老师为人，对蛮横无理者绝不留情，对知书达理者以礼相待。卢老师把在沪的回民兄弟团结了起来，帮助回民兄弟排忧解难（例如摆场子练拳、筹款、帮助突发困难者等）。

【传承谱系】

创始人：卢嵩高（1875—1961）卢式心意拳鼻祖

第一代：李尊贤

第二代：袁武杰

解兴邦老师支系

整理人：谭全胜、梁海华、樊永平

关系：解兴邦老师的再传弟子

撑旗人 —— 解兴邦老师

卢嵩高老师归真前曾有言："让解兴邦把心意拳的旗帜撑起来。"

解兴邦

解兴邦（1900—1979），生于 1900 年冬至，祖籍河北。中共地下党员，新中国成立前曾任杨树浦地区警察局探长。自幼喜爱武术，身高一米九，且力大无穷。在 1930 年初，因仰慕心意拳之名，冒充回族人拜在一代宗师卢嵩高老师门下学习卢式心意六合拳。他为人厚道，团结同门，颇具侠义心肠，对卢师十分的尊重，长期在生活上关心备至，感动了卢师和众师门。又因善于学习、勇于实践，很快就成为了卢式心意拳的大师。

其传人中最著名者为解观亭、解和平等。解观亭老师是解兴邦老师的儿子，1940 年代拜师卢嵩高。在卢师的弟子中，解观亭老师的拳架最接近卢师，几十年练功不辍，功力深厚。解和平老师是解兴邦之孙，从小受其祖父熏陶，几十年如一日，长期的沉浸锤炼，拳技艺炉火纯青，功力深厚，为当代武林的奇才。

葛宗杨和其兄葛宗白二位老师在 1965 年拜解兴邦师父门下，跟随前辈学心意六合拳。1979 年师父去世后，继续跟随解观亭老师学习至 1985 年。

解兴邦老师拳照

解兴邦（二排居中）与众多弟子合影，拍摄于 20 世纪 70 年代

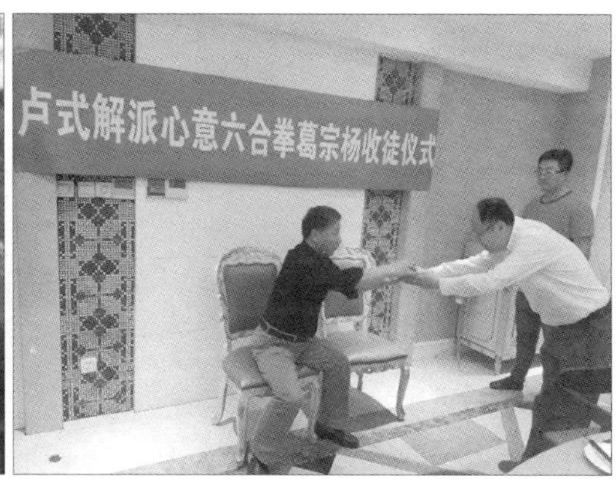

解观亭

葛宗杨收徒仪式

【传承谱系】

创始人：卢嵩高（1875—1961）卢式心意拳鼻祖

第一代：解兴邦

第二代：解观亭（长子） 解和平（长孙）

宋长英 秦长全 秦世海 黄文海 王多凤
高敖其 刘胜芳 顾忠发 吴爛潮 谈才德
王月星 张以毅 朱锡江 穆善义 秦海根
董金海 殷伯伦 徐启明 王金林 赵章仁
仲齐刚 殷惠民 沈青銑 张金镕 陈迎兴
栾兆怀 任顺富 张道福 章阿根 刘强国
鱼文俊 虞宝宝 张飞鹏 蒋孟嘉 刘广荣
邓家杰 王明德 吴善斌 李克敏 刘必功
胥守禄 相丁山 周贤康 张桃兴 陈 冲
俞荣明 刘长贵 姚汉青 房凤全 马仁瑞
王立刚 赵鸿志 陈树人 王仲山 江贵生
赵春华 周伯丞 殷发青 蒋志范 宋再生
葛宗杨 葛宗白 叶志群 周佳照 余永增
蒋才通 孙家训 景树堂 周一福 陈永贵
张黄根 周炳良 常国宝 朱官青 罗青炎
胡元进 张在生 刘茂林 于龙仁 徐惠民
江连洪 邵圭生 王荣生 陈炎祥 严国祥
王麒麟 田建逢 曹金林 张新华 曹昇岳
孙学通 车爱荣 程广川 吴永平 潘守光
陈宝发 张 琪 钱仲清 邵子荣 李桂宝
葛广寒 祝茂华 陈如生 王广正 何国强
方臣武 俞跌勇 陈显金 李毛根 姚克华
潘金大 冯介和 王祥云 张顺和 吴宝泉

江虎洪　孙国宝　任玉明　刘长生　张雨龙
滑金大　郭清彬　叶家健　邵华荣　周焕根
印龙根　等

第三代：

张在生老师门下弟子：

张永铭　樊永平　章　平　陈根富　张华国
姚森林　朱玉海　王万良　钱仁昌　朱培根
樊永俭

葛宗杨老师门下弟子：

梁海华　王　鹏　刘　龙　梁　俊　朱大兵
雷　震　于江勇　张胜利　王中亮　王　建

张道福老师门下弟子：

周立宝　张红霞　徐济华　梁恩来　汤必胜
刘和文　童家忠　沈国明　谭全胜

（为了保证本支的传承有序，部分名单经张宏旗师兄确认）

印龙根老师门下弟子：

钱爱生　张国顺　许根才　林立峰　朱佳华　谢　坤

艺花如今

张在生老师

张在生，1930 年出生，1949 年 4 月参加中国人民解放军公安部队，1954 年转业到上海第十六棉纺织厂工作。

1968 年 4 月，经李福仁介绍拜师解兴邦，在上海市惠民公园、解兴邦老师家中学拳。平时一起练拳的师兄弟有解观亭、解和平、宋长英、李福仁、张道福、王麒麟、王多凤（女）等。张在生勤学苦练，技艺出众，但非常低调不显露，深得同门师兄弟的好评。张在生于 1971 年开始

张在生老师拳照

授徒，先后在上海平凉公园、沪东文化宫和几所学校教拳。授徒中特别注重基本功的训练和实战对练，徒弟樊永平获得 2013 年上海精武“盛政杯”第十一届太极传统武术比赛中年 E 组心意六合拳第一名、2014 年上海“精武杯”第十二届太极传统武术比赛男子中年组心意拳四把捶三等奖；徒弟陈根富获得 2014 年上海“精武杯”第十二届太极传统武术比赛男子中年组心意拳一等奖、2014 年上海“精武杯”第十二届太极传统武术比赛男子中年组心意拳四把捶一等奖。

吴秋亭老师

吴秋亭老师担任卢式心意六合拳副秘书长、总教练，上海人。1985 年大学毕业始学习武术，拜解兴邦亲传弟子周焕根为师，专习心意六合拳。

吴先生体格矮小，常戴眼镜，貌甚斯文，然练拳极刻苦，每一单式辄至万遍；且待师长甚恭谨，谦虚好学，常得各位前辈指点拳艺奥妙。三十年如一日，不避寒暑，上下求索，遂武功大进。其拳理、实作，皆有可观者。与人较技，身法如龙如蛇，出手狠绝，撄其锋者无不披靡；然口中留德、心存善念，未尝恃技凌人，故虽常与人交手切磋而知交满天下；故虽为人低调而从学者日众，远至八闽、蜀中亦有慕名而来者，正所谓桃李不言，下自成蹊。

吴秋亭老师拳照

吴秋亭老师照片资料

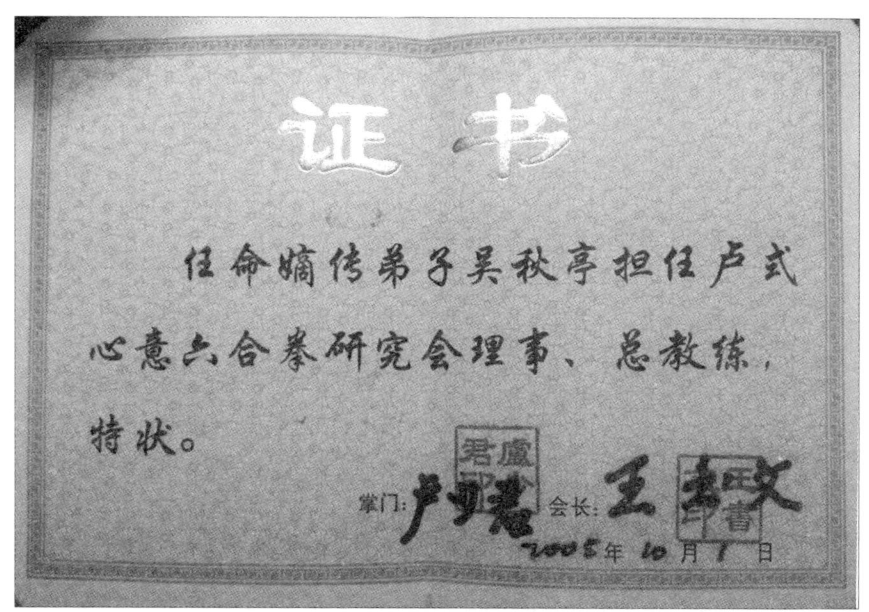

证书

任命嫡传弟子吴秋亭担任卢式心意六合拳研究会理事、总教练，特状。

掌门：卢君　会长：王书文

2005年10月1日

吴秋亭老师照片资料

谭全胜老师

谭全胜老师担任卢式心意六合拳副会长，安徽合肥人。自幼习武，曾与少林、心意、太极等诸多拳派的老师学习。转益多师后，因机缘巧合，得遇上海解兴邦大师之高徒张道福，遂随其专习心意六合拳。在张道福师处得纠正拳架、强化基础、释以拳理后，始一扫先前练拳之惑，逐渐明晰心意六合拳艺之法门。

谭全胜老师拳照

张道福老师逝世后十年间，谭全胜老师谨按教诲，在不改先师之

谭全胜老师拳照

道、不断自行盘练的同时，还不断与全国各地的心意拳同门进行交流学习。20 世纪 90 年代中期，曾到山西、河南等地与诸多老师交流，后又到上海与同门交流学习。其间，根据自己体认，先后在《武魂》《武林》《精武》《少林与太极》《武当》等杂志上发表了十余篇有关心意六合拳的文章，获得全国众多武术爱好者及心意拳同道的好评。

2000 年后，谭全胜老师开始在安徽医科大学传授心意六合拳。传拳时，谭老师严格按照传统拳法习练之规律，按部就班地加以传授。当时首批随谭老师学习的，多是合肥各大高校的有大学生，这批人中能坚持习练的有杨纯生、张煜良、何建三、吴晓丹等，至今不但在拳艺上，而且在各自的事业上，都取得了引人注目的成就。另外在十几年的教学中，社会各阶层的人士也不断来到合肥参加学习，除安徽外，现在谭老师的学生有来自北京、辽宁、山东、广东、青海、湖南、江浙等地的武术爱好者。这些

谭全胜老师照片资料

学生在谭老师的带领下，大部分都参加过全国性的武术比赛并获奖，也有的在杂志及网络媒体上发表了不少关于心意拳理、拳艺的论文。

近十年来，谭全胜老师与上海同门紧密联系，为发扬卢式心意六合拳而努力，曾参与上海卢式心意六合拳研究会的筹备并分担部分工作。2015 年，谭全胜老师与众学生在合肥成立坤德堂心意六合拳会馆。2017 年，坤德堂心意六合拳会馆获得上海卢式心意六合拳研究会授牌，成为上海市非物质文化遗产卢式心意拳合肥市传承基地。同时，为了更好地推广卢式心意拳，在张道福老师之子张宏旗等师兄的支持和共同努力下，又在合肥成立了卢式解传张道福心意六合拳会。

桃李不言，下自成蹊。谭全胜老师在合肥对卢式心意六合拳传播起到的作用引起了当地媒体的广泛关注，安徽《新安晚报》《徽商》杂志及合肥有线电视台等都曾对其进行过专访。

汤必胜老师

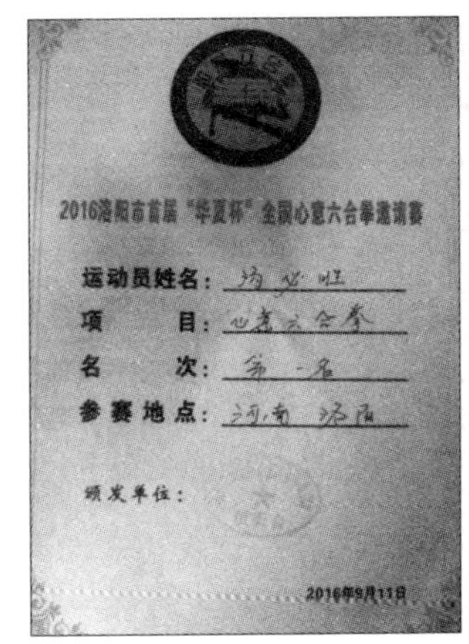

2016洛阳市首届“华夏杯”全国心意六合拳邀请赛

运动员姓名：

项　　目：心意六合拳

名　　次：第一名

参赛地点：河南 洛阳

颁发单位：

2016年9月11日

2015江西首届“恩达杯”全国心意六合拳邀请赛

获奖证书

运动员姓名：

项　　目：

名　　次：一等奖

参赛地点：中国·分宜

颁发单位：

2015.08.08

汤必胜老师获奖证书

汤必胜，安徽合肥人。1976 年退伍后随张道福老师学习心意六合拳。20 世纪 80 年代后在合肥传授拳术至今。现任合肥市武协委员、一级武术师、中国武术六段。自 2013 年参加省、全国武术比赛，荣获各种奖项数十个。

沈国明老师

沈国明，安徽合肥人，张道福老师义子。随张师习艺，多年来致力于拳术的锻炼和研究，在合肥传有学生数十人。其先后参加全国性的武术比赛，获誉甚多。其弟子多人在全国性的心意拳比赛中获得一等奖。

沈国明老师拳照

樊永平老师

樊永平（整理人），61 岁。1971 年拜师张在生（张在生师承解兴邦）学习心意六合拳至今，较系统地学习了该拳法。期间因参加学历教育和忙于工作等中断一定时间练习。参加过2013年上海精武“盛政杯”第十一届和2014年上海“精武杯”第十二届太极传统武术心意六合拳的比赛，并取得较好成绩。

张在生（右）向樊永平叙述学拳经历

樊永平老师拳照

梁海华老师

梁海华（整理人），1975年生。2011年跟随葛宗杨老师学习心意六合拳。

卢少君老师支系

整理人：蔡伯澄、范兴文

关系：卢少君老师徒弟、徒孙

卢式心意拳掌门人 —— 卢少君老师

卢嵩高祖师生有四子，少成、少波、少裕、少君，唯幼子少君承其艺。祖师爷功夫了得，年至七旬喜得幼子，自然甚为疼爱。少君师自幼喜动，模仿能力极强，少裕师伯曾与吾言："你师父承老爷子天性，7 岁时就被老爷子耳提面命、培养基础，玩得有模有样。"我曾问少裕师伯，"您怎么不出来？"师伯答曰："老爷子归真前 7 天，与我们兄弟说，'就叫君出去（出山）吧，你们要监督他勤练。我要走了，你（少君）要专心玩味，不可改拳，心意拳好东西。'我们当时甚为惊诧。次日老爷子便卧倒在床，始不能言，可到第 7 天老爷子就无疾归真了！"祖师爷归真时少君师未及弱冠，却知使命重大，时刻专心玩味，少裕师伯也监督甚严，功力与时俱增。

卢少君

若干年后，为了让少君师走出去体悟一下成名师兄的拳功风格，师奶奶（李宝珍）特地与解兴邦、白恒祥等打过招呼："你小师弟现在很要强，你们要让他多多体悟。"因此少君师每周一天去解兴邦师兄家，如此连续 3 个月，间或去其他师兄弟家感悟，而更多的是与白恒祥师伯一起盘艺、饮酒、论谱。至 22 岁时，少君师已具一身神力，鸡腿、龙腰、熊膀、虎领筋、四正八柱特征大显。自此少师功夫成有乃父之风、卓然一派大家之气。

卢嵩高（右）与卢少君（左），蔡伯澄提供

两代大师的人文轶事

师父常说："练功要练回劲。"有时练功太累不想再练，此时若咬紧牙关坚持再练一会，渐渐就会不再感觉劳累；刚开始汗水咸而又苦，坚持练直到汗味渐渐有甘津味。日积月累，能量逐渐足实，感觉日渐轻松，直到用意不用力，用力在一点时就会到新境界。

为了验证自己的功夫，师父功成后常找人切磋武艺。当时正值"文革"时期，好武之风盛行，在朋友的邀约下师父参加过数次武斗，无不大获全胜。师父年少时还曾去上海各大公园踢过场子。他既不与人交谈，也不通报姓名，直接找教拳师切磋，踢完就走。一时间圈内皆奇，怎么突然冒出来一个如此厉害的后生晚辈，出手敏捷，力大势宏。后被知情人爆料，方知是卢祖师的少公子，无不感叹，真是将门虎子，家传正宗。

记得第一次去师父家时，师父正在与上门拜访的武术人演示双臂挂

卢少君弟子合影

人，师父平伸双臂，手心向上，肘略垂，前臂略上翘，手腕处让两人同时用双手挂住，两人双双离地吊起，足足挂了一分多钟。两人体重均在70公斤以上，足见少君师双臂已练就老熊之功。

有一次，看到师父坐在小凳上，双手用肋夹功劲插两边铁桶里的铁砂，手掌直插没入铁砂中，由此方知师父指节粗厚的原因。师父说，如果只是空练鹰捉把、虎摆尾，虽然也能气贯指尖，但硬度稍欠，还需要用工具来足实，使指尖的力量达到能将手指插入对方软肋间而将肋骨擒住的程度。师父在我身上示范过一次，令我至今仍感恐惧。师父那时手握成空心拳，在对方眉心稍弹抖就能使对方晕厥；单把往下轻轻一塌即可使对方心脏骤停，功力之大，至今仍令我辈神往。

在我的眼中师父是文武双全之大才，文通多种经略，武尤擅长心意功夫，精妙绝伦，势不可挡；做人疏财仗义，常与我们讲："练拳做人都一样，有一颗正大光明之心，才会有无坚不摧之意，一个人一身正气最最重要。"

徒弟陆万龙眼中的师父：1991年，卢少君老师在上海武术院公开举办心意六合拳培训班，本人有幸参加了培训学习。培训结束后随老师至其家里继续学习。1993 年 1 月 10 日，正式递帖拜卢少君为师，当时到场的有于化龙、王书文、张兆元、陆安广、侯长信等老师及上海武术院的领导。1992 年，师父在静安公园拍了不少练功照。在我印象中，师父尤以蛇拨草技艺最为精绝，其在家里对着桌角练习，左右跨幅甚大，束展绝妙。2005 年，师父与心意同门师兄王书文、张兆元、白恒祥等老师组建成立了上海卢式心意六合拳研究会，为上海卢式心意六合拳在上海及全国各地发展起了极大的推动作用。徒弟朱海滨对师父教的踩步摇闪把也是记忆犹新，两手回势鹰捉、塌意、画圆时带有捧意，腰胯用力，趁势向前上闯去，劲宜柔，猛则呆滞，师父特别强调一定要带有捧意！

师父对于教育、学术是非常严谨的，我们几个师兄弟拜师前在外面都有找过启蒙老师的经历，因在外面学习来的东西与师父的教学方法、动作尺寸、要领要求都有很大的区别，所以一开始师父教得很慢，一年教不了三四个招式，总是关照我们要把前面学来的东西全忘了，不然就教不下去。当时我们也不以为然，怎么会教不下去呢？慢慢地才知道教拳容易改拳难，固有的思想意识要改造确实需要时间，所以老一辈常说，宁教白纸一张，也不愿教过堂的，就是这个原因。难怪以前师祖教拳分好多类别：一直交学费就学的叫学生，老师看得中拜师进门的叫徒弟，有人介绍带艺投师的叫过堂徒弟。在外面学了同种拳法有人介绍又来学的叫过路学员，练同门拳法而已经拜过师是不能收为徒弟的，有人介绍也不行，因为这样拜师的人有欺师之嫌，说明品质低下，做师父的也有不懂规矩、不道德之嫌……要弄得如此复杂实属无奈，因为他们以此为生计，但又不想轻易丢掉手艺。老一辈虽然以教拳为生，但十分珍惜名声，爱护业界生态。这样一分类，后遗症也很大，因为教的都不一样，传到后世差异就是十万八千里，就比如画家，有精品画、有工作画、有应酬画之分，画家的画好与不好也就欣赏而已，然而武艺如此对后世影响就特别巨大了。

师父不但一招一式教得认真，特别讲究动作结构的科学性、规范性、合理性，对于理论文章也是特别关注，谁发表了心意拳的理论文章他都要仔细阅读并加以标注，有些出书内容写得文不对题的他就直接丢垃圾桶，然后告诉我们应如何鉴别地阅读吸收，并告诫今后出书、写文章要特别严谨，切勿误了子孙。

卢少君（二排中立）与法国学生合影，拍摄于 20 世纪 90 年代

卢少君老师拳照

卢少君书法《十形大法》

武艺特色

卢少君老师是卢式心意拳开山鼻祖卢嵩高的儿子，是鼻祖之衣钵传人。师祖卢嵩高常与徒弟言，天上飞的，地上跑的，水中游的都是我们的老师，所以卢式心意拳是“崇尚自然、师法自然、道法自然”的典范。卢式心意拳象形取意，模仿龙虎马猴蛇鸡燕鹰鹞熊等生灵在猎食、抵御或逃脱天敌时表现出来的那种扑击、收纵、窜侧、勇猛之天性灵意。卢式心意拳正是获取其天性灵意为拳，故师祖总结了“十大形”：①龙形裹横；②虎摆尾；③夜马奔槽；④猴竖蹲；⑤蛇拨草；⑥踩鸡步摇闪把；⑦燕子抄水；⑧鹰捉把；⑨鹞子穿林；⑩熊膀，号称十大真形。其实并不止于这十种动物之十种拳形，因为天上飞的、地上跑的、水中游的皆可为我辈师习，这也是卢师祖对后学的教导，也非常符合“心意”二字之真义。确实，卢式心意拳中尚有：乌牛摆头、狸猫上树、鲤鱼打挺、黄莺登架等。十大形中也并非止于十形，一个正形三个副形。因此，卢式心意拳不但具有来自战场搏击的显著技击性，兼有生灵动物优美的运动艺术性；更有内家拳独特的呼吸和发劲方法，练之使人长寿。

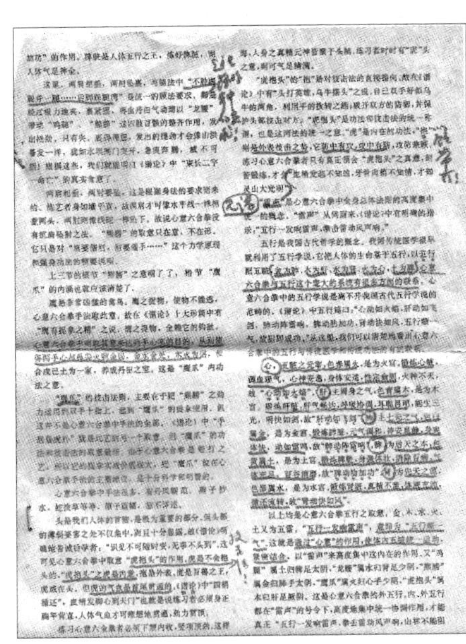

卢少君在《武林》杂志上做的批注

本支系的劲道分类与训练特色：

（1）长劲。动物的伸张之势即为我拳之长劲，也叫尺劲。所以初练者都需要开胯、开肩、开胸、开骨节，初练时达到手脚齐顺和整，筋长力大，骨节伸得长、拉得开至关重要。弓马形态与懒腰劲为主，周身紧张而内中空洞，呼吸顺畅，周身协调。这就是本支练明劲阶段的重要路径。

（2）短劲或划劲。也称之为寸劲。动物之曲势转折即是我拳之短劲或划劲。练功者动作圆通自由，三节分明，四稍齐整，形态合理，意气通达，劲力合一（内外同合），这是通过明劲阶段的刻苦训练而进入暗劲阶段的必然路径，否则不可言其功。

（3）刚劲。动物之往前迅猛直去是我拳之刚劲，也称之为撞劲。

（4）柔劲、化劲。称之为厘劲或毫劲。动物之曲曲弯弯即是我拳之柔劲、化劲。动物之纵横变化、灵活巧妙是我们人类所不及的，所以练习者要尽动物之本性，也要尽我们人类潜质之本性，当练功达到四肢动转自如，起落进退均不着力，专以神意运用，专注于用意不用力，用力在一点，似龙蛇无腰而其身曲曲弯弯动转不已，无处不着力而又无处不可着力，以至于无处不可击人，周身协调，是至于化劲近也。

（5）尚柔不尚刚。本支尤重尚柔不尚刚，刚猛之劲均为明劲阶段之勇力（弓马阶段都是刚劲），进入暗劲阶段就特别重视转化之功，引进落空之意（使用鸡步出劲都是暗劲）。师父经常讲：太极有的我们都有，太极没有的我们也有。

（6）重丹田与呼吸。明劲阶段为自由呼吸，进入暗劲阶段就尤重丹田的内翻、外翻、左甩、右滚、右肩至左胯、左肩至右胯，并与呼吸紧密配合。有时二步一呼吸，有时一步二呼吸。二步一呼吸频率慢，一步一呼吸频率快，一步二呼吸频率极高，唯视发劲的需要而调节。

本支系训练功架清单：

一级：拳前四式，虎摆尾，马弹蹄，鸡步（寒鸡登架，鸡侧翅）。

二级：长三步（轻步站），弓步大劈，弓步摇闪把（定势），拔剑出鞘，龙抬头虎摆尾，挤劲，切劲，霸王脱铐。

三级：崩劲，鹰捉把，雷声，虎扑收势，龙调膀，韧劲，刮地风，五行掌盘功，六合大撞。

四级：虎扑把，野马蹿道，夜马奔槽，勒马听风，蛇形穿拳，裹边炮，过步箭穿。

五级：单虎抱头，双虎抱头，猫洗脸，大裹，小裹，云遮日月把，猴形小裹。

六级：鸡步大劈，跟步大劈，龙形大劈，小劈，磨盘劈，斜劈，沉劈，掂步挑领，大龙形，小龙形，揉中节，插中节，熊形钻拳，大塌，小塌，蛇拨草，蛇形撑肘，左右明拨，十字裹横，双虎摆尾，熊膀。

七级：猴竖蹲，横拳，虎搜山，斩把，怀抱顽石，冲天炮，燕子抄水，小虎抱头。

八级：四面摇闪把，龙形调步，鹞子入林，鹞子翻身，鹞子钻天。

九级：熊形盘肘，单把，鲤鱼打挺，狸猫上树，一头涮碑，乌牛摆头；三盘落地摀。

十级：四把拳。体现整劲、惊劲，三节分明、四稍齐整。

【传承谱系】

创始人：卢嵩高（1875—1961）卢式心意拳鼻祖

第一代：

卢少君（1945—2008），卢祖幼子，卢式心意拳掌门

第二代：

蔡伯澄　王梦义　朱海滨　陆万龙　郑荣焕（韩国）蔡伯刚

第三代：

蔡伯澄老师门下弟子：

李家琛　范兴文　辛红卫　朱永伟　凌　骏

郑渝瀚　黄元龙　郭　隽　张　铭　张　旭

贾宸博　蔡佳儒　蔡佳鑫　蔡杰儒

王梦义老师门下弟子：

钱立刚　赵维维　马以斌　郑　嵘　曹歆晟

丁　毅　颜云斌　王祥志　秦宇庆　林应璞

颜海勇　王　丞　吕　昆

艺花如今

蔡伯澄老师

蔡伯澄老师照片资料

蔡伯澄老师卢式心意拳非物质文化遗产代表性传承人，卢式心意拳研究会会长，卢式心意拳总教练。1965 年出生于浙江省诸暨市，毕业于浙江工业大学，兼修汉语言专业，现居上海。从小迷恋武术、气功，少时曾学少林拳棍、形意、太极、武当子午气功、道家九转玄功、硬气功等功法。于 1986 年开始接触卢式心意拳，1988 年有幸拜入卢式心意拳掌门卢少君门下，自此专攻卢式心意拳。在恩师的悉心传授下，勤学苦练二十余年，其中 1996 年师父因车祸受伤，恩师将我推荐到白恒祥师伯处（白恒祥师伯是卢师爷同族关门弟子），并得到白师多年恩授。因此，在卢式心意拳学上我有幸得到了二位大师的传授。至今卢式心意拳已成了我的挚爱，成为我的一种生活方式。二十多年如一日，严遵师授，孜孜不倦，起早摸黑地训练，才有了如今的精于生理、拳理、气理的成绩；练就百脉通达、精气强旺、身手敏捷，对卢式心意拳的技艺特色有了较深体悟。因为喜爱卢式心意拳的渊博文化，多年来与余江、吴秋亭等同门为了卢式心意拳获批非物质文化遗产不断努力，为了卢式心意拳的继承、推广与发展辛勤耕耘。我与我的同道们仍将继续前行，让卢式心意拳成为大众的挚爱。

蔡伯澄先生全承卢少君老师衣钵，善卢式心意拳技艺，体用俱专。兼工道家软硬气功。

蔡伯澄老师拳照

王梦义

王梦义老师

1960 年出生，居上海。卢少君老师入室弟子，敢用敢冲，尤为威猛。

范兴文

范兴文老师

1986 年出生，居上海。师承蔡伯澄，专致玩味卢式心意拳，体用俱佳，出手威力巨大。

朱海滨老师：生于 1959 年，卢少君老师入室弟子。

陆万龙老师：生于 1962 年，卢少君老师入室弟子。

蔡伯刚老师：生于 1973 年，卢少君老师入室弟子。

郑荣焕老师：卢少君老师入室弟子。

王书文老师支系

整理人：余江、高玉良

关系：王书文老师亲传弟子

卢式心意拳研究会会长——王书文老师

王书文师一生淡泊名利，不事张扬，一生勤学不倦，默默无闻地研习心意六合拳已六十余年，因为很少在武术界走动，又惜艺如金，择徒甚严，故不闻名当世，只闻名于师门里。

王书文

王书文师是山东莱州人，生于1919年，自幼便随着家乡的武术老师学习武术，十四岁时跟着家人到北方学做生意，卖百货，后来腿被冻伤，不得已于1936年来到上海，在外滩开办了美华大理石工业社，同年拜在中原大侠——王效荣老师的门下，一边做生意一边习武。

王效荣老师是河南怀店人，一代武术名家，分别在上海的东新桥、海宁路开办有两所得胜武术社。王效荣老师勇猛过人，十八般兵器样样精通，尤以大刀和查拳最为驰名。1937年在上海“大舞台”曾举办过一次国际性的武术比赛，外方擂主是俄国大力士鲍克罗夫，中方擂主就是王效荣老师，外方主裁判是犹太人，中方主裁判是著名武术家王子平先生。卢嵩高是现场指挥。在三个回合的比赛中，王效荣老师只用两个回合两次把鲍克罗夫举过头顶，重重地摔在台上，全场一片叫好。王书文

王书文

老师作为王效荣老师的得意弟子，与师弟王佩在比赛开始前上台表演了大刀进枪的武术套路，娴熟的配合，天衣无缝的表演，赢得观众们阵阵欢呼。

王效荣老师和卢嵩高师都是回族，又是老乡，同在上海的外滩公园教拳，关系非常好，对老师也非常尊敬，每次提到卢师的功夫时总是赞不绝口，常请卢师对其徒弟们指点一二。卢师曾传授过王效荣老师心意六合拳中的一招“一头碎碑”。王效荣老师常在公园里表演、练习，每次表演都能引得人们驻足观看，以其惊人的力量、塌天的恨意、拖如犁的功夫，使人惊叹不已。1938 年初，王师和师弟王佩、李仪华三人对心意六合拳神往已久，下定决心要学习，三人直接找到卢老家拜师，卢老不肯收，后经王效荣老师的引见，再经过一年多的考察，才同意他们三人递帖磕头拜师。

王效荣老师（后排居中）与弟子王书文（三排左二）、付博英（三排右三）、王沛（后排左二）及爱女王爱英（三排居中），1937 年摄于上海复兴公园

二十余年来，王书文师一直跟随卢老师学艺，对待卢师就像对待自己的父亲。卢师也

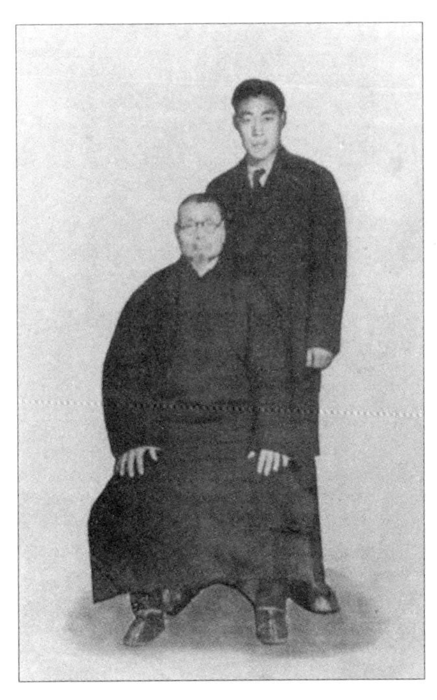
卢嵩高与王书文（后），余江提供

很喜欢王师，公园练后，还常带王师到山东会馆空房间单传独授，说到兴奋处，连比画带打。卢老师晚年常对王老师说："书文，你要好好努力下把劲，趁我现在还能教，等我'无常了'（河南回民方言死了的意思），我还能带到棺材里不成？这门拳是古上留下来的宝贝，花钱买不到的，你要坚持传下去，不能失传，也不能乱传，我以后只是图落个名。拳不复杂，但易学难练、更难精，拳意非常的深奥，你要去捞，越捞越深，要勤学苦练，学到老，练到老。"

卢师是于 1961 年因病去世的（去世在当时的纺织医院），终年 87 岁。卢师去世后，王师与大师兄李尊贤、师弟杨肇基一起共同研习，遍访师兄师弟，整理拳谱。大家感到这门拳中除了有一套"四把拳"外别无套路，于是王师与两个师兄弟用了五年的时间，编写完成了一套"心意十形连拳"。它具备了心意六合拳的踩、扑、裹、束、决的劲意与攻防合一、刚柔相济的思想，保持了心意六合拳身成六式的基本特点，把过去单盘单练的一些动作有机地连在一起，充分发挥了心意六合拳的灵活性、"三翻九转一个踢"的任意性及其刚猛性，突出了对头、肩、肘、手、胯、膝、足的应用，共计四十八式，并请形意名家姜容樵老师、太极名家王守先老师作序，杨肇基师弟写了前言。当时"文革"，王师等三位师兄弟不敢去公园练拳，但是在王师家里每周都会闭门聚会练拳，对心意拳之痴迷可见一斑。

1984 年，安徽蚌埠宋国宾老师的三代弟子拿着宋师与卢师的合影在上海的公园里寻找习心意六合拳的练家，有相熟的拳友将他们带到王书文老师家里（卢师和宋师是调帖的弟兄，卢师每次回河南或来上海都要在蚌埠住一段时间，宋师的弟子们对卢师非常的尊重，他们也算卢师的半个徒弟）。同年受蚌埠师兄弟们的邀请，王师和师弟张照远、白恒祥一同前往，受到蒋安波、李克俭、刘福田等十几位师兄弟的热情接待，相互间切磋学习，取长补短，常常交流到天亮，深切感到他们对心意六合拳的痴迷。后来，诸衍玉老师的儿子诸福成及王德利、杨世友等人还专程到上海王书文师家学习完善心意六合拳。

随着中外文化交流的日渐频繁，越来越多的外国人喜欢中国的文化，关注中国的武术。美国黑人拳师——约翰，在本国常闻中国功夫博大精深，又非常的神秘，他总想见识一下真正的中国功夫。约翰于 1992 年来到上海，在翻译的陪同下到公园、拳社、武馆看人练习，与人切磋交流。一个多月以后，有朋友把他领到王师家，高大威猛的约翰为人谦虚，说话也比较和气，但此时约翰对中国功夫不怎么认同，不经意间流露漫视，随着交流的深入，约翰的表情明显地严肃起来，不住点头，接下来的切磋更使约翰惊诧不已。本门打人如走路、如“亲嘴”、如拔草般的轻巧，他看不清其中变化，也摸不准其中劲路，挨了打还要问：刚才是用什么部位打的？王师笑了，别说是约翰不知，就是许多练习多年心意六合拳的也不一定明白其中。王师告诉约翰，中国武术每一门功夫都是经过十几代传人毕生心血不断积累，没有行家点化，是很难弄明白的，所以中国武术特别注重传承，讲究明师才能出高徒。最后，王师告诉他虚实、开合在心意六合拳中的变化关系，又告诉他“拳无拳、艺无艺，打人不露形，露形不为能”的道理。约翰似懂非懂，本来马上要回国的他决定再留下来。这一个多月，每天都请王师到他下榻的锦江饭店传拳，又是请客，又是送礼，愈到后来愈是诚心，愈是对中国武术充满了敬畏。回国后，给王师寄来邀请函和担保，信中告诉王老师，他在美国的十几位同事听了他的介绍后，也要学习中国武术。

王师虽然性格淡薄，然而上门络绎不绝者甚多。1994 年，部队的领导了解到王老师德艺双馨，引荐自家子侄过来学习。经过很长时间的考察，1996 年王老师收了第一个徒弟——余江老师。

前苏联戈尔巴乔夫时代，有许多苏联人学习中国功夫，他们特别信任中国教练。在上海，他们多方打听、了解后，选中王书文师，并寄来邀请函和合同。但王师始终认为这门拳是古上留下来的宝贝，过去一直是秘不外传，它与中国的传统文化息息相关，若不懂中国文化，即使下苦功，也很难学会，于是便谢绝了。

王师多年来一直隐居在上海的一所里弄内，闭门勤修，日就月将，更感心意拳的珍贵，不敢有一日懈怠。王师几十年来严守师道，宁可失传，不可乱传，传要真传，慎重收徒，认真授课，入门前要对弟子进行短则一年、长则三年的考察，主要考察弟子的人品、心性、资质。

2005 年 10 月 1 日，王师与卢师的儿子卢少君、张兆元、白恒祥老师们共同发起成立了“卢式心意拳研究会”，并担任第一任会长，为卢式心意拳的发展做出了重大贡献。

2006 年 10 月 1 日，王师的弟子余江和王周成立全国第一家“卢式心意拳会馆”，专业传授卢式心意拳至今。

王书文（左一）在家中授拳

王书文老师 90 岁寿诞

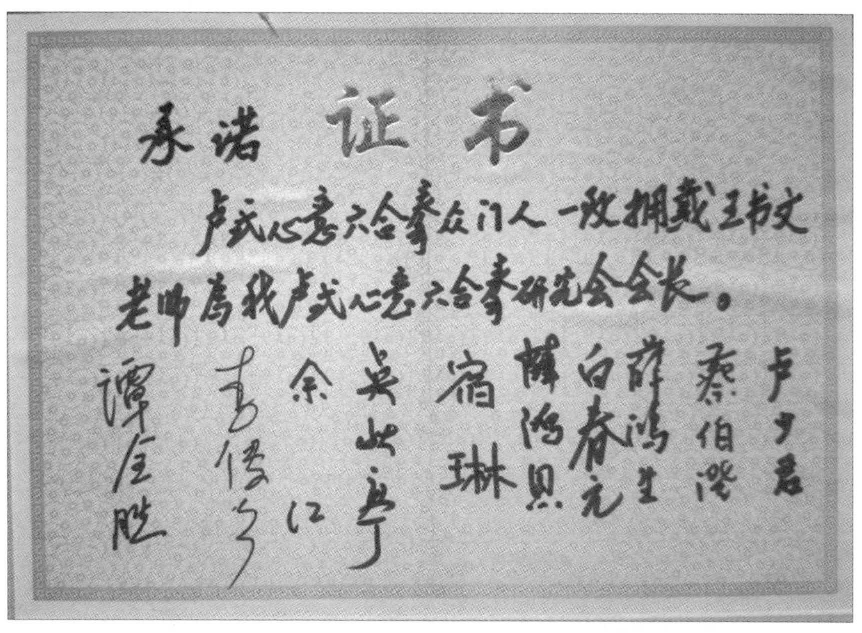

承诺证书

卢式心意六合拳众门人一致拥戴王书文老师为我卢式心意六合拳研究会会长。

王书文老师任卢式心意六合拳研究会会长证书

王书文老师拳照

【传承谱系】

创始人：卢嵩高（1875—1961）卢式心意拳鼻祖

第一代：王书文（1919—2010）

第二代：王书文老师门下弟子：

义孙：袁武杰　张强

余　江　宿　琳　巫善东　尹鲁波　高玉良

李瑞新　张国庆　王　周　戴皓民　张礼金

李凯骉　刘映晖　林天昊

第三代：

余江老师门下弟子：

程立骏　屠纯音　黄光金　陈　刚　徐骏立

陈家乐　李云峰　蔡崇昱　莫晓明　张晨昕

徐　栋　任铮龄　吕飞艳　朱本家　刘　岗

杨青峰　龙庆波　费　宇　林中笑　董　亮

沈书阅　陆海峰　朱海墨　蓝　天　徐兴博

郝长隽　汪英财　李　可

宿琳老师门下弟子：

初本明　毕军华　李菁臣　初本泰　刘进军

王周老师门下弟子：

葛天宇　黄婕玮

艺花如今

余江老师

生于1971年1月17日，河南南阳人。自幼习武，曾经是河南镇平县武术队成员。1990年3月，来上海学习工作；1996年，拜王书文老师为师父，专心学习卢式心意拳；2005年，任卢式心意拳研究会秘书长；2006年，与师弟王周一起成立卢式心意拳会馆，任馆长、总教练；2015年，被推选为普陀区及上海市非物质文化遗产项目卢式心意拳的市级传承人和区级传承人，并担任上海市非遗保护协会理事和卢式心意拳传承基地负责人。

余江老师关注卢式心意拳在当下社会的实践，思考武术能给当下的人们带来什么。

为什么中国武术在中国流传千年而没有中断绝迹？心意拳已经在中国延续了九百年，卢式心意拳也已经在上海兴旺发展了一百多年。因为武术是关心人的生命、改善人的生活、健全人格、构建人的心智、培养人的勇气的学问。学拳不是让你回到过去，

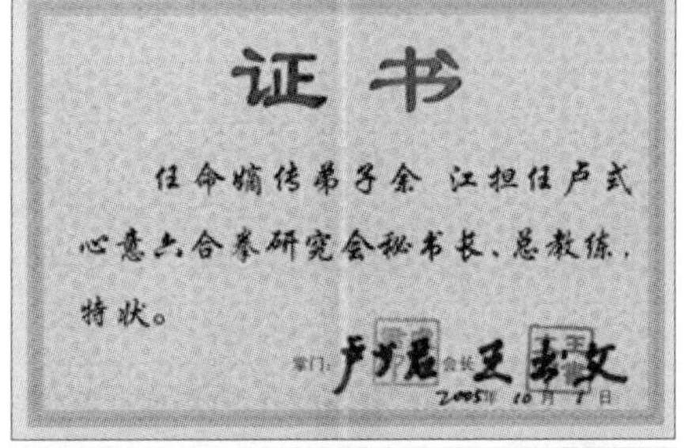

证书

任命嫡传弟子余 江担任卢式心意六合拳研究会秘书长、总教练，特状。

掌门：卢少君　会长：王书文

2005年10月1日

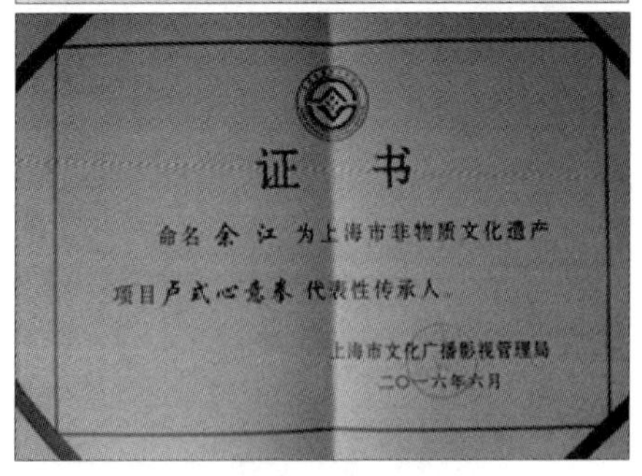

证　书

命名余　江　为上海市非物质文化遗产项目卢式心意拳　代表性传承人。

上海市文化广播影视管理局

二〇一六年六月

余江老师照片资料

余江带队参赛

而是为了树立独立的人格，拥有独立应对困难的能力，能更好地应对当下，活在当下，拥有解决当下问题的力量和方法。武术是一群人智慧的结晶、勇敢的化身、团结的亲和力，是学习中国文化的一条道路，能成就中国人能文能武的梦想。

余江老师身体力行致力于卢式心意拳的传承发展，2006 年成立卢式心意拳会馆，十多年如一日地进行卢式心意拳的保护、整理、培训和传播，长年开办卢式心意拳学习班，培养卢式心意拳优秀的传承人。2008 年，参与举办心意拳的全国竞赛；2011 年，出版《卢式心意六合入门》《卢式心意拳开拳》图书；2012 年 6 月，承办“首届上海武术文化展”，并联合上海体院举办“首届上海武术文化研讨会”；2013 年，申请上海市普陀区非遗成功；2015 年，申请上海市非遗成功，目的是为卢式心意拳的发展做贡献，为了让更多的人关注武术，关注卢式心意拳。

教学上，余江老师重视卢式心意拳系统性研究，从“实用、长寿、易上手”三个方面引导学员开始学习卢式心意拳，强调学拳是完善对规律认识的深度，完善对身心约束的一个能力过程。

宿琳老师

生于1968年，成长于北派吴式太极拳的故乡山东莱州武官村。1987年，从师吴式太极拳第四代传人修占老师，学习吴式太极拳、剑、枪、推手；同年赴烟台上学，经修占老师介绍，在烟台跟随孔庆乐老师继续学习。

1995年，在上海，经吴式太极拳师兄弟谢强推荐，得以拜在马岳梁先生得意弟子钱超群老师门下，继续学习吴式太极拳南派拳术、推手。学习期间，得到师兄朱方泰、周荣贵等的指点帮助。

1998年，在上海，巧遇卢式心意六合拳传人及同乡王书文老师，拜师学习心意六合拳，并得到大师兄余江的多方面指点，也与同门师兄弟巫善东、张国庆、戴皓民、高玉良等经常交流。

2000年，陪王书文老师回故乡莱州省亲，留师父在烟台住了一段时间，得到老师朝夕不离的学习机会。期间介绍吴式太极拳门的师兄弟尹鲁波拜王书文老师为师，学习心意六合拳。

2004年，在义乌拜访钱超群弟子同门师兄王爱民，向王爱民师兄学习。

宿琳老师拳照

2004年，在济南工作期间，向王明星老师学习程式八卦掌。因学习时间较短，未能系统学习。

2004年，在济南，拜杨澄甫式太极拳第四代传人迟绍和先生门下，学习杨澄甫式太极拳。2010年左右，在杭州，迟绍和老师回国传授太极刀。在杭州期间，与杨澄甫式太极拳同门师兄卢家华、管厚任经常交流。

2005年，在烟台，向于仁斋老师学习拳术、疯魔棍。

王周老师

1973年出生，自幼师从外公学习少林拳、查拳和各类器械，并加入地区武术队。

1990年，作为优秀队员被选入省散手队系统学习各种格斗技法，为主力队员。

2004年，有幸拜于心意拳大师王书文老师门下，精研卢式心意六合拳。寒来暑往，悉心问道于门内各位前辈，研究各种典籍，勤习不辍十数年。现任卢式心意拳研究会副会长，总教练。

王周老师因为多年的实战搏击经历，所以一直注重于心意拳的实战技法和各派传统武术与现代搏击之间的交流切磋，力求寻找新的思路和方法，让古老的传统拳术在新的社会环境下再现活力。在教学方面注重学以致用，从悟理到体修再到实操的不断进步，为卢式心意拳的传承与发展做不懈的努力。

王周老师拳照

林天昊老师

1974年4月19日生于安徽合肥，幼年体弱。1993至2008年旅居俄罗斯和加拿大。旅居国外期间，为了强身健体开始习武，涉猎了空手道、跆拳道、合气道、泰拳和西洋拳击。2008年回到上海，2009年拜王书文老师为师父，学习卢式心意拳。

由于林天昊老师涉猎多种技击体术，所以比较关注卢式心意拳和其他拳术在体现形式、教学传承等方面的区别。

空手道、跆拳道、合气道等发源于日本和韩国，已经形成了成熟的教学体系和段位体系；教学体系的形成比较容易在武馆复制和发展，而段位体系的形成比较容易去量化评估一个练习者的水平，同时也会让练习者有一个练习的动力去考取更高的段位。

林天昊老师拳照

泰拳和西洋拳击没有相应的段位体系，但是他们的动作相对简单，容易上手，也有着成熟的教学体系，能够迎合当下白领减肥减压的诉求。

拳击是奥运会比赛的赛项，在西方社会乃至世界上都有广泛的群众基础，有着各种成熟的赛事和很多赞助商。最近几年在中国发展得也很好，各种拳击比赛赛事和学习场馆也如雨后春笋般涌现了出来。

心意拳在中国已经延续了九百年，卢式心意拳也在上海兴旺发展了一百多年。作为一个内家拳，心意拳有着很丰富的内涵，同时也是一个实战性很强的拳术。如何发掘和发扬卢式心意拳的核心价值，从而推广之是我辈卢式心意拳弟子任重道远的责任。

刘映晖老师

刘映晖老师拳照

1970年生于上海。自幼酷爱武术，并长期习练太极拳。在北京念书期间，曾连续获得北京高校武术比赛太极拳、剑冠军。除太极拳外，他一有机会便四处拜访名师，意拳、形意拳均有涉猎。1992年回沪后，又广为拜访内家拳名家，有机会接触到吴式太极、孙式太极拳、绵拳和心意六合拳。

2009年，经大师兄余江先生引荐，拜王书文老师学习卢式心意拳。

刘映晖老师非常关注卢式心意拳以及内家拳等中国传统武术在当下社会流行的搏击项目上的实践，一直在思考、研究和亲身尝试将传统内家拳的打击发力方式融入到现代拳击技术中去。已愈不惑之年的他还经常与现役菲律宾、俄罗斯、泰拳运动员不断交流切磋，希望为内家拳的传承奉献出自己的力量。

张兆元老师支系

整理人：张大惠

关系：张兆元老师之子

卢式心意拳副会长——张兆元老师

我父亲张兆元先生，是黄埔军校第十九期学生，毕业后到杨浦公安局前生——榆林警察局参加工作，在警局里认识了卢老师的外甥方瑞芝，在他的援引下，递帖子，立誓言，拜卢老先生为师，学习武艺，成了我父亲一生嗜好。受过高等教育，有很深文化底蕴的他，在卢老先师的教导下，对武术有了很深的造诣。

张兆元

父亲酷爱武术，同门师兄们都认可我父亲的为人，特别是解兴邦老师。解师伯与我们家住得较近，而且与我父亲都在一个警局工作，在他的影响下，我父亲参加了革命工作，并经常去他家探讨武艺。

下面援引一段父亲于1982年底发表在《武林》杂志上《也谈心意六合拳》文章的前序：

余1948年冬，得方瑞芝先生之援引，幸师承于卢嵩高老师之门下，习心意六合拳。自蒙收录，朝惕夕乾，聆听老师之口授，体练老师之身传。门墙桃李，十载熏陶，存得一灯，多年来践习钻玩未敢稍忘，他把学习心意六合拳的思想和意义归纳为六点，浅释概述如下。一是心意六合拳源流疏考；二是心意六合拳称内家的哲理依据；三是心意六合拳严谨学风及道德修养；四是心意六合拳习技体练之要求；五是心意六合拳练功十六法；六是心意六合拳形名正宗说。

我父亲一生谦虚、谨慎、慷慨、大度，用毕生的精力钻研武术的真谛和精神。

我们要继承老一辈武术家们的武术精神，发扬光大心意六合拳，修身养性，让心意六合拳成为武术界的精神和楷模。

张兆元老师照片资料

张兆元老师照片资料

张兆元老师拳照

也谈心意六合拳

辽宁营口 张兆元

余 1948 年冬，得方瑞芝先生之援引，幸师承于卢嵩高老师之门下，习心意六合拳。自蒙收录，朝惕夕乾，聆听老师之口授，体练老师之身传。虽然赋性驽钝，未得壶奥，但门墙桃李，十载熏陶，先生之余火残薪，存得一灯，多年来践习钻玩未敢稍忘，浅释概述如下。

一、六合拳源流疏考。心意六合拳乃内家拳之鼻祖，考其沿革依循，远溯至宋、元、明、清四代。首创岳飞，集成于明末姬龙凤，乃定名为心意六合拳。岳飞祖创此拳名曰意拳，此说世论纷纭，信疑参半，余以为可信其有。兹仅按清乾隆十五年岁次庚午荷月，龙邦由陕回晋，遵师命途经河南洛阳，拜谒师伯学礼马公，戴与马公相谈甚洽，马嘱戴为岳武穆王意拳谱为序。戴氏有如下一段自叙："兹见岳武穆王拳谱，意既纯精，谱亦明畅，急录之以志余爱慕之情。"又有"王精通枪法，以枪为拳，立一法以教将佐，名曰意拳，神妙莫测，盖从古未有之技也（戴氏谱系老谱之一也）"。又按雍正年正月河南新安进士王自诚为南山郑氏序心意六合拳谱，亦有岳武穆意拳之说，郑氏亦姬老师拳艺之得传者，谱亦有如下叙说："郑氏于姬老师之拳、刀、枪、棍，无取不精，为谱以教其子弟，不敢言姬老师之传也。"（末句系自谦语）。此谱亦目前流传老谱之一也。综上所述，窃以为古人不吾欺也。

姬老师名宏，字际可，号龙凤，山西浦州诸冯从氏，系明末总兵，精大枪术，因世乱朝昏，乃弃职归农。居家尝自叹曰，吾提枪骑马，有万夫不当之能，今拳打二人忙，值此乱世保身家。武艺之道，独恨未精，有朝闻道、夕死足矣之憾，于是弃家访道于终南，遇异人，授武穆拳书，归乃参悟多年，集而成之，称心意六合拳。留谱论，授徒子，得其真传者，有河南马学礼，陕西曹继武，子姬寿及南山郑氏者（名不传）。曹继武传山西戴龙邦，戴传河北李洛能（系布商），李洛能传白西园、刘奇兰、郭云深等。李洛能因感心意六合拳称呼与理解皆不便，于是改心意拳为形意拳，其徒郭云深又增十形为十二形，或称五行拳。今流传于山西河北之形意拳，源于出。唯河南马公学礼，自艺成后归乡务农，不求仕宦，晚年授艺于族属，保持姬老师心意六合拳原貌，末稍更动。以马公系回族，外教不得扣其门，秘传之，呼心意门，代有传人，沿袭至今。马学礼传马三元、张志诚，张志诚传李政，李政传张聚、白先师，张聚传子张根、买壮图、马毛，买壮图传袁凤仪，袁凤仪传尚学礼、杨殿青、卢嵩高、宋国宾等。卢嵩高老师艺成后离乡辗转于京汉谋生至武汉，会铁氏父子。铁氏系武汉心意六合拳一支，其所出非唯同，属回族。又因买壮图之女嫁于铁氏门中，故武汉一支存也。卢师中年曾住蚌埠，与师弟宋国宾同理镖业，故蚌埠亦有心意门一支存也。卢师由蚌埠过南京而后留居上海，授徒为业，徒子众多。余就学时入其门，常见者有李尊贤、马义芳、王守贤、马海凯、解兴邦、孙少甫、王蓝田，以上诸君多已故殁，现存者寥寥无几，又皆无闻，故名氏查不到。心意六合拳上世虽属保密，并独传于回族，但非单传。余所言者仅就卢师一系而已，其于上世先辈，限于闻见局偏，考据无从，若有疏漏，尚希同好雅谅。

二、心意六合拳称内家的哲理依据。判别一门拳术内外之属性，窃以为不在攻守与刚柔，而在于该拳术创制理论指导之内涵，赋予体练者习践预期之宗旨目的，内家以培本为密旨，外家以修枝为要务。人之本，精、气、神也。人之枝，筋、骨、皮也。故内家以藏精、蓄气、炼丹为培本之密旨，外家拳以伸筋、硬骨、揉皮为外务之修造，故世俗流谚，谓内练一口气，外练筋骨皮之说。本固枝荣是内家之主旨，修枝壮干则外家之目的，泾渭殊途，重轻立判。仅按岳武穆王及姬老师之谱论曰：精养灵根气养神，元气不走是其真，丹田练就千日宝，万两黄金不与人。画龙点睛，诗句明白道出心意六合拳练功密旨，在乎藏精、蓄气、培神也。盖精藏则吾人之灵根旺，气蓄丹田实则吾人之元气盛，气与神通，神者生之本，表者生之具，一言以蔽之，心意六合拳乃吾人精、气、神培炼之要妙也。呼为内家，意此之谊也，兹将心意六合拳哲理依循之十说条列如下：

①虚无一气万化说；②两仪阴阳天地说；③三才配位三体九节说；④四象四稍说；⑤五行五脏五关说；⑥六合混元一体说；⑦七星七

也谈心意六合拳

遼宁营口張兆元

余一九四八年冬，得方瑞芝先生之援引，幸师承于卢嵩高老师之门下，习心意六合拳。自蒙收录，朝惕夕乾，聆听老师之口授，体练老师之身传。虽然赋性驽钝，未得壶奥，但门墙桃李，十载熏陶，先生之余火残薪，存得一灯，多年来践习钻玩未敢稍忘，浅释概述如下。

一、心意六合拳源流疏考。心意六合拳乃内家拳派之鼻祖，考其沿革依循，远溯至宋、元、明、清四代。首创自岳飞，集成于明末姬龙凤，乃定名为心意六合拳。岳飞祖创此拳名曰意拳，此说世论纷纭，信疑参半，余以为可信其有。兹仅按清乾隆十五年岁次庚午荷月，龙邦由陕回晋，遵师命途经河南洛阳，什谒师伯学礼马公。戴与马公谈式甚洽。马嘱戴为岳武穆王意拳谱为序。戴氏有如下一段自叙："兹见岳武穆王拳谱，意既纯精，谱亦明畅，急录之以志余爱慕之情。"又有"王精通枪法，以枪为拳，立一法以教将佐，名曰意拳，神妙莫测，盖从古未有之技也（戴氏谱系老谱之一也）。"又按雍正十三年正月河南新安进士王自诚为南山郑氏序心意六合拳谱，亦有岳武穆意拳之说，郑氏迨亦姬老师拳艺之得传者，谱亦有如下叙说："郑氏于姬老师之拳、刀、枪、棍，无取不精，为谱以教其子弟，不敢言姬老师之传也。"（末句系自谦语）。此谱亦目前流传老谱之一也。综上所叙，窃以为古人不吾欺也。

姬老师名宏，字际可，号龙凤。山西蒲州诸冯人氏，系明末总兵，精大枪术，因世乱朝昏，乃弃职归农。居家尝自叹曰，吾持枪骑马，有万夫不当之勇，今拳打二人忙，值此乱世，何保身家。武艺之道，独恨未精，有朝闻道、夕死足矣之慨。于是弃家访道于终南，遇异人，授武穆拳书，归乃参悟多年，集而成之，称心意六合拳，留谱论，授徒子，得其真传者，有河南马学礼，陕西曹继武，子姬寿及南山郑氏者（名不传）。曹继武传山西戴龙邦，戴传河北李洛能（系布商），李洛能传白西园、刘奇兰、郭云深等。李洛能因感心意六合拳称呼与理解皆不便，于是改心意拳为形意拳。其徒郭云深又增十形为十二形，或称五行拳。今流传于山西河北之形意拳，源于出此。唯河南马公学礼，自艺成后归乡务农，不求仕宦，晚年授艺于族属，保持姬老师心意六合拳原貌，未稍更动。以马公系回族，外教不得扣其门，秘传之，呼心意门，代有传人，沿习至今。马学礼传马三元、张志诚，张志诚传李政，李政传张聚、白先师，张聚传于张根、买壮图、马毛，买壮图传袁凤仪，袁凤仪传尚学礼、杨殿青、卢嵩高、宋国宾等。卢嵩高老师艺成后离乡辗转于京汉谋生至武汉，会铁氏父子。铁氏系武汉心意六合之一支，其所出非唯回属族。又因买壮图之女嫁于铁氏门中，故武汉一支存也。卢师中年曾住蚌埠，与师弟宋国宾同理镖业，故蚌埠亦有心意门一支存也。卢师由蚌埠过南京而后留居上海，授徒为业，徒子众多。余就学时入其门，常见者有李尊贤、马义芳、王守贤、马海凯、解兴邦、孙少甫、王蓝田，以上诸君多已故殁，现存者寥寥无几，又皆无闻，故名氏不到。心意六合拳上世虽属保密，并独传于回族，但非单传。余所言者仅就卢师一系而已，其于上世先辈，限于闻见局限，考据无从，若有疏漏，尚希同好雅谅。

二、心意六合拳称内家的哲理依据，判别一门拳术内外之属性，窃以为不在攻守与刚柔，而在于该拳术创制理论指导之内涵，赋予体练者习践预期之宗旨目的。内家以培本为秘旨，外家以修枝为要务。人之本，精、气、神也。人之枝，筋、骨、皮也。故内家以蓄精、蓄气、炼丹为培本之秘旨。外家以伸筋、硬骨、揉皮为外务之修造，故世俗流谚，谓内练一口气，外练筋骨皮之说。本固枝荣是内家之主旨，修枝壮干则外家之目的，泾渭殊途，重轻立判。仅按岳武穆王及姬老师之谱论曰：精养灵根气养神，元气不走是其真，丹田练成千日宝，万两黄金不与人。画龙点睛，诗句中明白道出，心意六合拳练功秘旨，在乎藏精、蓄气、培神也。盖精藏则吾人之灵根旺，气沉丹田实则吾人之元气盛，气与神通，神者生之本，形者生之具，一言以蔽之，心意六合拳乃吾人精、气、神，培炼之要妙也。呼为内家，意此之谓也。兹将心意六合拳哲理依循之十说条列如下：

一、虚无一气万化说；二、两仪阴阳天地说；三、三才阶位三体九节说；四、四象四梢说；五、五行五脏五关说；六、六合浑元一体说；七、七星七位七拳说；八、八阵奇正变化说；九、九九丹成说；十、十形应象说。

上列十说，各有演绎说词，包乎天地阴阳，达乎物初人始，元妙精微，寓乎心意六合拳中，以见此艺上可以参天地，同造化，下可以爽人寿，补修短，延命年，谓为内家之鼻祖，武道之上乘，艺术之真品，盖有因也。仅按岳武穆王及姬老师祖之谱论曰，唯我心意六合者，[illegible]之无穷，苟能日就月将，则智无不备，勇无不生，得和平之理，会和平之情，雍成自然，则能去能就，能弱能强，能进能退，能柔能刚，不动如山岳，难知如阴阳，无穷如天地，充实如太仓，浩渺如沧海，眩耀如三光。民族瑰宝可以明也。

三、心意六合拳严谨学风及道德修养，岳武穆王及姬老师之谱论曰，心意六合不乱传，无穷奥妙在其间，若教狂徒无知汉，惹祸招灾保身难。故有三教、三不教之说。卢嵩高老师口戒三不曰：不恃技为歹，不眩技逞勇又曰：习此艺者，应行如病郎，守如处女，温文儒雅，端庄肃穆。

四、心意六合拳习技体练之要求，谱曰：鸡腿、龙腰、熊膀、鹰捉、虎抱头、雷声，以此为六合，此乃要求习技者应达到之意境也。若非持之以恒，锲而不舍，其可达乎。鸡腿者谓趋步之步也；龙腰者谓转侧之身法也；熊膀者谓摔臂虎虎有风也；鹰捉者谓抓拿之疾狠如鹰扑食也；虎抱头者是肘不离肋，手不离腮；雷声者，势如电闪，声如迅雷不及掩耳，先声夺人也。唯其要求如此，故谱又曰：牡丹花开满树红，后来结果几个成，世有奇才多枉用，可惜奇才不多生。此谓学者总多而精者实少，学非易也。非唯学者不易，盖师亦难也。故谱又曰：山上石多黄金少，世上师多明师稀，太平我重其人语。世有名师之说，然盛名之下，其实难副。有朋党推名者，有钓誉沽名者，名高望众，求易得也，故求名师易求明师难也。盖名乃外誉之加，明乃内隐之实也。

五、心意六合拳练功十六法，谱曰：一寸，二践，三钻，四就，五夹六合，七疾，八正，九经，十胫，十一起落，十二进退，十三阴阳，十四五行，十五动静，十六虚实。十六法贯串于习艺者一体之中，有为外形之规矩，有为内意之会通。神形互济，内外贯通，精藏气蓄，其艺自精。

现仅将虎形一式略述如下：

卢嵩高老师口授曰：虎行风生，威在蹲山。此谓猛虎行动有风随也，故易曰：云从龙，风从虎。虎有威，威可以慑众兽，但其威以蹲山为最，以虎为山中王，山者虎之势也，失其势则威难发，故俗有虎落平阳被犬欺之喻。故心意六合拳虎形一式以虎蹲山为其宗也。然则虎之威究何威也？卢师曰：收纵以扑，转侧以掀，贯用三绝，摔尾如鞭。以三绝而伏众兽，是虎威之所在也。卢师数语，已画出虎形真谛。所谓收纵以扑者，盖收如伏猫，纵如放虎，是有所取，欲进先退，击扑之式也。转侧以掀者，是扑而未中，左右明拨也。左右明拨，是猛虎出笼之式也。摔尾如鞭者，拳架中之虎摆尾也。以上虎形，若能严遵师训，谨按技法，则人在场上习拳，有若虎在眼前施威，栩栩如生，呈自然逼真肖似之美感。

六、心意六合拳形名正宗说　仅按卢嵩高老师讲授，及其生前拳架留影兹将形名分列如后。一曰龙形搁横，二曰虎蹲山，三曰鹰捉，四曰熊出洞，五曰鸡腿，六曰鹞子入林，七曰猴竖蹲，八曰夜马奔槽，九曰燕子取水，十曰蛇拨草。心意六合拳所采十形，呼为十大真形，所谓真者一也，盖依岳武穆王，兵贵如一之训，取少而精也，一者一整体也，一可以致万，变化无穷经曰：绝利一源，用师十倍，故其拳架，不尚巧饰虚繁，而以逼真刻意，造形朴美，纯精简练。

（一九八二年八月二十五日写于上海）

张兆元老师手稿

位七拳说；⑧八阵奇正变化说；⑨九九丹成说；⑩十形应象说。

上列十说，各有演绎说词，包乎天地阴阳，达乎物初人始，元妙精微，寓乎心意六合拳中。以见此艺上可以参天地，同造化，下可以契人寿，补修短，延命年，谓为内家之鼻祖，武首家之上乘，艺术之真品，盖有因也，仅按岳武穆王及姬老师祖之谱论曰，唯我心意六合者，攀跻之无穷，苟能日就月将，则智无不备，勇无不生，得和平之理，会和平之情，顺成自然，则能去能就，能弱能强，能进能退，能柔能刚；不动如山岳，难知如阴阳，无穷如天地，充实如太仓，浩渺如沧海，眩耀如三光。民族瑰宝可以明也。

三、心意六合拳严谨学风及道德修养。岳武穆王及姬老师之谱论曰，心意六合不乱传，无穷奥妙在其间；若教狂徒无知汉，惹祸招灾保身难。故有三教三不教之说。卢嵩高老师口戒三不曰：不持技寻斗，不持技为歹，不眩技逞勇。又曰：习此艺者，应行如病郎，守如处女，温文儒雅，端庄肃穆。

四、心意六合拳习技体练之要求。谱曰：鸡腿、龙腰、熊膀、鹰捉、虎抱头、雷声，以此为六合，此乃要求习技者应达到之意境也。若非持之以恒，锲而不舍，其可达乎？鸡腿者谓趋踩之步；龙腰者谓转侧之身法也；熊膀者谓挥臂虎虎有风也；鹰捉者谓抓拿疾狠如鹰扑食也；虎抱头是肘不离肋，手不离腮也；雷声者，势如电闪，声如迅雷不及掩耳，先声夺人也。唯其要求如此，故谱又曰：牡丹花开满树红，后来结果几个成，世有奇才多枉用，可惜奇才不多生。此谓学者总多而精者实少，学非易也。非唯学者不易，盖师亦难也。故谱又曰：山上石多黄金少，世上师多明师稀，太平我重其人语。世有名师之说，然盛名之下，其实难副，有朋党推名者，有窃誉沽名者，名高望众，求易得也。故求名师易求明师难也。盖名乃外誉之加，明乃内照之美也。

五、心意六合拳练功十六法。谱曰：一寸、二践、三蹿、四就、五夹、六合、七疾、八正、九经、十胫、十一起落、十二进退、十三阴阳、十四五行、十五动静、十六虚实。十六法贯穿于习艺者一体之中，有为外形之规矩，有为内意之会通。神形互济，内外贯通，精藏气蓄，其艺自精。

现公将虎形一式略述如下：

卢嵩高老师口授曰：虎行风生，威在蹲山。此谓猛虎行动有风随也，故易曰：云从龙，风从虎。虎有威，威可以摄众兽，但其威以蹲山为最，以虎为山中王，山者虎之势也，失其势则威难发，故俗有虎落平阳被犬欺之喻。故心意六合拳虎形一式以虎蹲山为其宗也。然则虎之威究何威也？卢师曰：收纵以扑，转侧以掀，掉尾以鞭，惯用三绝。以三绝而伏众兽，是虎威之所在也。卢师数语，已画出虎形真谛，所谓收纵以扑者，盖收如伏猫，纵如放虎，是有所取，欲进先退，击扑之式也。转侧以掀者，是扑而未中，左右明拨也。左右明拨，是猛虎出笼之式也。掉尾如鞭者，拳架中之虎摆尾也。以上虎形，若能严遵师训，谨按技法，则人在场上习拳，有若虎在眼前施威，栩栩如生，呈自然逼真肖似之美感。

六、心意六合拳形名正宗说。仅按卢嵩高老师讲授及其生前拳架留影，兹将形名分列如后。一曰龙形搁横；二曰虎蹲山；三曰鹰捉；四曰熊出洞；五曰鸡腿；六曰鹞子入林；七曰猴竖蹲；八曰夜马奔槽；九曰燕子抄水；十曰蛇拨草。心意六合拳所采十形，呼为十大真形，所谓真者一也，盖依岳武穆王，兵贵如一之训，取少而精也，一者一整体也，一可以致万，变化无穷。经曰：绝利一源，用师十位，故其拳架，不尚巧饰虚繁，而以逼真刻意，造型朴美，纯精简练。

1982 年 8 月 25 日写于上海

白恒祥老师支系

整理人：张宁卫、张展浩

关系：白恒祥老师亲传弟子

卢式心意拳研究会副会长 —— 白恒祥老师

白恒祥先生1934年生于上海，回族，河南淮阳县人氏。自幼喜爱武术，7岁跟随河南查拳大师马忠启、马忠立前辈学练查拳。1951年，白老师到白家走亲戚时（白家亲戚是卢师祖远房表亲）恰碰卢嵩高师祖在场，闲暇时白老师演练了一套查拳。白老师的查拳舒展流畅，干净利索，发力到位；卢祖见白师年轻、英俊、灵巧、勤奋，心中甚喜，即生传艺之心；在白师亲戚的力荐下，白师老父亲当即令白师向卢祖行拜师大礼，遂成卢祖在回民徒弟中的关门弟子。

白师天资聪慧，勤奋好学，年近八十高龄卢祖，自然倾囊相授。在白家店铺后门（现上海市长寿路桥公园附近），卢祖对白师一对一言传身教，耳提面命；白师心领神会，长年勤练，寒暑不辍，功夫日渐精进，尽得真传。卢祖晚年，极少外出，白师利用下班、节假日的空闲时间前往卢祖家里学拳，同时主动分担一些家务，聆听卢祖的教诲，师徒间建立起非同寻常的父子般情谊。卢祖从拳谱理论体系到拳法结构及应用、内功心法、实战变化和器械等，一一单独面授给白师；白师比

白恒祥

较全面地继承了卢祖心意六合拳艺，理所当然地成为了卢祖心意拳回民中的关门弟子。卢祖临终前是白师日夜侍奉其左右，待师亲如父，卢祖弥留之际，已经不能说话，师徒间仍用点头和摇头的方式来确认密传心法、拳法及功法，验证其拳理。后来事实证明，白师的拳架、功法及发劲特征极具震撼力，有着与卢祖相似的气势和神韵，得到同门师兄弟的广泛推崇和高度肯定，成为上海卢式心意六合拳第一代极具影响力的人物。

白系的流传史

白恒祥先生一生择徒很严，谨守本分，恪守门规，一辈子从未在外面收徒，所有弟子都是经亲戚、朋友或者师兄弟推荐而入室的。早期上海刘方海是白师兄弟推荐；中期有合肥张宁卫是合肥友人李治忠推荐，湖北张展浩是卢祖弟子张兆元先生推荐，合肥王勇是友人张志刚推荐，上海李传芗为白师二女婿；后期王小鹏、李文卿是查拳师兄马孝芳推荐，周正贵是方世英领来的，上海蔡伯澄则由卢祖小儿子卢少君，大家称之

白恒祥（前排左三）与诸老师合影

少老师推荐。在白师为数不多的弟子中，卢家两代人先后各向白师推荐了弟子。

有一次，有几个师兄在卢家等卢嵩高祖师，卢未回家，白师正好也去卢家。当时一位师兄对白师说过过手，当时真打过来，白师一个龙形调步人已在其后，手已经拍在师兄身上。其身法步法之快，令师兄吃惊。

20 世纪 80 年代初，中国拳击界北拳王张立德在上海拜访方士英、马孝芳、白恒祥几位老师，准备写一本《拳击与中国武术》，并结为至交，尤其是在和白师动手切磋时，一个照面，白师用蛇形三角步进身，右掌在对方的脖子上轻轻打了一下，没有真砍。张立德对白师出手快如闪电，佩服至极。

白恒祥老师拳照

白恒祥老师拳照

武艺特色

白老师一生唯一的嗜好就是练习传统武术，尽管他还学了查拳、七势拳，但他最爱的还是心意六合拳。他常常对弟子讲，我的拳（心意六合拳）与外面的拳不同。他强调练就内三合、内五行为要，心意拳讲究以内催外，以意领气，以气催力；或身成六式：鸡腿、龙腰、熊膀、鹰捉、虎抱头、雷声，以凸显心意拳勇、猛、短、毒、疾、恨、快、利之本色。

龙虎劲：所谓龙虎劲，是取意于龙虎两大灵性动物的先天本性。取龙之惊、虎之恨之意，此意是贯穿整个心意拳各个拳架的盘练发劲之灵魂。白师常常讲，劲是惊出来的，而发力过程着重盘练一个“合”字。

白老师的所有入室弟子，都是他自己一对一手把手地教出来的。惊劲、恨劲不是想练就能够练得了，惊不出来怎么惊？恨不下来怎么恨？白老师讲，惊劲发劲前，通常由一个很小的辅助动作引领，比如单把，是靠左（下）手自裆内翻转惊起向上，用大鱼际轻擦任脉至下颚；右手成鹅头状上提后至耳齐；内气（内五行相合）与左手轻擦任脉，同步上提至中丹田，两肩关节像是高压锅盖紧紧扣住，此时，胸腔内聚集巨大的能量，耳为灵性，右掌心与右耳相呼应，“三性”调和，恨劲才会崩出。拳谱云：手搂手恨喝案。此把拳，惊劲、恨劲尽出，功夫加深，灵劲自会上身。

心意拳巨擘买壮图老祖创新提出心意拳“灵”劲功夫，有“灵劲上身天地翻”之寓。买老祖的灵劲，加上心意拳本身的龙虎劲，也就是惊劲、恨劲，构成买氏心意拳惊劲、恨劲、灵劲之三劲，与当时在黄河北岸的形意巨擘郭云深形意拳整劲的明劲、暗劲、化劲相互呼应，开创了黄河两岸两位大侠的武学巅峰时代。

雷声：六艺中数雷声最难练，雷声其意义博深，含意宏大。其发之有序，震于肺，动于意，始发于内丹田震荡而声出于口。白师讲雷声之艺是卢祖师不传之秘。

当时卢祖师教他此艺时是早上三点在郊区无人之处练习此艺，卢祖师雷声洪亮。白师当时给我们演练时，声如暴雷，使在场之众心身一惊，可称之艺惊四座。声如炸雷能使人瘫坐于地上，可想而知其丹田发力的劲力有多大。

鸡腿：白师一再强调练拳主要在于盘根，此拳下盘最为重要。腿法步法，在心意六合拳中有着独特的盘练方法，有着不传之密。卢祖师曾讲过，教拳不教步，教步打师父。可想盘练下盘功夫的重要性。

心意六合拳的鸡腿，白师教出来的弟子就是与众不同，往下一坐，一看鸡步就知道你的功夫怎样，是否得到真传。屁股坐下的（坐胯）与曲膝下蹲（磕头步），就是两个完全不同的概念。这叫作“差之毫厘，谬以千里”。

白师教拳重视内外双修，自始至终要求浑身上下从内到外，内至内五形，外至外五形，四稍、毛发都须一动无不动，一惊而无不惊，真正做到三节明，四稍齐，如马惊，如雷爆，练拳时始终贯之精气神，体现出勇猛短毒、疾恨快利的心意六合拳核心特征。

白师盘练功夫途径：

第一层为练势法，练动作的准确，是外三合，要求去僵为顺。

第二层是练心法，以外三合带动内三合，主要练内的惊劲，练内外齐动，要求四肢全身，四稍和内外五形齐动，一枝动而百枝摇。主练惊抖之劲。

第三层练养内功，主练内丹田之气，以内催外，主练惊炸劲。灵劲上身天地翻，灵劲为惊天翻地的爆炸劲。

白恒祥先生晚年闲时也动笔写写东西，发表个人看法，记录一些个人感悟。他将毕生学到的汤瓶七式拳的拳意精华，触入到心意六合拳之研究之中，对心意拳的拳法和理论更加深入系统地进行研究。

晚年的白师，考虑到传承，将心意拳的六合内功大法等，传给了张宁卫等人。

【传承谱系】

创始人：卢嵩高（1875—1961）卢式心意拳鼻祖

第一代：白恒祥（1934—2005 师父：卢嵩高）

第二代：

白春元　李传芗　刘方海　张宁卫　王　勇　张展浩　蔡伯澄

沈锦康　李继伟　李贵宝　李忠林　曹福根　周正贵　崔勤伟

杨瞬耀　杨德才　祁福星　章泉乐　王小鹏　李文卿

整理人介绍

张宁卫老师，号银虎，系卢嵩高师祖关门弟子白恒祥先生入室弟子。1984 年，拜师于白恒祥先生学习心意六合拳，几十年如一日，勤学苦练，较为系统地继承了白恒祥先生所传的十大形等秘传拳艺。

张宁卫老师拳照

张展浩老师，1984 年 4 月，经张兆元先生极力推荐，与合肥张宁卫等人于当年 5 月 1 日同时拜师，成为白恒祥先生入室弟子；三十多年来不断琢磨与反思白恒祥先生与众不同的拳艺，颇有心得。

王守贤老师支系

整理人：薛鸿生、薛鸿恩

关系：王守贤先生的外孙

王守贤老师

王守贤恩师（1900—1974），回族，河南开封市人，是上海心意六合拳创始人卢嵩高宗师在沪第一期最早的嫡传入室弟子之一，是我们的恩师。他既和师爷卢嵩高是河南同乡，又是回族门里，两人居住相隔仅百米之遥，守着师爷相依为伴数十年，得其真传，功力惊人，深得师爷喜爱，在众师兄弟中有口皆碑。恩师一生是练拳习武的一生，数十年如一日，持之以恒，从不间断，得其真传，一生淡泊名利，从不张扬。

王守贤

1900 年，恩师出生于河南开封东大寺（清真寺）旁一个贫穷的回族家庭，当时的开封——东京汴梁，是一个武林高手云集的地方。幼小的他，就已深受武术氛围的熏陶。他对我们说：无论是攀杠子，玩石锁，练摔跤，还是习武弄棒，他样样爱好，但更是与武术结下了不解之缘，尤其擅长回教门里的查拳、七势、西凉掌，练就了一身的好武艺，是当时开封“东大寺”闻名的大学长。他亲口跟我们讲：由于家境贫寒，只得凭借印子钱（指借高利贷）老父亲做烧鸡，他十二三岁便上街提篮小卖。一次，军阀冯玉祥部的兵痞拿了烧鸡不给钱，他虽年小，但毫无惧色，在忍无可忍的情况下，就用学了的西凉掌几下就将兵痞打翻在地连连求饶，他说可尝到练拳的好处了。二十多岁时，他便只身来到十里洋场的上海谋生，遇卢嵩高先生后，与马义芳、李尊贤（李敬臣）、马孝凯、马学广、穆清澜、解兴邦等作为第一期最早的入室弟子。这一期的师兄弟们基本都是河南回族人，原本自身功夫就了得。因为心意拳历代只在河南回民中相传，又称教门拳，应该说第一期师爷只教回民孩子，而解兴邦为了学拳，隐瞒了民族，事后师爷也认可了，从此师爷在上海打破了传回不传汉的传统习惯。恩师从开封接家，先安置在虹口公平路。“八一三”事变日本人从公平路码头打过来，恩师携家眷逃难迁到普陀区的回民窝（现为常德路新会路口），距师爷家隔百米之遥。除了谋生干活外，他与卢师爷可谓关系最为密切，相处时间最长，得到卢师爷的教诲和指点亦最多。师爷归真后，师兄弟就他一人陪同师爷家人徒步送往大场公墓，回来后悲痛欲绝，他说：“老师说守贤啊，我这病好了，还有些东西不能带走，得留给你们。”谁知“口唤”来得这么快啊。

恩师秉性刚正不阿，不畏强暴，他行侠仗义的轶事，家人永远不能忘怀。早在抗战时期，上海沦陷，日本人横行霸道。一天，在日租界里，一帮日本人想耍弄中国人，恩师正巧路过，他们见恩师个子矮小，便围了过来，其中一个日本跤手，抓住恩师翻到背上想摔“背包”，恩师并无还手，只在日本人背上一松，任凭他如何发威，就是摔不下来，这时恩师暗暗发功，往下一坠，将那日本人重重地压趴在地。旁边的日本人，伺机报复，摆开架势，从四面扑了过来。未等后面那个日本人抱住身，恩师一个火烧身，接一个虎坐窝，便把他打得不会动弹。正面那个此时又要扑将过来，恩师一个矫健的蛇行步迎了上去，一记搓把，将其击倒，然后侧转身，一个裹横，旁边的日本人也应声被打出几丈远，围观的中国人无不拍手称快。还有一次，在英租界，恩师见到一位中国老汉被英国巡捕警棍打得头破血流，却还不罢休，眼看要出人命。他怒不可遏，一个箭步蹿了上去，仅用一个搬把将那巡捕打到墙上撞昏过去，随后背起老汉夺路而走。恩师不但疾恶如仇，还心地善良。当时，靠出大力挣得微薄收入，养活一家七口人，还要孝敬老师，已是相当拮据，但遇到邻里穷苦人饿得接不上顿，他就是勒紧裤腰也要鼎力相济。几十年过去了，这些得助的人至今还念念不忘。

恩师一生勤奋刻苦练拳，对心意六合拳的执着和痴迷程度是常人难以想象的。他老人家常说："老师传下的心意门是咱们教门的拳，是门好拳，我只要有口气，能动弹，我就不能丢，就要练。"他一直教导我们："练拳要有恒心，千万不能三天打鱼，两天晒网，与其那样不如不练。"他还说："学拳要先学做人，练拳人不能贪男女之色，不能骄傲炫耀，贬低别人，更不能欺负人，咱们练拳是为了强身防身的。"在习拳练功上，恩师是想尽了办法，家里地方不大，却摆满了自制的练功器械，大到沙袋沙包、攥把用的白蜡杆、六合枪、六合刀、盘龙棍（两截棍）、月牙大刀、缸、坛子，小到练握力的小木棍，应有尽有。用他的话讲："练咱们这个拳不拘形式，下场子可以练，走路可以练，在家里站着、坐着、躺着，只要想练，随时随地都能练。"

我们记事的时候，看到恩师每天天还未亮，就先在家练搓把，后到室外练拳，然后上班。尽管恩师在锅炉厂从事冷作工这样繁重的体力劳动，但是下班晚饭后，恩师还坚持到场子里去练拳。回家后，还要练鹰捉功、五行掌，起初用的一缸黄豆，最后练得都成粉末了，又换一缸铁砂。睡觉前还要练蛤蟆功，用手指撑地，一口气就是一二百下。年复一年，从不间断。20 世纪 60 年代中期，老伴去世（回民称为"无常"），恩师便以练拳来发泄悲痛怀念之情，日复一日，不慎劳累过度，导致中风。为了便于照料恩师，我们兄弟俩就搬到恩师家。40 天后，恩师能下地了，就又一瘸一拐开始锻炼；同时，加上针灸推拿，三个月后奇迹发生了，身体基本康复，白发换黑颜，又和郭文治老前辈带着我们活跃在胶州花园（后静安体育场）和静安公园。他演练的狸猫上树，30 多厘米粗的树，一打就是百十下，树干直颤，树叶纷落。李尊贤、马孝凯、解兴邦、于化龙、王树根等诸位师兄弟，既是钦佩，又是心疼，纷纷相劝。

恩师虽然武功精湛，但极守门规，择徒甚严，宁可不收，绝不滥收。除代师教徒外，新中国成立后，大多是师兄弟们的弟子登门求教。恩师授拳极为严格，他对最为得意的两个嫡传弟子即薛鸿生、薛鸿恩兄弟俩，倾注了大量的心血。他常说："练拳架子不能走样，差之毫厘，谬以千里。"一招一式不厌其烦，言传身教，日复一日，不但拨架子，还详尽地讲解每个动作的要领、意境和用法。我们已练了七八年，老人家还不时给我们拨架子，可见卢式心意拳特别讲究细节，为我们几十年的习武生涯打下了坚实的基础，使我们受益终身。

恩师虽然离开我们已经四十多年，但是他老人家对武术的执着追求、深厚的功夫、在场子中练拳的风采以及和蔼可亲的音容笑貌，时时浮现在我们眼前，鼓励我们坚持锻炼，永不懈怠，将中华民族的传统武术文化传承下去，发扬光大。

王守贤老师拳照

【传承谱系】

创始人：卢嵩高（1875—1961）卢式心意拳鼻祖

第一代：王守贤（1900—1974）

第二代：薛鸿生（1949—）薛鸿恩（1954—）

第三代：

薛鸿恩老师门下弟子：

浦雪根　薛宇晖　阮根友　陆晓明　佟　琦

王季璞　方　瑞（加拿大）石　欢（美国）

吴　恒　任　义　刘广清　袁　杰　席文亮

王俊徽

第四代：

佟琦老师门下弟子：

梁绍宁　金威康　徐　驰　周兴凯　张　超

汪　昊

陆晓明老师门下弟子：

马俊寅　方逸韬　郑　华　陆雨曦　崔天硕

艺花如今

薛鸿恩老师

薛鸿恩，回族，河南南阳人，1954 年 9 月出生于中国上海。

薛老师出身于武术世家，幼年喜好武术，七岁跟随外祖父、恩师王守贤（一代宗师卢嵩高最早嫡传入室大弟子）苦练心意六合拳和查拳。在习练心意六合拳时曾得到李尊贤、孙少甫、马孝凯、解兴邦、李尊思、于化龙、王树根、白恒祥等诸位师伯师叔悉心指点；在习练查拳时得到王菊蓉、李尊恭、李尊思、马孝芳、方世英、朱洪宝等师叔的指点。后又向老前辈郭文治老先生学习七势拳，直至 1974 年恩师谢世。后又拜李尊思为师，研习买金奎前辈的心意拳。与此同时，他还潜心研究太极，把太极的精华为己所用，丰富了心意六合拳的内涵。他不但讲究心意“六艺”中一招一式的拳势要领，更注重灵性的修炼。特别难能可贵的是，五十多年来，他持之以恒，习武不断，尊师重道，诚恳待人，勤思善悟，终得心意门之真髓。他不但拳术功夫好，还身怀多种绝技，特别是 90 公斤重兵器月牙重铲，国内罕见，在广西全国民运会上，他的“月牙重铲”和“五马分身”等项目技惊四座，获得了一致公认的最高荣誉，媒体更是称之为“回族神功”。

薛老师不但武功精湛，还善言传身教，积极宣传推广心意六合拳。自 1979 年以来的三十多年，先后在上海武术馆、徐汇网球场、普陀体育馆、普陀公安分局、沪西工人俱乐部、沪西清真寺、回民小学、中环集团等场馆，分别传授心意六合拳、心意排打、太极拳、查拳、散打、擒拿格斗等拳术，还曾担任上海市首届武术散打和上海市第一次工人武术散打比赛的教练及裁判。在国内表演和比赛中，尤其 1982 年在上海举行“全国民运会”上海组团选拔赛时，薛鸿恩以原创“心意十形合一”的杰出表演得到一致高度评价，入选上海市代表团（当时入选运动员仅五名），并在全国民运会中得到表演级别最高的奖项。后又相继参加在广西、云南、西藏、北京、宁夏等地先后举办的全国少数民族运动会上多次获得金、银、铜奖。特别是 1991 年荣获全国硬气功一等奖；1992 年荣获上海国际武术博览会一等奖；在上海市传统武术比赛和市工人武术比赛中荣获内家拳（传统武术内家拳类别包括心意、形意、八卦等拳种）第一名和特别优秀奖；以及在上海武术节大世界武术擂台赛上荣获特别优秀奖；2000 年再次荣获国家部分省市武术竞技擂台赛金奖。1992 年 8 月，作为中国气功超人团赴日本领衔主演了武功；拍摄的武术视频在美国、加拿大和东南亚各国及台湾、香港、澳门等地播出，满誉而归。其精湛的武功使人大为赞叹，在国内外武术界颇有影响。1999 年经上海市体委、上海市民委一致推荐，作为上海武术名人由日本朝日电视台跟踪采访报道。薛先生深厚的武术功夫及谦和的待人态度，给摄制组留下了深刻的印象，为此，朝日电视台还专门写了“感谢状”以表谢意。2003 年，又被阿联酋盛邀代表中国大世界武术竞技团出访，其精彩表演受到阿联酋皇室和海外人士高度赞誉。2006 年，在江苏镇江国际内家拳武术大赛中，又获传统拳术类（心意六合拳）、器械类（心意两节棍）两块金牌。作为少数民族武术高手被编入《回族武术在上海》《上海民族志》和《中国名人大全》等。

薛鸿恩老师拳照

凌汉兴老师支系

整理人：高培华

关系：凌汉兴老师亲传弟子

凌汉兴老师

凌汉兴老师是上海市川沙人，生于武术世家，祖上几代都习练南拳。自幼随父学文习武，遍访名师，青年时代以经商为业。20 世纪 40 年代初，偶然机缘拜识了名震沪上的心意六合拳开山宗师卢嵩高前辈，当年在震旦大学的一场武林聚会，卢嵩高前辈精湛的武术表演，一代名师的风范，使年轻好学的凌师折服，当下进入后场，拜在了卢嵩高前辈的门下。

1947 年冬拍摄于上海复兴公园，前排左起第二人为卢嵩高老师，第三人为凌汉兴先生。后排左起第三人为孙少甫先生，第四人为王兰田先生

凌汉兴老师是读书人出生，天资聪慧，勤奋好学，遇惑求解不隔时日，稍有所悟不敢忽忘，习研苦练，长年不怠，加以事师至诚得卢师真传，武学技艺与身俱进。卢老师生前曾言："你有文化底子，悟性过人，将来心意六合拳的著书立说，传承发扬，非你莫属。"凌汉兴老师练武锲而不舍，坚持不懈几十年如一日。

凌汉兴老师早年代师授徒。卢师逝世后，凌汉兴老师 20 世纪 60 年代在原工作单位教过几个对武术爱好的门人，在"文革"期间受到过冲击，由于这个原因。怕引起是非，凌师授艺谨慎，很注重人的品德。凌师严于律己，品行端正，低调处世，同道无门户偏见，对别门之长兼收并蓄，师门之事不说长短。

门下弟子从入门伊始，须受十五字训，这头三字就是"武为德"，练武之人止戈为武，学武必须品行端正。凌师所著书谱卷首就开宗明义："拳艺运动可以健身益智，防病自卫，奋发精神，锻炼意志，检验品德。"于中足见先生的品德存自心中，及对门人和社会的责任感。"文革"十年内乱，良莠不齐，先生不设固定练场，游教沪上，众多慕名投师和想拜识凌师的同道，只闻其名，不见其影，一时成了神秘传奇人物。

凌汉兴老师练武锲而不舍，持之以恒，不论严寒暑热，刮风下雨，数十年如一日，从不间断。曾记得 20 世纪 70 年代的一场特大风讯，飓风刮了一夜，次日清晨，所见之处，大树、电杆连根拔起，横七竖八地躺满街，飓风的余势仍在作态，而年近花甲的凌师却依然到场锻炼，就像他常说的"练拳就是奋发精神，锻炼意志"，身体力行就是凌师的精神境界。

在教学授徒上不弄玄虚，演教中示以盘势，明以拳理，动作盘式追求精密，要求在最普通的基本盘架上下苦功，精规格定劲力。凌师常说：心意拳每式以单盘为主，盘出劲力，其法至简，其理至深，易学难精，必详明其理，数万遍盘练，劲力才能定格。高深的功夫就是从最普通的盘式中，从规格中提炼出来，功到劲自出，分而盘之，合而化之。随师学艺数十年才渐渐参悟此理，其言不谬。

凌汉兴老师照片资料

20 世纪 80 年代初期（1981 年），应徐汇区武协徐道明主任之邀，凌汉兴老师在徐汇区武协对社会开班设教，成百上千的学员来场拜师学艺，盛况空前，三年间培养出很多的弟子。同时期在徐汇区武协开班的还有海灯法师（少林功夫）、马金标大弟子祝庭耀（醉拳）、王壮飞（八卦掌）、裴锡荣（形意拳）等老师。

为弘扬传统文化和习武健身的理念，为广大心意六合拳这一海派文化的传承，凌师著书立说，悉心授徒，几十年来门下弟子遍布沪上各处。2006 年 7 月 15 日，数百弟子与武林同道齐聚南翔古猗园，共祝凌师九秩大寿，沪上几大媒体同时采访报道了这一盛事，千万市民目睹了一代大师的神采。

继凌汉兴老师后，第二代嫡传肖力行老师（凌师之子）扛起了门第的大旗，全盘负责本门的事务及教务工作，传授武术十几年，培养出了很多的优秀弟子。

第二代资深门人吴新猛老师，是跟随凌师几十年登堂入室的优秀弟子。现在宝山炮台湿地公园执教，负责传授心意六合拳与心意六合八法拳。

第二代资深门人柳家明老师，是跟随凌师几十年登堂入室的优秀弟子。作为精武会在人民公园设立的培训基地，负责传授心意六合拳与心意六合八法拳。

第二代资深门人金晓庆老师，也是跟随凌师几十年登堂入室的优秀弟子。现在中山公园执教，负责传授心意六合拳与心意六合八法拳。

【传承谱系】

创始人：卢嵩高（1875—1961），卢式心意拳鼻祖

第一代：凌汉兴

第二代：肖力行　赵来兴　李富强　陈进泉　喻儒林　王泰东
卢怀仁　左宏权　高培华　吕毅龙　吴新猛　朱全弟
李　怡　顾海林　马祥发　王　涛　柳家明　金晓庆
俞学仁　吾　永　郭梅生　郭伟杰　李　杰　陈竹君
周现龙　董建良　蔡颂德　王瑞同　张敏杰　蔡月明
严月明　储春发　储礼贵　朱俊杰　王顺昌　杨　光
蒋忠良　陈德楹　黄玉雯　夏雄刚　吴富贵　王瑞生
单　良　朱宏滨　朱荣庚　卢孝基　丁运耕　洪　军
郑永庆　倪振麟　喻　嘉　蔡欣欣　王子扬　吕　敏
黄伊莹　王国燕　周嘉怡　翏德龙　徐驾君　李　莉

艺花如今

高培华老师

20 世纪 70 年代初（1971 年），经人介绍拜入凌汉兴老师门下，学习心意六合拳和心意六合八法拳，至今长达 47 年历史，是凌汉兴老师门第中资深的门人之一。

赵文章、赵文亭老师支系

整理人：贾大勇　傅志平

关系：二位老师的亲传弟子及再传弟子

赵文章老师

赵文章

赵文章老师，天津人氏，来沪谋生住打浦桥肇嘉浜路一条弄堂里，育有一女。平生喜好练武，习有形意拳，后与胞弟赵文亭师从卢嵩高学习心意六合拳。赵文章老师为人谦和，平易近人，无他喜好，唯酷爱武术，结交朋友也是练武之人，每天早晚勤练孜孜不辍，从不间断，得闲时常去解兴邦等师兄处学习交流，每有所得非常高兴，随即会转授给后辈学生。赵文章老师练拳很认真，尽管年纪已大，每个动作，一招一式都一定要练到位。故而他的拳风劲力内敛，步伐沉稳，伸展自如，非常有章法。赵文章老师待人很随和，对我们后辈很亲切。我们随赵文章老师子女称呼赵文章老师“大伯”。大伯教拳很认真也很严格，手脚摆放、运行位置必须正确，不容偏差，平时常以卢师爷说过的话来教导督促我们勤奋练拳。至今还记得很清楚的话是：“功夫是练出来的，不想练的时候要坚持练，想练的时候就多练练，这样功夫就练出来了。”“练拳的时候架子要低，上身要直，腰胯要松，后脚不能欠，就像坐个小板凳一样。”大伯还把他在工作时不管坐着还是站着都能练功的方法讲给我们听，激励我们刻苦练拳不要松懈。

五十年过去了，大伯离开我们也有三十多年，大伯慈祥和蔼的音容笑貌犹在眼前不能忘怀，他的无私教导使我得益终身。

赵文亭老师

钱中强（左）、赵文亭（中）、贾大勇（右）

赵文亭老师是天津人，由其兄赵文章老师从老家带到上海谋生，供职于上海东亚刀具厂保卫科。赵文章老师是上海卢式心意六合拳（又称十大形）的开山祖师卢嵩高祖师爷晚年的学生，赵文亭老师也因此得以拜在卢祖师爷的门下学拳，并成为卢祖师爷晚年所收的入室弟子。

赵文亭老师尊师敬心，自从投于卢祖师门下，其家中一直供奉着祖师爷的相片，几十年如一日地香火不断，以全人子之礼。而对于卢祖师爷所传的功夫，赵文亭老师更是每日勤练不辍，不敢有丝毫懈怠。据当时跟其学拳的弟子所述，赵文亭老师夏日练拳，一个鹰捉打出去时额头上的汗珠飞溅，能将脚下的沙土地砸出坑来。赵文亭老师行拳出手刚健，劲意松透，功力深厚，以单把击树能将树皮击到爆裂；胳膊伸出来肩窝里能塞下两根手指；以刮地风起脚能将公园里的石凳踢成两截；练到晚年手臂上的皮肤能长长地一把拉起，几乎到了“马窜皮”的境界。赵文亭老师晚年退休后曾游历安徽、河南、河北、天津等地，与当地拳师交流切磋，以印证自己所学，历时数月终得以了却平生所愿。赵文亭老师除拳脚功夫外还精通点穴和中医的骨伤治疗及针灸技术。武医皆通，俨然大家风范。

当年跟随赵文亭老师学拳的同事亲友不少，长年坚持终有所成者有谢勇（上钢三厂副厂长）、朱洪庆（赵老师妻弟，无锡酱类食品厂书记）、王洪文、贾大勇等人。赵文亭老师的弟子们跟随师父勤学苦练多年，各有所长。谢勇老师最早跟赵文亭老师学拳，功力颇深，用大裹一式可以将比杯口粗的树干击断。贾大勇老师跟赵文亭老师学拳的时间最长，前后达二十多年。贾老师还先后得到过卢祖师爷的多位入室弟子如李尊贤、孙少甫等大师的传授和指点，并与赵文亭老师的兄长赵文章老师相交颇深（贾老师对其以大伯相称）。贾老师精通拳理且拳架工整，因其经历过卢祖师爷多位弟子的悉心传授，对卢式心意六合拳一门的功夫有着深刻而独到的见解。朱洪庆老师早年在上海工作时跟卢振铎老师练燕青拳，后投在赵文亭老师门下学卢式心意六合拳。朱老师 1962 年下放，后在无锡工作，曾在江苏省武术比赛中夺冠。20 世纪 80 年代全国功夫热，不少武林同好慕名而来找朱洪庆老师交流较技，朱老师每每以卢式心意拳的功夫应之，未尝败绩。朱老师除武技外也继承了赵文亭老师的医术，经常为邻里疗伤祛痛，在当地群众中口碑极佳。如今上海的卢式心意六合拳在朱洪庆老师的多年努力下已在无锡甘露和苏州北桥一带得到传承，其弟子有：许鹏程、华仁龙、陆金林、傅志平（朱洪庆老师妻弟）、华锡明、毛佳平、缪洪伟、吴日宽（河南）等人。

武艺特色

赵文亭老师所传的卢式心意六合拳共有四十余式，由鸡形、熊形、蛇形、虎形、鹞形、燕形、龙形（分大小龙形）、马形、猴形、猫形以及每个形所附数个手法和乌牛摆头、大裹、泰山压顶、丹凤朝阳等散式组成，拳架紧凑，风格鲜明。比如赵文亭老师传的鹰捉以螺丝拳为引手明显别于他家；再比如赵文亭老师教拳要求出手高度齐眉，以求实战效果，即使是丹凤朝阳这样的招式也一样出手以眉毛高度为限。四把捶为心意六合拳的核心功夫之一，各家均有自己的练法和心得。赵文亭老师传下来的四把捶套路招式相对丰富，极具特点。除言传身教外，赵文亭老师还传有一份卢式心意六合拳的总谱手抄本和一份点穴谱，以便后学弟子

赵文亭老师拳照

赵文亭老师课徒

们在习练过程中能够参照修习。

自古光阴造化弄人，从卢祖师爷驾鹤西去后，其第二代弟子们也相继作古。但所幸的是大师们用一生的精力修习的功夫却未成绝响。卢式心意六合拳的后继弟子们正在沿着本门先贤们用心血照亮的道路上一路前行，将祖宗传下来的宝贵财富竭力继承，发扬光大，薪火相传。

【传承谱系】

创始人：卢嵩高（1875—1961）卢式心意拳鼻祖

第一代：赵文章　赵文亭

第二代：

赵文章老师门下弟子：

贯大勇　钱中强　陈晓钟　钦　志（音）

赵文亭老师门下弟子：

谢　勇　朱洪庆　王洪文　贯大勇等人

第三代：

朱洪庆老师门下弟子：

许鹏程　华仁龙　陆金林　傅志平

华锡明　毛佳平　缪洪伟　吴日宽（河南）等

整理人介绍

贾大勇老师：1966 年师从赵文亭、赵文章老师学习心意六合拳。当时“文革”动乱始起，复兴公园成为少数几个没有多少政治喧哗、残酷阶级斗争的安静之处。赵文亭老师在亚洲刀厂工作，早上上班前和下班后都会在公园假山后一条幽静泥地小道上教我们练拳。赵文章老师在淮海路陕西路上一家皮草加工店工作，每天下班指导我们练拳，一直到天黑才回家。星期天两个老师上下午都会来公园练拳。我们不上学也不参加造反运动，练拳成了每天的主要活动。

刘宝庆老师支系

整理人：徐德金

关系：刘宝庆老师亲传弟子

刘宝庆老师

刘宝庆，又称刘备庆，江苏宿迁人，原住普陀区药水弄永庆里清真寺对面，系卢式心意拳宗师卢嵩高老师的徒弟。年轻时投卢师学艺，练习心意拳数十年不断，人称“小侉子”，这是因为刘师个子较瘦小，拳路走轻灵快捷之势，尤其是刘师的“龙形调步”，更是出神入化。

【传承谱系】

创始人：卢嵩高（1875—1961）卢式心意拳鼻祖

第一代：刘宝庆

第二代：徐德金

第三代：

徐学麟	毛金星	刘大桩	李德前	瞿建刚	吴金强
崔艺杰	孙智灵	高传富	柴文御	杨巩飞	耿君荣
陈百强	刘民荣	邱　华	陈满意	罗鑫海	徐善祥
黄晓东	杨永林	许仁根	沈正明	周小强	刘梦园
刘　骎	陆意儿	孙军光	梁庆辉	徐晓峰	芮家明
涂逆峰	毕湖冰	李兰花	朱安祥	张永平	张志权
赵　峰	朱文欢	谈亦卫	吴义太	张　帆	韩瑜弘
刘　伟	程　聪	钱　孟	刘大瑜	刘上温	许志兴
钱霞东	陈海群	陈纪文	邱　松	吴剑霞	朱春明
张荣虎	李香贤	冯飞飞	陈素挺	张鉴之	朱润一
黄建士	刘　晶	方爱华	陈东坤	张伟东	何雪绘

黄　达　蓝林峰　张廷全　赵志云　孙信宏　刘忠奇
徐子恒　钟浩荣　项顺成　周月忠　何优奈　黄潮星
刘善柱　杨学勇　蔡丰柱　严慧波　郭丽丽　陈　晓
袁文涛　刘佳伟　王占友　刘　刚

艺花如今

徐德金老师

1949 年 2 月 1 日出生。1969 年拜刘宝庆大师为师，得到刘师的悉心指教，练习心意拳至今已有 48 年之久，为弘扬和传承这一古老的拳种，截至 2016 年已正式收徒 89 人。

近十年来，徐德金老师率众弟子多次参加全国心意拳大型比赛，取得了很好的成绩，其门下弟子在全国大赛中得过金牌者不下数十人。弟子来自全国各地，有教无类，尤其是自编“心意五行阴阳把”的集体拳，先后在全国心意拳大赛中五次获得集体一等奖，其拳式气势磅礴，掷地有声。

徐德全老师照片资料

罗时望、罗时茂老师支系

整理人：罗祥辉、李曦初

关系：罗时茂老师儿子、罗时茂老师再传弟子

罗时望、罗时茂老师

罗时茂

江西心意六合拳，是由江西丰城市津头桥的罗时望、罗时茂俩兄弟在20世纪60年代初传授、70年代初始广泛传播而形成。罗时望先生从小就在江西丰城老家，拜满清末年临江府知府的保镖张大师练习江西地方南拳。艺成之后，在20世纪40年代初，因其师张大师与卢嵩高先生有兄弟之情，故将罗时望先生推荐到上海，投拜上海的心意六合拳一代宗师河南周口人卢嵩高先生为师学艺。罗时茂先生则是在20世纪50年代初，由其兄罗时望先生带领到上海参加工作。1951年，罗时茂先生拜佟忠义大师练习六合拳。1953年秋，罗时茂由其兄罗时望先生引领，投拜在心意六合拳大师卢嵩高门下，专心研习心意六合拳。在20世纪60年代初，由于国家困难，卢嵩高先生亦仙逝，罗时望、罗时茂俩兄弟同时响应组织的号召，由上海下放，回到江西丰城市津头桥老家务农。从此，江西开始有了心意六合拳。

20世纪60年代中期，罗时望、罗时茂俩兄弟由组织调动重回上海工

作，不久又被组织派往四川德阳东方电机厂支援国家的大三线建设。因此，四川也开始有了心意六合拳的传承。

“文革”期间，罗时望、罗时茂俩兄弟先后都回到江西。罗时望先生于 20 世纪 60 年代末回到江西丰城市津头桥老家后，没有再回四川德阳，就一直在家行医，帮乡里乡亲推拿接骨、看伤治病，生活到老。罗时茂先生在 20 世纪 70 年代初则由组织调回到江西南昌工作。此后，罗时茂先生就把南昌作为发展基地，广泛传播心意六合拳，并辐射到各地市，在 20 世纪 80 年代爱好者就发展到了好几百人。

罗时茂的学艺经历

罗时茂（1936—2009），江西省丰城市剑南镇津头桥程罗徐自然村人，中共党员。自幼习练崆峒派字门拳及罗氏家传伤科秘技；1950 年师从佟忠义大师习练沧州大六合拳；1953 年由兄长罗时望引荐，拜在卢嵩高大师门下，与卢师朝夕相处，潜心刻苦习练心意六合拳九年。由于品行淳厚，尊师重道，悟性极高，深得卢师厚爱，故得窥心意六合拳秘奥，为卢师晚年拳艺真传弟子之一。卢师晚年常携焦焕荣和罗时茂等弟子相随，对外交流，多次殷嘱其学成之后，当不负师恩，勉力择人传播拳艺，为师父及心意六合拳扬名。

艺成之后，罗时茂拜别恩师，于 1962 年下放回调到老家江西省丰城市。从此终身盘练心意六合拳不辍，并谨记师训，择人传播拳艺，一生累计收授徒四百余人，遍及四川、南昌、抚州、分宜、新干、新余等地。1963 年，首开山门，收得江西新干县的朱拾根为开门大弟子；1965 年，因工作所需调到四川德阳（古称

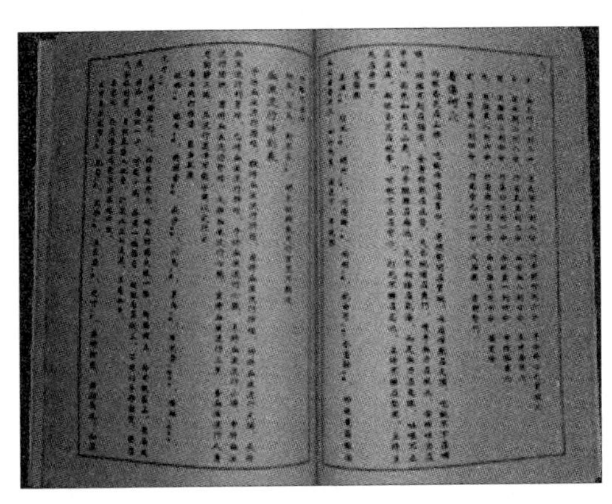

《罗时茂家传秘方选》

绵竹）市，教授了江本模、张世杰等一批心意六合拳弟子；1971 年调回江西南昌市，先后又传授了一大批弟子，主要有南昌的罗祥辉、李江明、胡水保、杜国林、周兴隆、廖永顺、裘建华、章华仁、钱晓勇、胡晓辉、王保国、万建国、熊应华、刘坤根、胡庆宏、胡韶华、黄兆华、万国红、万保林等，江西抚州的李和庆、吴正刚等，江西分宜的钟勤伢、钟黎伢等；江西新余的黄志兵等；江西丰城的罗明辉等。现在这些弟子当中有的人已开门授徒，正在赣鄱大地将心意六合拳代代传承下去。

罗时茂的人文轶事

罗时茂大师毕生修习心意六合拳，拳艺谨严，内功深湛。其拳架工整，上下裹束一体，行拳低沉，步法轻而敏捷，六艺及踩、扑、裹、束、决尽含其中，保留了心意六合拳古朴的风貌。其身柔如棉，九节皆松，尤其是两膀极松，可自行将两肩关节脱臼，后又自行复位，这样便可于无形中突具爆发之劲，势若迅雷，将人发于丈外。1963 年在丰城期间，当地有三位著名拳师在旁偷窥其练拳并讥笑心意六合拳不能实用，为维护师门尊严，其同时与三位拳师较技，用过步溅躥加单把将其一位拳师打出丈外有余，继而用左右虎摆尾将另外两位拳师打翻在地，对手心悦诚服。1968 年在四川德阳与形意拳名家、李宗仁保镖范老师切磋武技，互相钦佩，结为挚友。

罗时茂大师还明岐黄之道，精推拿接斗之术，行履所至，周边百姓跌打损伤多寻其救治，治愈了许多手脚脱臼、肋骨断伤、不孕不育、内伤、小手（江湖俗称“五百钱”）伤人等。1985 年在去桂林的火车上，一位老人中暑，生命已危在旦夕，适逢罗时茂先生在此车，为其所救脱离险境；门内弟子方氏不育，为其治愈，后生三个孩子；在南昌的江英船泊大队，廖桂堂被人下过“五百钱”后由人用竹床抬来，群医对此疑难束手无策，经罗师救治后立起，由家人扶着回家。罗时茂大师品行高洁，不以医术谋利，从不收取半分钱财，患者康复后颇受感动而多提酒、烟来谢而已。

1989 年 4 月 27 日，由罗时茂大师率众弟子成立了全国首个省级心意六合拳研究协会——江西心意六合拳研究协会，并亲任首届协会主席，为心意六合拳在江西的传承提供一个良好平台。

卢式心意六合拳江西支系轶事三则

1. 羊子巷罗时茂神功退罗汉

南昌市的地痞流氓在本地的叫法是“罗汉”，相当于天津的混混、上海的青帮，20 世纪 80 年代严打以前常打架斗殴，横行街市，扰乱社会治安。羊子巷是南昌一条明清时代延续下来的老巷，处在古代南昌城进贤门、顺化门相交的中线，往西是抚河边的惠民门、广润门一代的棚户区，正当交通要道，三教九流颇为复杂。有一次，罗时茂去外面喝酒坐车回来，车行羊子巷，刚一下车即碰到两伙罗汉手持凶器打群架闹事。可能由于天色已晚，一伙人误认为罗时茂是对方的同伙，不由分说，一条铁棍忽然兜头打来，罗时茂长年练习心意拳已练出了极为机敏的灵劲，说时迟、那时快，只见身子闻风一闪，一个龙折身，已躲开了黑沉沉的铁棍，进身就到罗汉跟前，一个刮地风，扬手将其击于一丈开外，罗汉们见此人如此神勇，知道遇到了高人，立即作鸟兽散，呼啦一下星散逃空。

2. 李和庆为乘客保驾护航

李和庆是罗时茂大师早期弟子之一，其身量瘦削精干，动作极为敏捷，尤喜心意六合拳的“收势”这一技法，在鹰捉、虎扑上悟到了深奥的东西，用到交手中，每每得机得势，其在江西抚州武术界打出名气，凭的绝招就是心意六合拳的收势这一技法。20 世纪 80 年代中末期，抚州到南昌的公路上每有车匪、路霸抢夺钱财，阻碍交通，公交公司每受其苦，打击却不得法。闻李和庆精于拳法，乃礼聘其专门押车，为乘客保驾护航。李和庆欣然接受，无事时就混身在乘客中，有时遇到车匪、路霸就动手和他们打斗，车匪哪是他对手，每每被打跑，打得多了，这条路上就慢慢清静多了。

3. 江本模侍师极诚

全国心意门的人大都知道旧上海的解兴邦对恩师卢嵩高生活上关心备至，侍奉极诚，由此感化卢嵩高抛开回、汉之见，将心意六合拳广泛传播。而罗时茂四川德阳的弟子江本模对待师父几乎可以与解兴邦相比。江本模是大户人家的子女，其父为一方名医，与在四川德阳工作的罗时

罗时茂老师拳照

茂相交甚好。其父生其时年已老大，对江本模珍爱备至，遂将其送到罗时茂处学拳。后来罗时茂在德阳当地治好了一个被人下过“五百钱”的大干部，其人感恩，动用关系将罗时茂调回故土，在南昌电厂工作。江本模感念师恩，每逢春节必坐火车到江西丰城看望师父。20世纪七八十年代的交通极为不便，从四川德阳到江西丰城，旧式火车在路上要颠簸三四天，其间还要转几趟车，下了火车还要走好长的一段路才到罗时茂丰城乡下的家里。过年时期，正是天寒地冻、结冰下雪的天气，可见路途艰辛。江西心意门现任掌门罗祥辉正是罗时茂次子，他记得很清楚，小时每到大年三十晚上快吃完年夜饭时，便响起了敲门声，有人在门外用四川口音叫门：“师父！师父！”这就是江本模到了。罗时茂大师晚年患病仙逝前，江本模从四川来丰城尽心侍奉了师父几个月。

【传承谱系】

创始人：卢嵩高（1875—1961）卢式心意拳鼻祖

第一代：罗时望　罗时茂

第二代：

罗时茂老师门下弟子：

朱拾根　江本模　张世杰　罗东辉　蔡泉水　李江南

李江明　许倍奋　肖存章　熊光荣　李和庆　胡水保

方绿水　束杜安　杜国林　吴正刚　夏多根　李立新

付火生　张长根　唐毓堃　伍国亮　廖永顺　丁建明

杜伟国　裘建华　章华仁　周兴隆　钟勤伢　钟黎伢

聂善崽　邓安中　周　琦　汪　洋　王　刚　贡建平

黄　洪　梅晓辉　罗变如　左根保　雷良富　郑　勇

曹金生　徐水根　罗良辉　罗阳辉　胡晓辉　罗祥辉

黄志兵　钱晓勇　肖俊林　曾卫国　罗　群　罗生根

王保国　龚润根　刘火金　熊三泉　熊自源　张小安

万建国　陈国容　王　鸿　万向忠　韩平伢　熊应华

林根伢　郭小牛　余新明　林正苟　邓金石　钟传生

王爱国　孙雪文　徐　志　钟秋苟　刘　明　刘坤根

晏顺根　晏传伢　万长杏　钟挑生　谢志民　胡庆宏

杜国华　杜启顺　杜万林　袁国辉　熊爱华　熊应华

邹　旭　谢增芳　月庭鑫　杨新民　王　忠　胡韶华

胡海林　万建林　万明华　万国红　袁平华　黄新华

徐六根　邓军平　敖旭升　陈新民　吴信红　黄兆华

万保林　朱国华　林九伢　陈细根　陈火根　陈小青

陈水根　徐志丹　吴　天　史新华　詹　明　董顺民

李继军　罗明辉　万　智　许咏平

第三代：

朱拾根老师门下弟子：

袁金根　程金华　龚国林　刘春根　李国林　曾小凡

朱建方　杨　琼　李晓珠　陈国强　刘胜华　黄晓岭

皮志敏　陈小飞　刘　明　黄志涛　邹午军　黄永刚

李红平

李和庆老师门下弟子：

唐洪兵　李玉清　曾　斌　雷建锋　胡明良　饶振江

许京华　王　贵　黄玉保　黄小平　徐胜辉　贺应林

蔡敏玲　邱　宾　肖小月　林子俊　黄剑芳　陈　人

刘　丰　肖冬发　黄志建　石鹏达　周秀成　何　鹏

谢春山　支建华　程华文　余卫兵　陈孝和　尹健康

曾文超　王振宏　杨　波　陈嘉伟　谌林彬

裘建华老师门下弟子：

胡长印　聂保国　梅国清　陶小龙　徐支员　徐小平

徐国平　谢　伟　朱　敏　郭少卿　廖志刚　郭志峰

廖永顺老师门下弟子：

傅冬生　傅满生　孔细根　刘润根　简友根　胡爱兵

熊云辉　陈福鹏　万发明　余俊波　应宗强　廖　凯

章宪邦　陈　刚　周义军　邓如懿　徐志郅　胡顺文

桂小强　李贯成　付签水　梁耀科　姜力强　刘　强

汤希红

董顺民老师门下弟子：

陈军峰　孙　辉　韦　超　徐进进　钱志鹏　张　杰

王明辉　乔　飞　李雪卉　王　浩　董　伟　徐占友

何　伟　韩　辉　董　浩　于天援　徐云龙　陆　毅

代　飞　陆志蒙　王春雨　冯希光　曹广君　房　震

朱　辉　李艳南　王　雨　李小龙　苏胜磊　王　峰

张　鑫　甄　欢　姜　伟　胡学春　宋业兵　侯广才

罗　斌　葛　鹏

万建国老师门下弟子：

熊　建　王翔东　肖清雷　黄小群　程文龙　熊国林

万清华　万志文

杜国林老师门下弟子：

李行华　蔡先华　朱文根　李林仔　朱三根　伍发生

朱润根　曾青儿　朱贱根　曾新夫　朱水根　曾龙根

朱火仔　朱金根　王跃建　任庆永　杜敏菲　胡成俊

钱晓勇老师门下弟子：

周起烈　熊振辉　钱小明　钱满清　钱　皓　张小鹏

唐　勇　章启球　李保国　周家荣　谭家荣　万国胜

谭三牛　钱胜利　李小斌　许峰峰　魏俊雄　蔡　军

左华宽　李梁成　熊海春　徐　铭　江浪清　陈忠辉

陈旭明　梁金龙　华志诚

钟勤伢老师门下弟子：

李权雅　林小兵　林辉萍　林晓泉　林禾生　黄小华

钟武传　朱凯龙　林爱兵　林小寅　俞恩明　郭丰贤

熊应华老师门下弟子：

龚家智　高招波　黄承章　高小明　杨春林　丁　龙

梅　冬

唐毓堃老师门下弟子：

卢晓权　陈树根　李小虎　李曦初　张　平　黄炳林

罗祥辉老师门下弟子：

钟琼林　胡建平

钟黎伢老师门下弟子：

黄志刚　林小玉

第四代：

唐洪兵老师门下弟子：

万强辉　徐建华　卢明锋

钟武传老师门下弟子：

邹　院　涂武洋　钟昕谨　黄　格

李曦初老师门下弟子：

李治一　涂传胜　李海斌　杨献龙　苏林龙　徐赛水

张鹭波　刘佳华　汤建明　余晓金　王文青　程赞雨

章如威　汤伟文

艺花如今

唐毓堃老师

第二代著名心意六合拳名家唐毓堃（师父罗时望、罗时茂），江西丰城人，1952 年 1 月出生。

20 世纪 80 年代初，罗时茂先生之高足唐毓堃先生为了心意六合拳的科学发展，积极倡导成立江西心意六合拳研究协会，旨在对心意六合拳进行科学分析和研究。经过唐毓堃先生多年不懈的努力，终于在 1989 年 5 月 1 日成立了江西心意六合拳研究协会。首届主席是罗时茂先生，唐毓堃先生为副主席兼秘书长。同年，唐毓堃先生被江西武术馆聘任为江西武术学校总教练。唐先生在江西武术学校任总教练期间，积极传播心意六合拳，带出了一班心意六合拳弟子。

1990 年，唐毓堃先生代表江西参加了国家体委《体育文史》杂志、《中国体育》杂志、《精武》杂志、《武当》杂志、北京体育学院出版社、甘肃省体育科研所等六个单位在敦煌联合召开的中国武术与传统文化学术讨论会，唐先生的武术理论得到了大会的高度评价。1993 年唐先生又代表江西参加了麦积山首届武术论文研讨会，并及时提交了论文，唐先生

唐毓堃老师拳照

的《释论〈心意六合拳谱论〉》一文获得了本届优秀论文奖。20 世纪 90 年代初期始，唐先生在《武魂》《武林》等杂志和其他国家出版上物连续发表了有关心意六合拳的科学论文和有关文章，在全国首开了宣传心意六合拳科学性的先河。

唐先生从 20 世纪 80 年代至今，组织带领江西心意六合拳代表队，参加了全国各省、市组织的世界性、全国性的各种武术比赛与活动，均取得了优秀的成绩，为心意六合拳的传播与发展做出了积极的贡献。

江西心意六合拳研究协会的心意六合拳门人，不仅对这门中国最古老的内家拳进行认真的科学性研究，还对中国传统的武术伤科做科学性的研究，他们始终坚持走武医结合的发展道路，旨在为人们解除在生活和工作中有意或无意产生的一些伤病。江西心意六合拳研究协会的多数心意六合拳门人，均掌握了中国传统武术伤科的推拿、接斗、看伤治病的知识，并对人体气血有较深的研究，其中不乏精通者。他们在日常工作和生活中救死扶伤，治伤疗病，均不计报酬，为社会广大人民群众的健康做出了积极有益的贡献。

罗祥辉老师

罗祥辉，生于 1968 年。自幼跟大伯罗时望学习祖传崆峒派字门拳，八岁随父亲罗时茂学习心意六合拳。1981 年，全家随父亲在南昌定居，此后一直跟随在父亲身边，耳提面命，深得父亲的言传身教。通过父亲多年的严厉教导及悉心栽培，加上自身勤学苦练，所获尤多，深得拳艺精髓，对心意六合拳拳谱有准确而深刻的理解，行拳架势工整，内劲充足，发力明晰，体现了心意六合拳的技击风格，年方二十便已得父亲的真传，完全继承了父亲罗时茂大师的衣钵，是江西心意门内唯一的嫡传弟子。

罗祥辉老师拳照

2001 年，在父亲和众师兄弟的推荐下当选为“江西心意六合拳研究协会”会长，由于当年工作繁忙，协会工作暂由众师兄弟们代为操持；2015 年 8 月，再次当选为“江西心意六合拳研究会”会长，并同时出任江西心意六合拳掌门；1995 年就被聘为国家武术六段。

朱拾根老师

朱拾根，1951 年 10 月出生于江西新干县神政桥乡湖田村，自幼跟随父亲习练家传武学及中医。1962 年 7 月，朱拾根父亲与罗时茂大师结识，俩人互相仰慕，遂结为异姓兄弟。由父亲提议，1963 年 1 月，朱拾根拜罗时茂为义父及师父，成为罗时茂的开山大弟子。此后，在师父的悉心传授下，朱拾根刻苦练习心意六合拳，功夫突飞猛进，三五年后便学有所成，年轻时便在新干当地颇有名气，曾以心意六合拳的“追风赶月加单把”力挫当地一武师，使对方望而却步，诚心拜服。

朱拾根不但武学修为较高，武德涵养及人品也很好，终身追随师父左右，为师父分忧解难。在 20 世纪 60 年代的困难时期，朱拾根长年步行来往于新干与丰城之间，为师父家送去生活用的大米，过春节时也经常陪伴在师父及师娘身边。在师父晚年身体欠佳之时，朱拾根更是不离左右，端茶倒水，尽心侍候，是师父临终时在场的唯一弟子。

朱拾根在师门内威望极高，终生谨记师训，以弘扬心意六合拳为已任。1984 年，协同师父在新干当地开设心意六合拳场，教授广大农村群众学练心意六合拳艺；1988 年开门授徒；1989 年 5 月，协助师父罗时茂成立“江西心意六合拳研究协会”，担任新干分会会长至今。

杜国林老师

杜国林，1960 年生，江西丰城人氏。从 13 岁开始就跟随在罗时茂大师身边学习心意六合拳，同时还兼学江西地方字门拳、板凳术和长棍术，是罗时茂大师的早期弟子之一。由于杜国林练功刻苦，加上自身悟性极高，经过十多年的苦练，对心意六合拳的造诣颇深，尤其精于四把捶及大龙形，与人较技，从无败绩。20 世纪 80 年代，秉承师训开门授徒，还经常跟随师父奔走于江西丰城、新干及分宜等地，传播心意六合拳，并在 1989 年 5 月协助罗时茂大师创立江西心意六合拳研究协会，出任首届协会副会长。杜老师为人正直、谦逊、低调，颇得罗老先师喜爱，是江西心意门内得罗老先师绝学最多的弟子，也是江西心意六合拳的代表人物。现在虽已 50 多岁，但杜先生终身不忘师训，长年练功不辍，至今仍在孜孜不倦地传承、发展心意六合拳，为江西心意门的发展做出了较大的贡献，现为江西心意六合拳研究会总教练。

李和庆老师

李和庆，1951 年 2 月生于河南安阳市。少时习练祖上家传武术；随父亲进江西支援建设，又习练江西地方字门拳。1972 年，拜罗时茂大师修炼心意六合拳功法；1982 年，在师父授意下开始业余传拳，现有弟子数十人。李老师于 2000 年参加全国心意拳邀请赛，获壮年组表演一等奖；2004 年参加漯河举行的心意六合拳邀请赛，获四把捶一等奖；2004 年，以江西心意六合拳协会总教练的身份带队参加河南漯河心意六合拳邀请赛，获九个一等奖、集体一等奖和道德风尚奖；2007 年，以教练的身份，带队参加安徽蚌埠的“龙兴杯”国际心意六合拳邀请赛，获八金一银和集体一等奖、道德风尚奖；2013年，参加第十二届香港"梦想杯"武术比赛，获男子老年组四把捶一等奖。作为临川新才子，抚州电视台、临川晚报进行了专访和报道。李和庆现为国家武术协会会员、国家武术六段、国家武术一级裁判、江西省武术协会常委、江西省太极拳协会常委、江西省传统武术养生专业委员会名誉副主席、江西省抚州市武术协会主席、河南省漯河市心意六合拳协会副主席、湖北荆州市心意六合拳协会顾问、武当功夫国际联合会常务理事、全国心意六合拳促进会副主席。

李曦初老师

李曦初老师，1964年12月出生。师承唐毓堃先生。

现任第四届江西省武术协会副主席、江西省心意六合拳专业委员会副会长兼秘书长、国家一级裁判，中国武术七段。1997年10月，入选《中国民间武术家名典》。2006年10月，入选《当代武坛精英名人录》，并被授予"中华武坛精英奖"。

江西心意六合拳专业委员会目前的培训基地在江西余干武术专科学校，校长李曦初先生是唐毓堃先生的高足。李曦初先生20世纪90年代就在江西武术学校担任教练，后回老家江西余干县自办武术专科学校，学校历年被省体育局评为"全省先进武术馆校"，学校还专门设有"心意六合拳"专训班，从小培养学生掌握、了解这门优秀内家拳。李曦初先生每年带领弟子参加国际及全国性传统武术比赛并创佳绩。为传承、弘扬心意六合拳，李曦初先生做出了积极的努力，为推动和发展江西心意六合拳做出了一定的贡献。

李曦初老师拳照

陆安广老师支系

整理人：葛红贵

关系：陆安广老师的亲传弟子

陆安广老师

陆安广

先师陆安广，生平酷爱武术，早年练习少林长拳及各门器械等，均有很深的武术造诣。一生好学，寻师访友，得知上海滩上的武林前辈众多，高手云集，几经师友的介绍，20世纪50年代参拜卢师爷为师。但其拜师过程很艰难。听先师说：当时的心意拳是回族的教内拳，对汉族有不授之忌。先师是个酷爱武术的好学之人，哪能错过学心意拳的机会，最终为师以自己的待人谦虚和为人忠实的品行让师爷默认收下为徒。

先师是中医伤科医生，医术相当高，医德更好，一般不认识他的人，只要上门找到他，都是热心接待，细心治疗，总让病人满意地离开。并且，邻里关系相当好，不管哪家的老人摔伤、脱臼、伤筋伤骨找到他，他都用自己调制的中草药及膏方调理治疗，效果相当好。师父从不收别人的钱和礼物，是我们做人的榜样。

教拳方面，师父不管炎夏寒冬都是第一个到场。

为我们授艺细心讲解，一招一式，要领分明。心意拳练习以单为主，要练就成熟，领会其中的内涵是非常不易的。师父的谆谆告诫至今仍在我们耳边回荡。如今先师已故，但我们始终未能忘记先师要我们加倍刻苦勤练，一招一式都要吃深吃透，要把心意拳一代一代传下去的教诲。为了更好地继承和发扬中华民族传统武术，让我们去认真努力吧！

【传承谱系】

创始人：卢嵩高（1875—1961）卢式心意拳鼻祖

第一代：陆安广

第二代：

葛红贵 吴文伟 鲍一飞 钱绍鸿 常正林 王根强 路国道 等

第三代：

葛红贵老师门下弟子：

任利平 孙建民 倪巧生 钱祥德 邹 涛 周 信 陈 建 陈俊怡 黄 卫 陈晓文 高函涛 朱梭杰 叶 佳 黄戴乾 陆建新 孙易斐 陈宇洋 孙学根 夏政强 王荣生 潘为冬 周 敏 范菊良 吴春杰 吴 杰 王诸琪 夏友强 许卫文 张 平 张 臣 徐 浩 王友发 刁龙生 王 荣 虞晓波 单国洲 戴 军 孙建华 王 彪 迈克尔 乔 恩

吴文伟老师门下弟子：

王连福 桑安秋 Sanzio Versari 马尔可 Marco Moreno 方思可 Francesco Samarco 雷 莫 Remo Pizzin 陆 可 Luca dallara 菲力普 Filippo Fei Long 唐俐玮 Lidia Tamaro Alen Bitto 陈 晨 拉 佳 Elijah Nisenboim 等

鲍一飞老师门下弟子：

谭子政 刘兵兵 王亚章 孟献虎 张纪坤 陈羽中

王连福老师门下弟子：

杨朝华 马启洪 刘成奎 刘晓东 刘济仁 邵志华 刘东荪

艺花如今

葛红贵老师

葛红贵，男，1946 年 10 月 10 日出生于上海。从小酷爱武术，20 世纪 60 年代拜过河南“箭眉大师”腾少男先师学习查拳、洪拳等拳术和器械，1963 年恩师仙逝后自己习练；1968 年，经朋友推荐给卢嵩高师爷的得意弟子陆安广师父学习心意六合拳，其间也深得王书根师父的精心指教，受益匪浅。

20 世纪 80 年代，因工作原因，从上海调到昆山，也就在昆山扎根练拳授徒。1984 年，与当地的武术同道创立了昆山市武术协会，同时也成立了心意六合拳分会，并任会长。每年都带领弟子们参加国际、国家级以及省市级武术比赛，多次取得参赛奖项。2005 年，应邀参加了国际武术大师对中国武术的研讨。

葛红贵老师拳照

陈信义老师支系

整理人：徐光明

关系：陈信义老师亲传弟子

陈信义老师

据陈信义大师的儿子陈金根所讲，1922 年陈信义老师拜一代宗师卢嵩高老师为师，开始系统性地学习卢式心意六合拳。与李尊贤、王守贤、解兴邦等成为卢嵩高老师在上海的第一代入室亲传得意弟子。

【传承谱系】

创始人：卢嵩高（1875—1961）卢式心意拳鼻祖

第一代：陈信义（？—1976）

第二代：

童光美　钱志来　林统民　茆永康　王龙扣　季为民

张玉良　徐光林　徐光明　等

第三代：

徐光明老师门下弟子：

王维乾　徐嘉健　梁大道　王旭磊

艺花如今

徐光明老师

徐光明，自 14 岁起（1974 年 2 月到 1976 年 10 月）随师父陈信义学习心意六合拳（师父于 1976 年 11 月去世），练习至今，已初步掌握了心意六合拳体系。近十年通过与同门的切磋沟通，在个别练法和教法上逐渐形成了自己的特色。

多次获得武术交流比赛的奖项：

2011 年，获安徽“鑫民杯”传统武术一等奖（四把捶）；2013 年，

徐光明老师拳照

获上海“精武杯”传统武术一等奖（四把捶）；2014 年，获河南周口“长青杯”传统武术一等奖（四把捶）；2015 年，获江西首届“恩德杯”传统武术一等奖（四把捶）；2016 年，获上海首届武术节传统武术一等奖（四把捶、组合套路）。

在习练心意六合拳的同时，一方面推动六合拳的传承，在公园、大学以及白领聚集的园区推广心意六合拳，培养的学生有数人夺得上海市相关心意六合拳大赛金奖；另一方面，加强与同门的交流、聚会，积极参加精武会、上海心意六合拳专业委员会（任理事）等相关协会的一些赛事以及座谈会。在传授心意六合拳的时候，能够针对每个徒弟的学习能力、悟性、身材特点以及时间等因素，因材施教，切实帮助他们快速提升心意六合拳的能力和水平。

宣鹏程老师支系

整理人：宣恒敏

关系：宣鹏程老师之子

宣鹏程老师

宣鹏程先生，自幼嗜武。早年参加革命，历经抗日战争和解放战争，曾任骑兵排长，有极丰富的战场短兵搏杀经历，身上有与日军肉搏时留下的刀伤。因其所学武术有最真实最直接的长期战斗体验，故对武术有自身独到的体会和理解，对格斗能力亦极为自信。宣鹏程先生后至沪，得遇沪上回族心意名家卢嵩高先生，在交手中被卢连打了十几个跟斗，遂感“山外青山楼外楼”，对卢之心意六合拳神奇格斗技巧佩服得五体投地，故拜卢先生为师学习河南心意六合拳，与孙少甫、于化龙、解兴邦、徐文忠、余皮匠等著名武术界人物交好。

宣鹏程先生中年时授徒较多，上海本地及外地人士至其家中学拳请教，拜师者络绎不绝。至年老慢慢淡出武林，2006 年 80 岁过世。

【传承谱系】

创始人：卢嵩高（1875—1961）卢式心意拳鼻祖

第一代：宣鹏程

第二代：宣恒奇　宣恒敏　高林森　翟存亮　吴爱民　邹　毅

第三代：

宣恒敏老师门下弟子：

杜海忠　闵师玮　雷宗普

艺花如今

宣恒敏老师

宣恒敏老师是上海卢式心意六合拳名家。宣老师的父亲宣鹏程老先生早年参加革命，在战场的腥风血雨中与日本侵略者和国内反动派生死搏击并屡立战功。新中国成立后，宣老先生在上海偶遇心意拳宗师卢嵩高，经过切磋后折服于卢宗师的神功绝技，遂拜在卢的门下成为入室弟子。宣恒敏老师自幼在父亲熏陶下爱上传统武术，其秉承家学练功不辍，深得父亲真传。

宣鹏程老先生与其师兄解兴邦、于化龙和孙少甫大师来往甚密，解、于、孙三位大师也经常聚于宣府喝酒论拳、切磋武技、探讨武学。那时的宣恒敏老师只有十几岁，在其父和三位师伯的桌旁耳濡目染，如痴如醉，并有幸得到三位大师的尽心指点。

宣老师武艺精湛，拳架极为工整，功力极为深厚，发劲如晴天霹雳、雷霆万钧，身法快似鬼魅深不可测。但宣老师为人又极其低调，不愿为虚名所累，只愿将先人的真功夫传承下去。笔者痛感传统武技失传太多，多年来苦劝宣老师多做自我宣传，不求名利只为传承。宣老师几十年如一日，每日清晨于鲁迅公园练拳授徒，对拜访求教者毫不保守，诲人不倦，并从不求任何回报。

宣恒敏老师拳照

贾治国老师支系

整理人：贾兴福

关系：贾治国老师之子

贾治国老师

贾治国

贾治国，生于1923年，河北省武邑县河西务村人。由于家境贫困，13岁随父母来到上海，居住在杨浦区，以修理自行车、板车谋生。新中国成立后进入上海绒布厂工作。约在1950年前后，投帖于心意六合拳大师卢嵩高门下，成为第三期入室弟子。

贾治国先生为人忠厚，敬师如父，虽然自己当时生活条件亦非常困苦，但自从师从卢师祖后，了解到卢师没有其他工作，靠教拳为生，家里生活条件并不宽裕，遂每月拿到工资的第一件事，就是将学费尽快送到卢师家中。每到逢年过节时，也不忘买些礼物去看望卢师。每次到卢师那里学拳回来后，就按照卢师的要求，一丝不苟地反复盘练。贾老师热爱心意六合拳，以拳为乐，一生勤奋练功，经常夜深人静出门练拳，等到别人早上出门锻炼，他已经练好了拳，回到了家中。贾老师做事低调，从不以拳示人，向别人炫耀武功，很少有人看到父亲练拳，所以左邻右舍很多人不知道贾老师身怀绝技。贾老师练拳不怕吃苦，不管刮风下雨，酷暑寒冬，每天坚持锻炼。如果遇到刮大风下大雨，就在家里练，家里地方小，一步一转身，两步一调头，盘练到自己满意为止。贾老师不吸烟不喝酒，无其他嗜好，一生以练拳为乐，把毕生的精力奉献给自己热爱的心意六合拳。贾老师在心意六合拳上有很深的理解，他反复对我讲，龙调膀的架势看似很平常，里面内含了心意拳最核心的东西。因此，我在很长一段时间里，练习最多的就是龙调膀、韧劲和鸡腿三个架子，这为我以后练习心意六合拳打下了很好的基础。

贾治国老师说过一句话："打拳宁可一辈子不用。"当时我只有几岁，非常不理解这句话，练拳不用，还打什么拳呢？贾老师告诫我说：通过练拳，在磨炼人的意志以及吃苦耐劳精神的同时，增加武德修养，使自己的身体更加强壮，不到万不得已，绝不能出手伤人，造成伤害。就是出手，也是为了解救人的危险。他还说，拳要打好，但更要做好人，武德最重要。贾老师平时很少与人动手，在与朋友同门的拳术交流中，总是能收放自如，点到为止，从不出手伤人，给人留下了很好的口碑和印象，也得到了别人的尊重。

贾老师虽已去世多年，但他的持之以恒，刻苦练拳，注重武德的优秀品质，是我终生学习的榜样。

【传承谱系】

创始人：卢嵩高（1875—1961）卢式心意拳鼻祖

第一代：贾治国

第二代：贾兴福

艺花如今

贾兴福老师

贾兴福，1956年3月生于上海。从小在父亲贾治国老师的指导下习练心意六合拳。刚开始走步，东倒西歪，贾治国老师就用脚在地上画了一条线，让我在线上练步。由于年纪小，对贾老师的练拳要求似懂非懂，也难做到位。贾老师每次耐心仔细地讲解每个动作的要求以及要点。在我练拳时，贾老师严格要求，一个架子，有时反反复复，经过无数次盘练，直到他满意为止。他还说，拳贵在专精，要肯下苦功，熟能生巧，

贾兴福老师拳照

要理解每把拳的真正意义。每当我想起这句话，真是感慨万千。

1972 年我 16 岁，社会上流行摔跤，父亲鼓励我积极参与，让我跟比我年纪大的孩子摔跤。用这种方法，把心意拳的技击方法，灵活地融合到摔跤中。遇到那些身体比我高大壮实的对手摔不动的情况下，我马上回家向父亲讨教，再去与人比试。经过一年多的摔跤锻炼，我终于可以把心意拳的劲力及手、眼、身、法、步等很好地发挥出来，自如地运用到摔跤里。

1984 年，我从农场调回上海后，在经济压力和社会环境影响下，练拳时断时续，但是我还是努力坚持了下来。几十年来，我都一个人早晚练拳，从不出门，与世隔绝，静心参悟心意拳的真谛，对心意拳有了进一步的认识。这期间，有苦有乐，每日盘拳，也是我最开心的事情。

在技击运用上，刚开始学用的时候，往往衔接不上，用起来也慢。父亲就用最简单的方法、最短的距离、最隐秘的手法进行讲解，让我在他身上反复进行体验、盘练。每当想起这些，我都会有很多感慨，怀念他对心意拳传承付出心血和汗水的日子。

缅怀父亲，为我练拳所做的点点滴滴，感谢父亲的耐心与仁厚。正因为父亲对心意六合拳的挚爱，以及坚持不懈的努力做榜样，使我在几十年里，虽然断断续续，但还是努力地坚持了下来。今后我会尽自己最大的努力专研这门古老的拳术，把这门拳艺原原本本地传下去，决不辜负心意拳前辈对我的期望。

汪百盛老师支系

整理人：刘雪炎

关系：汪百盛老师亲传弟子

汪百盛老师

汪百盛

汪百盛，1935年出生，原绍剧二面大王汪筱奎小儿子，从小随父亲在上海唱戏。为培养小儿子身手武功，前拜上海滩盛名的心意六合拳鼻祖卢嵩高大师为师，为卢大师在上海第二期弟子，学习有十大形各小形与心意盘龙棍等各种器械。

汪百盛先生1975年至1976年在绍兴府山、三中等地教徒很多，有搬运工潘宝根、绍兴化工厂罗达、绍兴塔山村寿阿大、绍兴上虞刘雪炎等。

【传承谱系】

创始人：卢嵩高（1875—1961）卢式心意拳鼻祖

第一代：汪百盛（1936—）

第二代：刘雪炎（1950—）

第三代：骆国华　金培荣　丁炎辉　杨志勇　刘光辉
俞百良　宣坤宏　任泽民　金杜威　金　洋
练益林　宋玉喜　胡森桃　倪云峰　宋迨民

艺花如今

刘雪炎老师

刘雪炎，1962 年拜邻居张炳炎为师。师父为原旧上海四明国术馆总教练，练习河北派形意拳、八卦掌及十八般兵器。1970 年，依师嘱到上海寻找孙存周、赵道新二师爷，不遇。其后在淡水路 21 号找到孙剑云、王喜奎两前辈，指导了形意、八卦、九宫与龙形剑。1975 年在绍兴府山奇遇李青山、汪百盛两位老师，后拜汪百盛老师学习心意六合拳、四把、盘龙棍及一些器械。李青山老师初囿于不便向汉族传艺的旧礼，只交朋友不拜师，后亦教了些拳法和器械。曾在浙江、山西、安徽等地比赛中荣获十二块枚金牌、三块银牌和一块铜牌。现为浙江省绍兴市上虞区武术协会副主席。

周永福老师支系

整理人：陈荣、朱小峰

关系：周永福老师亲传弟子

周永福老师

周永福师父出生于1928年12月，1943年进入到上海沪东纺织机械厂工作，20世纪40年代中期与王文海（后拜解兴邦为师习心意拳）曾拜少林海灯法师习少林功夫，学得梅花螳螂拳、查拳、华拳以及刀枪剑棍套路，尤其精通少林盘龙棍及少林罗汉拳。20世纪50年代初有缘拜卢嵩高为师习心意六合拳。期间与解兴邦、于化龙二师兄交往甚密，并得到二位师兄的悉心指点。1983年退休回江阴后开始收徒传艺。

周永福（左）与于化龙（右）

【传承谱系】

创始人：卢嵩高（1875—1961）卢式心意拳鼻祖

第一代：周永福（1928—2008）

第二代：张国祥　陈　荣　朱小峰　包炯贤　张　文

第三代：

陈荣老师门下弟子：

陈国宏　吴文俊　徐文俊　徐　鹏

艺花如今

陈荣老师

陈荣，生于 1956 年 5 月，江苏常州市人，卢式心意六合拳第二代传人，中国武术协会会员，中国武术六段，中国武术教练员。

少年时习练少林十路弹腿、少林五形八法拳等基础功夫。20 世纪 80 年代初，练心意六合拳。1981 年 10 月，有缘拜卢式心意六合拳大师周永福（江阴人氏，上海心意六合拳鼻祖卢嵩高入室弟子）为师，专心跟随其习练卢式心意六合拳十大形、心意拳丹田功、红砂手功法、心意盘龙棍、心意鸡爪镰等。1986 年，拜鱼志海（全国优秀武术辅导员，太极大师程毅如的高足）学练陈式、杨式太极拳、八极拳，八大硬棰等。1999 年，得到师伯于化龙大师指点，此后更通心意六合拳之理，知拳理之互为贯通，深感拳味厚重，每日练习，不敢怠功。2008 年，被常州市武术协会授予“优秀武术教练员”称号；2010 年，获“国家武术六段”；2015 年 5 月，参加江苏省武术交流大赛获得心意六合拳横开三簧锁第一名金牌；同年 10 月在常州武术交流大赛获十大形第一名金牌，并被颁发“武术教练员无私贡献奖”；2014 年 1 月，创办了常州心意六合拳俱乐部；2016 年 9 月参加河南洛阳举办的首届“华夏杯”全国心意六合拳暨传统武术大赛上获心意六合拳第一名金牌，所带团队荣获团体一等奖。2016 年 10 月，被编入《当

陈荣老师拳照

代中华传统武术优秀传承人名录》。

数十年来，陈荣老师在常州人民公园、红梅公园、翠竹公园、北环等地义务教学心意六合拳、陈式太极拳，从学者计数百人，培养了众多传统武术爱好者和优秀人才，为心意六合拳的普及和传承以身作则，悉心教授，为中华武术的推广做出了自己的贡献。

朱小峰

陈荣老师数十年来勤修不辍，初得武学之味，不敢妄自云通理悟，当取长补短，努力为培养后续力量，传于有缘人，使中华传统武学生生不息。

朱小峰老师

朱小峰，江阴市公安局工

作，中国武术六段。

1985 年 2 月 , 拜周永福为师始习心意六合拳；2010 年，珠海心意拳交流会拳术一等奖，并作《浅析心意六合拳的继承与发展》交流报告；2010 年 11 月，主持操办江阴心意六合拳协会成立十周年纪念暨“天下心意 汇集汇集”心意拳研讨会；2011 年，蚌埠“创维”杯武术比赛一等奖；2014 年，第六届世界传统武术锦标赛一等奖；2014 年，受邀参加纪念心意六合拳一代宗师宋国宾先生走进蚌埠 100 年全国心意六合拳研讨会暨演武大会。

丁长福老师支系

整理人：韩和清

关系：丁长福老师亲传弟子

丁长福老师

丁长福（1932—），1954年拜卢老师为师学心意六合拳，是卢师的关门弟子，师兄弟之间和解兴邦的关系最要好。今年已是八十余岁，精气神仍不输于青壮年，行拳如风，行走如风，为人处事古朴有节。丁长福老师善使心意拳中的龙抬头、虎抱头、单把、双把、马形、鸡形、蛇形等，对心意拳有独特的见解。

【传承谱系】

创始人：卢嵩高（1875—1961）卢式心意拳鼻祖

第一代：丁长福（1932—）

第二代：丁久林　曹鸿亮　韩和清　蒋为毅　钱仁馛

第三代：

钱仁馛老师门下弟子：

丁云飞　丁建华　丁奕晨　丁　勇　马为民　万建好

万学青　门轶之　王　伟　邓　昆　高　军　王国敬

王忠喜　王银厂　卢　春　付光磊　刘　弥　孙　剑

孙　雷　孙小龙　朱之军　邹永伟　刘玉祥　纪志庆

许益菲　孙晓鹏　孙志惠　许燕春　苏　诚　李　宏

李　峰　张　宣　余　俊　李　喆　张　兵　邱小松

陈开华　杨元庆　陈行富　李志萍　李学军　陈建兵

陈佳奇　杨顺昌　陈君健　杨诗林　李建国　杨洪勋

宋晓平　张晓华　张晓磊　陈富毅　明　兵　周　虎

周　鹏　周井亚　周风华　林祥成　周德胜　单以清
胡建忠　赵彦奇　赵树辉　殷　敏　高　明　都　睿
夏开信　殷世庚　秦国华　高杨忠　顾宝华　徐建武
秦德华　曹广泽　曹明军　梅伟国　黄洪涛　崔建功
黄勇刚　黄流明　崔宽江　董文军　程　义　程亚勇
谢永涵　童华山　腾振亚　楼克加　蔡佳龙　蔡荣强
蔡黎松　潘志威　潘哲军　薛志威　薛金华　张　瑞
邱小平　薛春忠　魏　滨　章兆祥

艺花如今

钱仁銾老师

钱仁銾，生于 1954 年 1 月，中共党员。现任卢式心意拳研究会副会长。1976 年开始练习心意六合拳、拳击、散打。启蒙师父王留柱老师（著名洪拳武术家王亮臣之子），后拜丁长福老师为师父。钱仁銾老师于 1982 年参加第一届上海市散打比赛，荣获重量级冠军，是 1982、1983、1984、1985 年连续四年全国散打冠军；1985 年，担任上海武术院散打队总教练；1990 年，担任国家队散打第一任总教练；1992 年，受国家体委委派，担任埃及国家散打队总教练，带领埃及国家散打队四次参加国际锦标赛并多次荣获世界冠军；2016 年，应国家体委邀请担任中国泰拳队的拳法教练。

钱仁錶老师拳照

徐文忠老师支系

整理人：张薇薇

关系：徐文忠老师外孙女

徐文忠老师

徐文忠

父亲张品元自幼随上海名家徐文忠习练少林拳、翻子拳，打下扎实的少林拳基本功，后认识母亲徐淑贞（徐文忠女儿）一起训练，随着时间推移，共同爱好，结为伉俪。后外公徐文忠先后与心意拳名家卢嵩高、形意拳名家郝湛如结义金兰，每个星期天在外公家（上海闸北区太阳山路），相互交流，切磋武艺。这时父亲和舅舅也加入习练心意、形意拳行列，大师们海阔天空，天南海北；众徒弟们练长拳，走鸡步，站三体势。当大师们发现某人动作不规范，便及时纠正，并提出高要求，将精华部分面授给徒弟们，聪明点的徒弟则纠正了动作，掌握了精华。父亲和舅舅因有少林扎实的基本功，学习起心意和形意拳上手比较快，借着聪明劲，大师们在不经意间将看似简单，其实深奥无比的内家功夫传授出来。1956 年，随着父母亲支援内地建设，来到合肥，母亲徐淑贞 1958 年代表合肥参加了省武术比赛，后被选调进安徽武术队。当时，外公徐文忠也应聘来到合肥任安徽武术队首任教练。1958 年，母亲徐淑贞代表安徽参加全国第一届全运会获得奖牌。卢师爷身边没有女孩，十分赏识母亲的技艺，收为义女。

据父亲和舅舅回忆，在旧上海滩，很少有人能过卢师爷三招，一个起落就将挑战者打翻在地。在20世纪60年代初至70年代末，合肥地区掀起练武高潮，当时，经常有人慕名前来与家父切磋武艺，随之习练观看，来人不出几招，不是脸被打着，就是心意拳刮地风将小腿骨踢伤，经常要准备跌打膏。最有意思的是合肥工大张家本老师，此人当时是安徽省举重冠军，已练得一番拳脚，先后拜访父亲两次，切磋武艺，都败于父亲，后经父亲引，拜外公为师。在此之前，有张自山拜徐门习练心意拳形意拳，这样在20世纪七八十年代就有了“合肥三张”一说。

徐文忠（左）与卢嵩高（右）

我在20世纪70年代后加入习练心意拳行列，父亲找了几位女徒弟陪我一起习练踩鸡步、摇闪把、鸡步撩阴，通过训练有了一定的武术基础。当时父亲及其两位师弟在合肥掀起一股习练心意拳高潮，蚌埠宋国宾的弟子，不少慕名前来，切磋交流技艺。20世纪80年代，父亲随他岳父徐文忠去日本教学，在这个阶段，日本友人保留了外公徐文忠的不少影像资料，譬如，十大形基本步法、四把捶两种用法、心意六合大枪套路，为卢式心意拳在日本扩大了影响。总之，外公徐文忠不负卢师爷的临终托付，将心意拳继续扩大影响；父亲张品元在安徽合肥将心意拳生根开花，如今已经发展四五代，造就了一批人才。

徐文忠老师拳照

张品元老师拳照

【传承谱系】

创始人：卢嵩高（1875—1961）卢式心意拳鼻祖

第一代：张品元　徐建国　徐淑贞（师父：卢嵩高、徐文忠）

徐文忠老师门下弟子：

张自山　张家本　郜士贵　盛德铭　高恒青　葛茂康

赵兴尧　冯正宝　朱德贵

第二代：

张品元老师门下弟子：

张薇薇　汪开钦　王月明　叶建宁　史东平　童建淮
朱正海　张竹仁　杨清枝　姚　启　王海平　史东林
童建新　黄世麟　叶天毅　李程熙　史德忠　徐燕桥
赵海俊　李树云　朱仁兴　赵家勇　陈洪铭

徐建国老师门下弟子：

陈小刚　杜　进　刘美礼　钱国强　闻岳鹏　徐惠民
吕　鹏　应增荣　徐先进　王　明

张自山老师门下弟子：

骆志胜　焦其发　王炳玉　鲍龙江　潘从林　陶仁义
张　耀　周弋戈　汪广宏　蒋鸣放　卞传忠　张志高

张家本老师门下弟子：

张家声　张家国　张龙坤　王青春　卢　智　吴　斌
李纪永　王中夫　张卫冲　倪耘科　朱文忠　左文辉
陈　沛　彭朝保　张德智　王礼伦　费长明　陶　平

第三代：

张薇薇老师门下弟子：

张曙和　罗贤春　徐新宏　罗会东　郑　海　程　航
王锦龙　张立伟　严艺斌　许良俊

史东平、史东林老师门下弟子：

瞿贤超　徐昌云　刘新章　刘长龙　瞿其强　徐立斌
夏传华　董公曾　蔡志刚　李汝俊　杨乐恋　凌德纯
孔建华　张　涛　洪正安　陈益民　钱　武　周仁柱
封　瑞　侯振东　凌德余　赵昌炳　焦其农　李学华
司圣力　王从伟　杜宝道　汤大礼　程　钢　凌　珑
谢广增　朱诵林　章传照　杨　旭　胡运超　齐何雨

李宇阳 杨元通 崔浩男 梅金冉 曹勋川 杨久宇
崔国瑞 张浩宇 郭俊峰 刘海鹏 杨心宇 沙鹏程
王伟杰 许天泽 李俊杰 刘正伟 马牛兵 李华明
何从洋 陈思剑 夏天宇 侯俊杰 滕宝荣 梁俞平
盛 汉 李高歌 卢肖肖 张嘉珣 杨文慧 王子奇
刘宇康 熊飞洋等

艺花如今

张薇薇老师

张薇薇老师拳照

张薇薇，安徽省武术协会副主席、合肥市武术运动协会主席、武术八段。家传渊源，外公徐文忠，上海武术名家，一生酷爱国术，与心意名家卢嵩高、郝湛如义结金兰，互传技艺。20世纪50年代徐文忠曾与王子平、董忠义、王效荣等共同受聘于上海市武术队教练组，徐文忠任组长；1958年被安徽省聘为省武术队教练。父亲张品元系卢嵩高、徐文忠、郝湛如弟子，深得三位恩师器重。母亲徐淑贞，被卢嵩高收为义女，原安徽省武术队主教练，享受政府津贴，武林百杰，国际级武术裁判，曾在1965年全国武术锦标赛获全能冠军，剑术冠军。舅舅徐建国、父亲张品元，深得三位恩师器重，兼三门技艺于一身。

李尊思老师支系

整理人：孙双喜、万孝先

关系：李尊思老师亲传弟子

李尊思老师

李尊思老师（1918—2014），籍贯河南省沈丘县槐店镇，回族。李师一生从事传统武术的传承，有传奇的经历。

李尊思

李老师家庭出身贫寒，幼年三岁便失双亲，尝尽了人间酸苦，然而也锻炼了他吃苦耐劳、坚韧不拔、敢于反抗的精神。他14岁进入少林寺学武功；在抗日战争时期，曾为八路军抢回被日寇夺去的粮食。

17岁时，拜河南周口买金魁为师，学练心意六合拳。学艺成功后，闯荡武汉三镇，一路上打抱不平，打地痞、除恶霸。再闯上海后，又投教于他的姑父卢嵩高老师门下，由此技艺更精。他在八仙桥力战地痞“斧头帮”，大陆饭店智擒日伪汉奸，外滩怒惩俄国大力士，东亚运动会上，又棍打日本剑道手，耀扬了中华武威。

新中国成立后，李老师又组织武术义演，为抗美援朝募捐，获得了当时上海市长陈毅的表扬。改革开放后，李老师更是勤奋地传授武术文化，多次被评为“优秀辅导员”，多次参加全国少数民族运动会，在传统武术项目上屡屡为上海夺得金牌，被万里委员长誉为“一代宗师”。

20 世纪 60 年代中期，万孝先师兄见李老师生活困苦，便组织了八九个人介绍至老师处学习心意六合拳，以收取少量学艺费补贴生活，后由万孝先师兄提议要李老师在陕西路和人民广场设场教拳。在这之前，李老师一直帮助卢前辈教拳，卢前辈的弟子称李老师为大师兄。

李尊思老师是个有情有义的传奇老师，晚年常提起几个老徒弟，如万孝先、郑传福、孙双喜、李金华、天津老孙及唐根楚等。2016 年，在大弟子万孝先、孙双喜的带领下，成立了“卢式心意拳李尊思老师心意拳传承基地”，致力于把李老师的武术文化传承下去。

李尊思老师拳照

【传承谱系】

创始人：卢嵩高（1875—1961）卢式心意拳鼻祖

第一代：李尊思（师父：买金魁、卢嵩高）

第二代：万孝先 郑传福 孙双喜 李金华 万 军
谈永铭 蒋鸿恩 陈敬宣 等

第三代：

万孝先、孙双喜老师门下弟子：

乔海生 叶世莞 沙家建 潘文杰 徐昊壮 经仕华
蒋志刚 扈元刚 季重高 刘泰山 周伟仁 张根祥
张小兵 张建盛 佟凌霄 柯国光 潘国涛 黄成业
包建东 刘建东 邓海龙 时文玉

第四代：

张建盛老师门下弟子：

柯俊杰 柯必成 陈翔业

艺花如今

孙双喜老师

孙双喜老师现任卢式心意拳研究会副会长，著名的卢式心意拳传承人。自20世纪60年代末开始，孙师跟随一代心意拳宗师李尊思前辈学习心意拳。

孙师开始随李老学艺时，正是上小学四五年级的时候。由于当时的政治环境，李尊思前辈不便在公开场合教拳，故只能在家里传承教学。孙师于李老门下学艺，专心致志，极其刻苦，异常用心，深得拳术三味。同时，孙师品行高洁，尊师重道，对恩师极尽孝道，数十年如一日，在生活中对李老加以照顾，直至李尊思前辈归真。

20世纪70年代，时常有旁门琐屑之徒挑衅，孙师经常为李尊思前

孙双喜老师拳照

辈出头与人交手，往往轻取之，维护了师门之尊严。孙师极重武林道义，出手取胜后从不向外人炫耀，以全对手之颜面与社会影响。孙师生平坦荡，胆气充足，不畏强敌，正义正气。孙师的师叔，著名心意拳前辈于化龙老师亦极为喜爱孙师之品性与功夫，时常对孙师的功夫给予指点。

对外，孙师大力维护师门之名不堕；对内，孙师友爱同门，对同门后学之辈往往不吝提点。李尊思前辈门下大弟子万孝先、郑传福、谈永铭、李金华……传人皆属李老门下得意弟子，得李老之真传，数十年来，孙师与各位同门兄弟一直甚为亲厚，彼此皆守望相助。

时至今日，孙师每日仍旧练拳不辍。功夫已臻化境，炉火纯青，深得鸡步、龙身、熊膀、鹰捉、虎抱头、雷音六艺灵劲上身之要，七拳归一而世所罕见。孙师与人动手，实而虚之，虚而实之，变幻莫测，静似虎豹欲择人而噬，动之则快若雷霆，往往人不自知而斯技已临己身。兵法云“其疾如风，其徐如林，侵掠如火，不动如山，难知如阴”，不外如是。

桃李不言，下自成蹊。孙师授徒，讲究古法，以实战为先，务使学者体会到心意拳实用之术。孙师对外所传技艺皆为心意六合拳实用之学，简明扼要切中要点，少轻浮做作之风，竭力维持了心意六合拳原始之实用风貌，不负守洞尘技经久不衰之名。

万孝先老师

万孝先先生，在20世纪60年代中期跟随李尊思前辈学习心意六合拳，几十年如一日敬重李老师，尤其对心意六合拳的内涵和劲意研究很深。他练龙身、鸡形以及虎形有独特见解并可实用，经常将树皮“击手如挫回如钩”挫碎钩掉，刮地风尤其踩地风有独特之处。性格正直，好打抱不平，常为李尊思老师出头挑战其对手而取胜，70岁时，曾在外地将当地地痞镇服而轰动一时。

万孝先先生对老师的经济帮助有几十年，李老师生活困难时（工资低，孩子多），他要李老师公开收徒，由万孝先先生组织和教拳。李尊思老师当时确认：万孝先为他的大弟子，有很多事都由万孝先先生出头（那时李老师政治上不方便）协调以及收取费用，帮助老师度过困难时期。

万大师兄在20世纪80年代讲过：永远举起李尊思老师的旗帜。所

万孝先老师拳照

以在李老师归真两周年时组建了李尊思心意六合拳传承基地，目前正在和同门师兄弟联系。

李金华老师

李金华老师在20世纪50年代（当时九岁）跟随查拳名师杜宝昆前辈学习山东查拳，之后又随河南查拳名师李树元前辈学习河南查拳。李金华老师自小习拳刻苦，对查拳的研究有一定的造诣。李树元前辈归真后，又随大师兄万孝先老师在李尊思前辈门下刻苦学习心意六合拳。李金华老师身体很硬朗，内劲很充沛，拳路清晰，不但查拳以及十路弹腿拳架好，而且对心意六合拳研究很深。他最大的特点是见识广，善于实战，并实战多。

李金华老师对前辈非常敬重，李尊思前辈住院时，李金华老师多次去探望，几次李尊思前辈在病床上拉住李金华老师的手久久不放，可见他们的感情是何等真诚。

郑传福老师

郑传福老师，于20世纪60年代初由部队复员到上海起重运输机械厂工作，与大师兄万孝先老师在同一单位，于20世纪60年代中期与大师兄万孝先老师同时拜李尊思前辈学习心意六合拳，是李尊思前辈开拳的第一期学员。

郑传福老师习拳刻苦，他居住的地方与李尊思老师家相近，故不但在教学场子内练，也常在家闭门练并去李老师家请教，所以练就一身好功夫。20世纪70年代初，郑老师的心意拳已让人刮目相看，在一次交手中，他的一个调步刮地风将对手的迎面骨刮裂。之后郑老师在练拳时很注重拳架，很少发力，他怕再出事。所以郑老师的拳架很好，他的调步刮地风、猫洗脸、左右换肩、虎扑、虎形大劈、十字裹横、过步箭穿、熊式单把、鹰式扑食以及鹰捉把等都练得虎虎有生气。郑老师武艺高强，更得到前辈李尊思的真传。在困难时期，他自己节俭，但对李尊思前辈的生活非常关心，李老师晚年时期常常念叨阿福（郑老师的小名）。

刘贵新老师支系

整理人：黄波

关系：刘贵新老师再传弟子

刘贵新老师

（李汉铭 2014 年于上海家中口述，黄波记录）

刘贵新先生（1906—1984），自幼体弱多病，为强壮其体魄，其父特聘武师传授武艺，体质逐渐强壮，尤精于华拳。18 岁时，机缘巧合得拜河南心意六合拳大师尚学礼为师，学习心意六合拳达八年之久。当时由于尚师年迈（已八十余岁），未能教授心意六合拳盘打之功夫，遂书信一封，推荐到其师弟上海卢嵩高先生处学习心意六合拳盘打之功夫。1935 年左右，刘贵新携尚师书信到上海寻访卢嵩高先生，于 32 岁时投师卢嵩高先生门下，后寄居于卢师家中，因此学习的机缘较多。若无他人来访，便闭门同卢师进行盘打，这样的盘打训练每日要进行很多次。经卢师认可出师。他遵卢师之命挟技遍游各地，访名家高手以验其武技。刘贵新先生善罩艺之技，连招出手，其势疾如闪电，敌人沾衣即跌，应声即倒。若长劲发人，仅抛其身；若用短手，必伤其内腑。手上功夫极有分寸，融其身柔如棉，九节皆松，于无形中善突具爆发之劲，势若迅雷，故曰：发而不露者，周身皆通也。刘公盘艺，工整而古朴。盘练老架，正脉之规矩，拳势束长，遵传统之成法，故而，极受卢嵩高先生器重。时有曾任南京国术馆馆长姜容樵先生，欲撰心意六合拳拳谱寻求合作者，问卢公："汝弟子中，谁可摄取标准拳照耶？"卢公答曰："贵新可！"多年后，刘贵新先生回沪，姜容樵先生三次走访，因种种原因，合作撰谱一事，终而无果。如今，斯人去也，留下来的只有遗憾了。

得传尚师心意六合拳之老三拳、六合手、熊形猴像以及卢师之十大形盘打功夫，其盘架标准，尤善单把罩艺之功。

刘贵新先生一生收徒三人，即刘东海（子）、何海兴、李汉铭；刘东

刘贵新

海、何海兴一生没有收徒，其拳技未能得以传承，只有李汉铭先生传有徒弟。

李汉铭先生，祖籍山西太原，祖上迁至湖北，后迁至江苏，其祖父辈迁至上海，为上海震旦消防厂退休工人。年轻时曾跟随明师习八卦掌、杨氏太极拳，尤善太极推手，其推手在当地小有名气。20 世纪 70 年代中期，随刘贵新先生学习心意六合拳，系统地继承了刘贵新先生所传心意六合十大形、七小形、156 把和别传 72 把，以及老三拳、心意四把、六合四把、熊形猴像、十形技击手、六合手、九宫步，器械方面有杜金棍等功夫。弟子有：黄波、曹云、申碧周等。

刘贵新传心意六合拳略说

刘贵新先生传的心意六合拳有十大形、七小形、156 把和别传 72 把，以及老三拳、心意四把、六合四把、熊形猴像、六合手、九宫步，器械方面有杜金棍等功夫。其十大形的名称和练法与外界所传有所不同。其十大形拳谚为：鸡踩腿，猴竖蹲，燕抄虎扑龙云横；鹰盘爪，熊守身，鹞旋马钻蛇草分。名称为：鸡腿、猴竖蹲、燕子抄水、虎扑双把、龙形裹横、鹰抓把、熊出洞、鹞子穿林、夜马奔槽、蛇拨草。据李师所云：鸡形含鸡腿、鸡步、踩鸡步、溜鸡腿等多个拳把的练法。鸡腿是鸡形的大形，其他则是小形。大形与小形是有所差别的，大形为根本，小形为变化。现在很多练心意拳者大形与小形没有严格区别开来，甚至把小形当作大形来练。譬如：虎扑双把和虎扑，鹰抓把和鹰捉等，均是大小形的关系。另据李师考证：在正传 156 把中，其中一十二势为姬祖原传，其余为历代祖师所增加。李师在《心意门各派拳法校同勘误遗真录》中有云：六合始创，势简势繁？据古谱《六合·序》曰："前后各六势，一势变十二势，十二势仍归一势。"由此可知：六合母势十二势，变式一四四势，合为一五六势。故曰，六合势繁而非简也！师云：简约常盘易精，衍繁理明知变，寡生博返艺正，三翻九转归真。本支入门要求先学定式摇闪把、熊调膀、老三拳。定式摇闪把练的是如何变劲，即横劲变直劲，然外界盘练此势多为直劲或横劲中的一种，鲜有变劲一法，拳无变劲则不灵。关于摇闪把口诀："心意发放在摇闪，十个盘练九个反，习时不知横劲直，六合尽看硬手斩。"熊调膀在外面多称龙调（吊）膀，李汉铭师曾对此名称提出个人不同的看法：古人造拳多取法自然，远取诸物而近取诸身，熊调膀取熊走路蹒跚摇晃，两膀左右调换而练其身法，故名熊调膀；龙为传说中虚拟动物，其象形取法于蛇，龙可腾空而行，吞云吐雾，但其有身有爪而无膀，无膀如何调之？老三拳为钻裹践三拳，为本支入门之必修，其诀云：攒拳力摩钻，迅如电闪出拳搓。裹拳头裹环，疾如虎风双顶缠。践拳上践扑，连如奔马落断续。三拳内藏"中门搓手"之巧，可行九宫踩点之法，此技善群战，于麇集之围，可任意纵横，为三拳秘中之秘。本支传承还有两个四把捶的短拳套路，为六合四把和心意四把，两者练法不一；据马学礼《六合谱》记载：四把捶唯有六合四把及心意四把。六合四把捶：唯四技，无杂也！横拳上举，稍拳四平。望眉斩脸，截手抱腹。六合四把一把一回身，暗练回势敏捷；心意四把四式蹚正方，暗练鼓势取人；两种四把，其功各异。四把有阴阳说，四式右势，称阳四把；四式左势，称阴四把；习之熟，盘无顺，则称乱环四把。本支盘打实战技法有熊形猴像、六合手、九宫步（九宫踩点）、十形技击手等，师云：六合初习，直线盘架，久之娴熟，则圆中求艺，行三翻九转之功，盘九宫斗阵之法；此宫阵九转之法，为六合上上乘之秘技，须在林中盘艺，阴阳互变，自由穿行。

【传承谱系】

创始人：卢嵩高（1875—1961）卢式心意拳鼻祖

第一代：刘贵新（1906—1984）

第二代：

刘东海（193？—）

何海兴（193？—）

李汉铭（1941—）

第三代：

李汉铭老师门下弟子：

黄 波　曹 云　申碧周

第四代：

黄波老师门下弟子：

敖常喜　王 旭　申抗松

曹云老师门下弟子：

秦 圣　刘猛猛　余昌泽

艺花如今

李汉铭老师

李汉铭先生，生于1941年，上海震旦消防厂退休工人。年轻时曾跟随明师习八卦掌、杨氏太极拳，尤擅太极推手，其推手在当地小有名气。于20世纪70年代中期随刘贵新先生学习心意六合拳，系统地继承了刘贵新先生所传心意六合十大形、七小形、156把和别传72把，以及老三拳、心意四把、六合四把、熊形猴像、十形技击手、六合手、九宫步等功夫。

黄波老师

黄波，字泰明，号滴水，系尚学礼、卢嵩高弟子刘贵新支脉传人李汉铭先生的嫡传弟子，为河南心意六合拳第十一代。先后拜多名明师学

李汉铭老师拳照

习了佛道内功以及意拳、形意拳、武当太极等功夫，于 2000 年起学习心意六合拳，2004 年机缘巧合得拜刘贵新支脉心意六合拳传人李汉铭先生为师学习心意六合拳。目前，较为系统地继承了李汉铭先生所传的十大形、三拳、三翻九转、六合手、心意内功以及各小形练法数十把等心意秘传拳艺。

黄波老师拳照

曹云老师

曹云，李汉铭先生弟子。2014 年拜李汉铭先生为师学习心意六合拳。现任遵义市武协主席，中国武术七段，曾先后获得全国形意拳冠军、孙氏太极拳冠军。

曹云老师拳照

倪德生老师支系

整理人：白玉良

关系：倪德生老师亲传弟子

倪德生老师

倪德生（坐）

倪德生，河南沈丘怀店集人。少年时代随父亲和大老师马忠青习练查拳。

1947 年，随李好友在武汉以替师带徒的方式习练尚学礼心意六合拳。

1956 年，赴上海休养半年。经其开中医诊所的姑父庞士俊引见，随卢嵩高学习心意拳。

1947 年，第一次在武汉江岸清真寺设场授徒。

1957—1959 年，第二次在江岸皮革厂开场授徒。现武汉江岸八十岁左右的回族习武者均有受益。

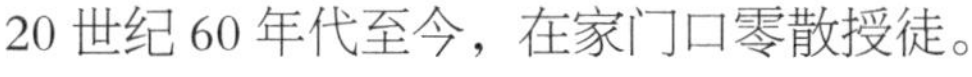

20 世纪 60 年代至今，在家门口零散授徒。

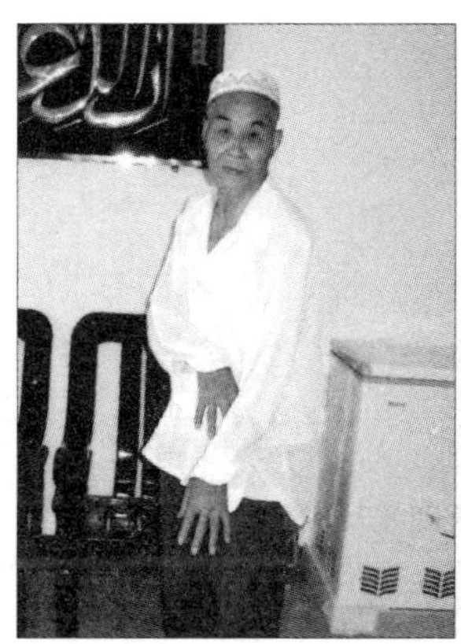

倪德生老师拳照

【传承谱系】

创始人：卢嵩高（1875—1961）卢式心意拳鼻祖

第一代：倪德生（1922—2014）

第二代：刘官林 尤治海 马长春 倪全喜（长子） 倪全成（三子）
白玉良 白玉柱 白铁梁 曲自立 陈西武等

第三代：

白玉良老师门下弟子：

邬金柱 马立新 张小福 张纯祥 刁建军 金 峰
张 亮 李明龙 巴 特 周 毅 张志清 夏文斌
郭爱明 常伟杰 周德长 吕 浩 何 平 肖邦園
刘 作 刘友明 张 雷 李志翔 张守钟等

艺花如今

白玉良老师

白玉良，男，回族，1950年12月26日生于武汉江岸火车站回族居住区。国家武术六段，国家一级裁判员，湖北省武术协会委员、武汉市武术协会理事，武汉心意六合拳·查拳研究会创始人、常务副会长兼秘书长。多次在全国、世界性传统武术大赛上获得金奖；多次被聘为心意六合拳全国比赛和研讨会的专家评委。

1957年，在舅舅倪德生老师的教武场接触了弹腿、查拳和心意六合拳；1962年，随蒙师买文德学习弹腿、查拳；1965年，拜在尤文明老师门下，开始系统习练十路弹腿、查拳、各种器械、对练和心意六合拳。至恩师尤文明先生1995年逝世；1971年，经尤师允许，同拜居住在青山区的陈兆瑞、铁宪斌为师，学习查拳、器械和尚学礼氏心意六合拳及理论。

习武几十年，白玉良谨遵师训，勤修苦练，尊师爱徒，为传承中华武术文化不懈努力。在武协的支持下，于2010年7月11日创建了武汉

白玉良老师拳照

心意六合拳·查拳研究会。带领会员参加了多次武术大赛，取得了优异成绩。对外展示了武汉心意拳、查拳的风采，为武汉心意六合拳、查拳的对外交流开启了一个窗口，为武汉心意六合拳、查拳的发展奠定了基础。

2008 年 5 月 1 日，带队首次参加了上海第九届国际武术博览会心意拳比赛，获得一个一等奖、两个二等奖，并应邀参加了名家表演。

6 月，参加湖北省传统武术大赛，获得一等奖，同时被选拔为第三届世界武术节湖北省队队员。

10 月 19 日，参加武汉市第三届武术大会，获得一个第一名、一个第二名的成绩。

10 月，第三届世界传统武术锦标赛获一金一铜。

2009 年 9 月 18 日，代表湖北省参加首届海峡论坛武术交流大会，获得两个第一名、一个第二名，得到湖北省武管中心的表扬。

2010 年 5 月，参加 2010 年武当山国际武术健康大会，获得一个第一名、两个第二名。

8 月 8 日，获全国传统武术比赛拳、械两个第一名，参加闭幕式表演。

8 月 26 日，获湖北省传统武术比赛一等奖。

9 月，参加湖北省第七届少数民族传统体育运动会，获得第三名。

10 月，参加第四届世界传统武术锦标赛，获得拳、械两金。

12 月，参加武汉市第四届武术大会，获得两个第一名。

2011 年 8 月，参加厦门海西武术大赛，获得两个第一名、两个第二名和最佳教练员奖。

10 月 5 日，参加安徽蚌埠 2011 年全国心意六合拳邀请赛，被聘为专家评委，参加名家表演。

11 月 6 日，任 2011 年全国心意六合拳研讨交流会专家评委，获名家表演一等奖。

11 月 8 日，参加第五届世界传统武术锦标赛，获得一金一铜。

12 月 15 日，任 2012 年全国心意六合拳研讨交流会专家评委，获名家表演一等奖。

2013 年 9 月 15 日，参加中国刊博会演武大会，获得名家表演第一名，拳、械两个第一名，最佳教练员。两篇论文获得三等奖。

12 月，参加全国心意六合拳研讨交流会，获得名家表演一等奖。

2014 年，武汉第九届体育运动会武术比赛，任仲裁委员会委员。被聘请为周口传统武术国际邀请赛专家评委，任全国心意六合拳研讨交流会论文一等奖。

6 月 8 日，参加澳门第三届国际武术节，获得国际名家汇演金奖。

10 月 21 日，代表武汉市参加湖北第八届民运会，获得二等奖、三等奖。

2015 年 8 月 8 日，代表湖北队参加第十届全国少数民族运动会。另被聘任江西全国心意六合拳邀请赛副裁判长。

11 月，《武林直通车》传统功夫杂志刊登了介绍白玉良的图文。白玉良被全国二十多个心意拳协会或组织及台湾中华武术总会海外分会聘请为高级顾问。

苏训魁老师支系

整理人：苏民改

关系：苏训魁老师之子

苏训魁老师

苏训魁（1916—1972），经名尤素福，著名武术家，河南省周口西岸人。自幼师从心意拳大师尚学礼、杨殿清、卢嵩高研习心意拳、查拳，又兼李守真、答老恩等师父指导，深得周口心意门诸师技艺真髓，在心意门内声望极高。精通查拳、心意拳以及三节棍、小镰子、杜家枪（即后所谓六合枪）等器械，武汉市地方志对苏训魁及其心意拳有记载。苏训魁先生是周口心意门诸师传衣钵弟子，网上有关苏训魁先生的资料很少，而在这极少的资料里还多是些对苏训魁先生的不实描写，故我们特作一小文，对苏训魁先生生平习武经历作一简单介绍，其中也兼有从苏训魁先生的角度谈及尚学礼、杨殿清、卢嵩高等心意门大师，一者表达对苏训魁先生的敬仰和怀念，再者希望能对心意拳发展史料做些补充，以供广大武术爱好者研究。

苏训魁

我的父亲苏训魁，自幼家庭贫穷，没有文化，以做豆沫、南瓜稀饭小生意为生，在洋桥南头，赁一间门面，货真价实，口碑好。父亲一辈子喜欢两件事：教门和武术。在清真寺一边学习教门做礼拜，一边跟随老师尚学礼、杨殿清、卢嵩高、李守真、答老恩学习心意门。同门师兄

苏训魁老师拳照

弟中杨祥林是大学长，师兄弟有李好友、王赞臣、铁宪斌、陈宪府、郑兰清、郭希圣、马贵龙、李学增、吕品田等。

父亲的师父尚学礼在20世纪30年代，打擂获胜回来，河南省督军刘峙亲自赠送宝剑一把，此剑现在周口河西清真寺，可以用来宰牛。尚师爷打擂因膀胱受损，裤子总是湿的，当年医疗条件有限，父亲和他的师兄弟们轮流照顾尚师爷两年有余。师爷去世时，父亲说：当时的心情比死了亲爹还要悲伤。众师兄们用手捧着尚师爷的棺木直送到墓地。

父亲习武非常用功，顶着他父亲不让练武的压力（爷爷把父亲新做的衣服和三节棍都烧掉了）独自去伐子地里练鸡腿，在遗地坟头练溅蹿，是不让人看的。曾经7年没有睡过床，和衣睡大板凳上，睡着后，翻身掉下来，就接着继续练拳。练过蹦地坑，腿上绑沙袋；还练过上下跑立起靠墙的木板等功夫，查拳器械也会不少，但钟爱“四把”。

在二板桥西头上岗是穆老会家的院子，尚师爷有一个场子在院内，大树下的茶桌上，徒弟名单上的方格内看谁放的方孔铜钱垒得高。20 世纪 40 年代，卢师爷从上海回老家周口娶亲，父亲得知老师回家迎亲，就送给卢师爷够娶两个媳妇的钱，让老师用。

1959 年，父亲去上海看望卢师爷，师爷非常高兴，把我父亲介绍给上海的同门见面，说："这是我最喜欢的徒弟来了。"师爷把父亲留在家里说拳，一星期都没有出门，有说不完的话。

20 世纪 60 年代，国家武术协会秘书长李天骥对我父亲说：像你这样的功夫，我走遍全国只见到三个人，你好比一面镜子，埋在土里，要挖出来，让世人照一照。

新中国成立后，父亲在周口是人大代表，在消防队工作，在周口、淮阳、界首、武汉都带过徒弟。

【传承谱系】

创始人：卢嵩高（1875—1961）卢式心意拳鼻祖

第一代：苏训魁

第二代：苏民政

第三代：费春浩

周口河西清真寺卢师子弟支系

整理人：盖国成

关系：周口河西清真寺负责人

周口河西清真寺

盖国成老师拳照

【传承谱系】

创始人：卢嵩高（1875—1961）卢式心意拳鼻祖

第一代：

在周口河西清真寺接受卢师授艺的子弟：

苏传青 苏传文 苏训魁 郭希圣 马贵龙

刘恒亮 刘忠元 李道福 苏传林 马孝山

石耀祖 刘恒顺 李子芳 李子君 袁文斌

马建奇 刘智甫 马仁曾

如何来认识一位传统的武术老师

现在学习武术，特别是学习中国武术中的内家拳，最头痛的是老师难寻。上当的多，受骗的多，怨恨的人也多。

现在我教你一个方法来辨识一位武术老师是真的，还是假的；是入流的，还是不入流的。想必没人会告诉初学者们，如魔术师从来不愿意自己揭穿自己，大家都知道了，魔术师还吃个啥呀，但是武术老师不是魔术师。

方法从三方面入手，练得好、说得好和做得好。

练得好，分三个层次。

一层次：基本功扎实。做老师的准入门槛。

二层次：有师门特色。没有基本功别扯我有师门特色。

三层次：有个人特色。没有师门特色别扯我有个人特色。

说得好，分三个层次。

一层次：在技术上讲道理。讲明白技术中“为什么这样和这样为什么”的道理为明理。

二层次：有系统性讲道理。没有珍珠别说项链。

三层次：有体验性讲道理。没有项链别说佩戴项链的美感。

做得好，分三个层次。

一层次：有阶梯性传授，体现专业和理性，对武术共性规律的认识。

二层次：因人而异传授，体现个性差异，从相对共性认识个体差异。

三层次：明是非有操守。

老话讲：光练不说是傻把式，光说不练是假把式，能练会说才是真把式。但真把式也就是真把式，自己心里明白了不一定能教授得出来，所以，三个“一层次”相加才是一位入流的传承武术老师，多一层次就多一成成色，到了明是非有操守就是 9.99 成色的武术老师了，但也不会是十全十美的武术老师，因为还有一成是学生。

做武术老师基本功扎实是第一关。武术首先来说是一门技术，是身体语言的技术，中国的武术又多是起源于象形取意的拳种。所有的视觉艺术、身体艺术第一阶段都是模仿，学生模仿老师天经地义，老师学得傻了学生就是一群傻子。基本功扎实不需要好得像专业选手一样，只要不犯常识性错误就可以了，是业余爱好者们的榜样。可以从以下六个方面对照评估：

（1）看他的拳架是否中正规矩。

（2）看他在打拳的过程中身体是否协调。

（3）看他的速度是否快于常人。

（4）看他的力量是否大于常人。

（5）看他的变化是否有节奏与得心应手，看他的应用是否真实有效。

说得好首先是能讲明白技术中的道理，不是讲故事，道理要围绕着技术呈现，要落到技术动作上才能算是有道理，只会讲故事的老师不是真老师。可以准备几个问题给老师，如：为什么这样做？这样做了有什么好处？不这么做有什么坏处？为什么我们技术中有这个，别人没有？

为什么别人的技术中有而我们没有？

做得好也就是教得好，首先是按武术规律办事，先教什么，后教什么？为什么有先后？他们的联系是什么？只有对师门武术有了深刻的了解后才能够理解这规律性的道理，或者自己不懂但师父知道，那照着老师的大纲、计划做就是了，怕的是瞎比画和东一榔头西一棒子地误人子弟。

三个方面、九个层次，每一个层面的爱好者都在积极向上走，每一个层面的老师都在积极地向下寻找。吃亏上当是学习传统武术的一部分，贵在您不断地努力，不断地学习，不断地进步。

百家功夫丛书

张策传杨班侯太极拳 108 式
（配光盘） 定价：48 元
张 喆 著 韩宝顺 整理

河南心意六合拳
（配光盘） 定价：79 元
李洳波 李建鹏 著

形意八卦拳 定价：52 元
贾保寿 著 武大伟 整理

王映海传戴氏心意拳精要
（配光盘） 定价：198 元
王映海 口述 王喜成 主编

张鸿庆传形意拳练用法释秘
定价：69 元
邵义会 著

华岳心意六合八法拳
定价：65 元
张长信 著

戴氏心意拳功理秘技
定价：68 元
王 毅 编著

传统吴氏太极拳入门诀要
（配光盘） 定价：68 元
张全亮 著

拳疗百病——39 式杨氏养生太极拳
（配光盘） 定价：96 元
戈金钢 戈美葳 著

尚济形意拳练法打法实践
定价：89 元
马保国 马晓阳 著

非视觉太极——太极拳劲意图解
定价：158 元
万周迎　著

轻敲太极门——太极拳理法与势法
定价：108 元
万周迎　著

冯志强混元太极拳 48 式
定价：75 元
冯志强　编著
冯秀芳　冯秀茜　助编

赵堡太极拳拳理拳法秘笈
定价：126 元
王海洲　著

拳道薪传丛书

扫码购书
一键完成

三爷刘晚苍
——刘晚苍武功传习录
定价：54 元
刘源正　季培刚　编著

乐传太极与行功
定价：68 元
乐　奂　原著
钟海明　马若愚　编著

慰苍先生金仁霖太极传心录
定价：82 元
金仁霖　著

中道皇皇
——梅墨生太极拳理念与心法
定价：118 元
梅墨生　著

杨振基传太极拳内功心法
定价：79 元
胡贯涛　著

卢式心意拳传习录
定价：118 元
余江　编著